SPICA
VERLAGS- & VERTRIEBS GMBH

© SPICA Verlags- & Vertriebs GmbH

1. Auflage, 2013

Alle Rechte vorbehalten. Das Werk darf - auch teilweise - nur mit Genehmigung des Verlages wiedergegeben werden.

Für den Inhalt des Werkes zeichnet der Autor verantwortlich.

Satz: SPICA Verlags- & Vertriebs GmbH

Friedrich-Engels-Ring 6 | 17033 Neubrandenburg

Printed in Europe

ISBN 978-3-943168-30-3

Das gewollte Kind

von Gabriele Riedel-Philipp

www.spica-verlag.de

∼

*Es gibt Momente, in denen man verzagt
und man sieht den Regenbogen hinter den Wolken nicht,
dann bedarf es Menschen, die einen ermuntern.*

*Ich danke meinem Mann Thomas
und meinen Eltern für ihre Liebe und Unterstützung
und ich wünsche all denen, die einer Ermunterung bedürfen,
dass sie sie auch bekommen.*

∼

Sonntagmorgen um 9 Uhr

Ich betrachtete mich aufmerksam im Spiegel. Meine haselnussbraunen Augen schweiften abwärts. Zentimeter für Zentimeter scannten sie mein Gesicht. Auf den ersten Blick schien alles normal. Hohe Wangenknochen umrahmten die Nase. Ein winziger, dunkler Leberfleck ruhte oberhalb der Lippen. Er sah aus wie ein hastig dahingeworfener Farbklecks, als schämte er sich des üppigen Mundes und wollte so von ihm ablenken. Prüfend betrachtete ich mein Kinn, das, wenn man es genau nahm, zu schmal erschien. Ein Freund sagte einmal zu mir, mein Gesicht sehe aus, wie ein flüchtig dahingemaltes Herz. ›Papperlapapp‹ dachte ich. An mir gab es nichts Flüchtiges. Schon meine Geburt hinterließ einen bleibenden Eindruck, zumindest bei Tante Gudrun, die bei jeder Familienfeier gern davon erzählte. Ihre leidvolle Mimik drückte auf die ausgelassene Stimmung der Anwesenden und hörte sich schlappe fünfunddreißig Jahre nach diesem Ereignis an, als wäre es gestern.

Die schmerzhafte Geburt schien meiner Tante in Erinnerung geblieben zu sein. Sie vermutete, dass das die Ursache sei, warum ich ein Einzelkind geblieben bin.

Ich selbst befürchtete insgeheim Schlimmeres, nämlich dass die ständig neu aufgelegte Geschichte meiner Tante mit meiner eigenen Vermehrungsfreude zu tun hatte, die eher im Trüben fischte. Mich beschlich ein ungutes Gefühl, als mein Blick abwärts über meinen Hals hin zu meinen Brüsten wanderte, die aussahen wie zwei saftige Äpfelchen, prall und knackig. Selbst meine Brustwarzen schienen zu kokettieren. Um sie herum entstand ein runder Hof mit klitzekleinen Punkten darauf. Ich dachte nach. Gleichzeitig versuchte ich, mich zu beruhigen. Ich fand, wie Brustkrebs sah es nicht aus. Was um alles in der Welt war es dann? Bevor ich zu einer abschließenden Diagnose kam, hörte ich ›You Know I'm no good‹ von Amy Winehouse. Der Song kam aus meinem Handy.

Ich wartete. Als die Musik nicht verstummte, nahm ich das Gespräch an. Es war Stefan Hansen, genau genommen Professor Stefan Hansen. Ich verspürte nicht die geringste Lust, mit ihm zu reden. Gleichzeitig wollte ich nicht unhöflich wirken. Darum rief ich hastig: »So früh schon auf den Beinen?«, und ich bemerkte noch im gleichen Moment, wie blöde das klang. Er ging glücklicherweise nicht weiter darauf ein.

»Ich möchte dich heute Abend auf einen Wein einladen«, sagte er.

»Einen leckeren Italiener?«, fragte ich.

»Den Besten«, antwortete er gutgelaunt.

Ich schätzte Professor Hansens unaufgeregten Lebensstil. Die ausgesuchten Weine, die Köstlichkeiten, mit denen er mich verwöhnte. Meiner Meinung nach besaß dieser Mann allerlei Vorzüge. Obwohl er nicht mehr der Jüngste war, mit fast fünfundsechzig. Trotzdem war es nie langweilig mit ihm.

»An welche Zeit dachtest du?«, nahm ich das Gespräch wieder auf.

»Gegen acht«, entgegnete er.

Ich überlegte.

»Um acht passt mir gut.«

»Bis dann«, antwortete Stefan und legte auf.

Das Fenster im Bad war einen Spalt geöffnet. Ich sah die ersten kraftvollen Sonnenstrahlen, die sich im weichenden Schnee spiegelten. Sie tanzten einen letzten Tanz mit ihm. Vereinzelt bahnten sich ein paar Schneeglöckchen ihren Weg aus dem frostigen Boden. Sie waren die Vorboten des Frühlings, vage Anzeichen für ein erwachendes Leben nach dem endlos scheinenden Winter.

Ich ging in die Küche. Mein Blick fiel auf das lose an der Wand hängende Kalenderblatt, 18. Februar stand dort.

»Endlich«, flüsterte ich, »endlich wird es Frühling.«

Sonntagabend

Ich schaute zur Uhr. Mein letzter Blick lag keine zehn Minuten zurück. Noch blieb mir eine Stunde Zeit. Ich zog einen camelfarbenen Flanellrock an, dazu eine dunkelrote Bluse von Patricia Pepe und hochhakige Pumps. Meine Lippen betonte ich mit einem warmen Rot. Die Augen zog ich, passend zur Wimperntusche, mit einem schwarzen Kajalstift nach. Zum Schluss fuhr ich mit der Bürste durch mein braunes, lockiges Haar. Ein letzter Blick in den Spiegel. Fertig.

Am Anfang schien es, als spielten wir miteinander. Nach einer Weile entstand aus diesem Spiel ein Ritual. Stefan mochte elegant gekleidete Frauen ebenso, wie er italienischen Wein und französische Delikatessen schätzte. Er war ein Gourmet, gebildet, mit außergewöhnlichem Charme. Ein Mensch mit Lebensart, zu finden in jeder mitteleuropäischen Großstadt. Dieser Mann lebte jedoch in einem Dorf in Mecklenburg mit einer überschaubaren Einwohnerzahl. Ich stellte ihm keine Fragen. Warum auch? Ich nahm ihn als das, was er für mich war, ein Geschenk im dörflichen Einerlei. Ein erneuter Blick zur Uhr, noch vier Minuten. Ich wollte genau um zwanzig Uhr bei ihm erscheinen. Eine Regel, die ich stets beachtete. Stefan benötigte Pünktlichkeit, wie ein Wein nach dem Dekantieren Zeit brauchte. Ich maß dieser Eigenart keine Bedeutung bei.

Nach vier Minuten kam ich auf der gegenüberliegenden Seite der Dorfstraße an. Fröstelnd stand ich vor dem spärlich erleuchteten Haus. Ein letzter Blick auf meine Armbanduhr versicherte mir, dass es Punkt zwanzig Uhr war. Ich läutete. Stefan öffnete in dieser Sekunde, als hätte er mich hinter der Tür erwartet. Ein 1,85 Meter großer, elegant gekleideter Mann trat mir entgegen. Er umarmte mich freundschaftlich und gab mir auf beide Wangen einen flüchtigen Kuss, der mich an einen leisen Windhauch in einer Sommernacht erinnerte. Galant nahm er mir den Mantel ab und bat mich herein.

Kurz darauf entschuldigte er sich und entschwand in die Küche. Ich ging unterdessen ins Wohnzimmer. Der Raum erstrahlte in einem indirekten Licht. Stefan hatte überall Kerzen aufgestellt, so dass ich meine Umgebung als ein in Nebel gehülltes Bild wahrnahm, dessen Details mir auf den ersten Blick verschlossen blieben. Beim Näherkommen erkannte ich einen liebevoll für zwei Personen gedeckten Tisch. Ein Damasttischtuch, passende Servietten mit silbernen Serviettenhaltern und Weingläser aus echtem Kristall unterstrichen die Eleganz, die dem Raum dennoch eine Schwere verlieh. Nur zögerlich tauchte ich in die eigenwillige Atmosphäre ein. Der Geruch von alten, englischen Möbeln lag in der Luft. Er bildete einen deutlichen Gegensatz zu den modernen Bildern an den Wänden, die dem Besucher provokant ins Auge stachen. Am Ende, glaubte ich, war es gar Stefan selbst, der den Räumen diese Ausstrahlung gab. Er interpretierte das Wort

Widersprüchlichkeit auf seine ganz eigene Weise. Die Fassade der Bauernkate benötigte dringend einen neuen Anstrich. Die ursprüngliche Farbe war für den Betrachter nicht mehr zu erkennen. Für ihn war es anscheinend bedeutungslos.

Ich hing verträumt meinen Gedanken nach, als Stefan das Zimmer betrat. In der Hand hielt er eine geöffnete Flasche Wein, die er in eine Karaffe entleerte. Die Hingabe mit der er ›diesen Akt der Vollendung‹, wie er ihn nannte, vollzog, bereitete mir allergrößtes Wohlbehagen. Ich empfand eine regelrechte Lust beim Zuschauen.

»Schön, dass du Zeit gefunden hast«, sagte er und lächelte gedankenverloren. In diesem Moment wirkte er um viele Jahre jünger. Sofort verwarf ich diesen Gedanken. Ich fühlte ihm gegenüber eine Freundschaft. Diese galt es, gegen jeden Zweifel zu verteidigen.

»Komm, nimm bitte Platz«, bat er höflich und rückte den Stuhl ein Stück vom Tisch ab, so dass ich mich setzen konnte.

»Übrigens«, fuhr er fort, »der französische Käse, für den du so schwärmst, aus Saint-Nectaire, der kam heute mit der Post. Ebenso die Leberpastete, die mit den weißen Trüffeln.«

Ich spürte wie der Speichel in meinem Mund ein Eigenleben bekam. Ich reagierte quasi wie der pawlowsche Hund. Was für eine witzige Vorstellung, ein Schäferhund mit meinem Gesicht, der genüsslich Trüffelleberpastete aß. Ich wollte nicht, dass Stefan meine Gedanken erriet, darum sagte ich, bevor er etwas erwidern konnte: »Stefan, du machst dir viel zu viel Mühe.«

»Auf keinen Fall«, erwiderte er und lächelte geistreich. »Donum vitae. Um es mit Ratzingers Worten zu sprechen: Nimm es als Geschenk des Lebens.« Neugierig wartete er, was ich darauf antwortete.

»Ich will es mal mit Seneca versuchen, der sagte: Wahre Freude ist eine ernste Angelegenheit.«

Stefan schmunzelte.

»Bevor du zu philosophisch wirst, erzähl mir lieber von deinem neuen Buch«, wechselte er zu meinem Leidwesen das Thema.

»Tja, die Arbeit geht nur schleppend voran«, sagte ich ausweichend. »Ich ziehe in Erwägung aufzuhören, konnte mich aber bis heute nicht dazu entschließen.«

»Warum das?« Stefan nahm seine Brille zur Hand. Zögernd setzte er sie auf. Es wirkte, als wolle er mich unter die Lupe nehmen.

»Woran liegt's?«, fragte er betont sachlich, gleichzeitig kräuselte er die Stirn. »Soweit ich mich erinnere, warst du überzeugt von dem Thema.«

»Bin ich aber nicht mehr«, antwortete ich bockig.

»Hm«, raunte er, »etwas französischer Käse und eine selbstgemachte Focaccia bringen dich sicher wieder auf neue Ideen.« Im selben Moment stand er auf und ging in die Küche, um die angekündigten Leckereien zu holen.

»Soll ich dir beim Hereintragen helfen«, rief ich ihm hinterher.

Er kam ins Wohnzimmer zurück.

»Rühr dich nicht von der Stelle, bis ich den Wein bringe. Du wirst sehen, er ist köstlich. Ein Bekannter aus Bern hat mir vor kurzem ein paar Flaschen geschickt. Ich kenne ihn aus meiner Zeit an der Uni in München. Er hatte eine gut bezahlte Professur in Mathematik. Ich unterrichtete klinische Psychologie. Unsere Herangehensweise an das Leben war, gelinde gesagt, sehr verschieden. Bernd, ein überzeugter Pragmatiker, mit glasklarem Verstand, ich der emotionale Psychoanalytiker. Trotz aller unterschiedlichen Standpunkte, eines verband uns: die Vorliebe für einen edlen Tropfen. Vor zwei Jahren zog er dann nach Bern, dort heiratete er zum vierten Mal.«

»Der ist aber mutig.« Ich rollte ich mit den Augen.

»Er war schon immer ein unverbesserlicher Optimist«, setzte Stefan nach.

»Darf ich dich was fragen?«, räusperte ich mich.

»Nur zu.«

»Wir kennen uns fast zweieinhalb Jahre. Ich kann mich nicht erinnern, dass du mir je von einer Frau in deinem Leben erzählt hast. Gab es denn keine Lovestory?«

»Ich liebe anscheinend die Wissenschaft mehr als das weibliche Geschlecht«, sagte er nachdenklich und rieb sich die Hände. »Die meiste Zeit lebte ich sehr zurückgezogen.«

»Die Frauen müssen dir doch reihenweise zu Füssen gelegen haben«, beharrte ich.

»Ich hoffe, du bist nicht zu enttäuscht«, zwinkerte er, »wenn ich dir sage, dass weder Frauen noch Männer eine besondere Rolle in meinem Leben spielten.«

Ich dachte über seine Worte nach. Bevor ich erneut nachfragen konnte, reichte er mir den Käse und bat mich, ihn zu kosten. Ich nahm mir vor, ihn nicht weiter zu bedrängen. Er hatte mich schließlich zum Essen eingeladen und da war es unhöflich ihn mit Fragen zu löchern, die ihm unangenehm sein könnten. Zum Glück herrschte bald ein gelassener, fast heiterer Ton zwischen uns.

»Was wolltest du mir Wichtiges erzählen?«, fragte ich mit halbvollem Mund.

»Ich finde, du solltest über dieses Dorf schreiben. Es gibt eine Geschichte her, wenn nicht sogar ein Buch.« Er malte ein Bild in die Luft, als er beschwörend sagte: »Ich sehe es deutlich vor mir. ›Leonie Farbes Dorfgeschichten‹.«

Der Rotwein neigte sich mittlerweile dem Ende zu. Meine Wangen waren gerötet. Ein Arzt erklärte mir mal, dass das am Histamin lag. Dennoch stimmte ich freudig zu, als Stefan mich fragte, ob wir noch eine Flasche öffnen wollen.

»Der Wein ist köstlich«, sprudelte es aus mir heraus, während ich versuchte meine Lippen nachzuziehen.

»Hab nicht zu viel versprochen.«

»Apropos, was wolltest du mir denn nun erzählen?«, hakte ich nach.

»Wart's ab, ich hole nur flink den Wein aus der Küche.« Stefan eilte davon.

Ich nutzte die Zeit und schaute mich um. Das Zimmer erweckte bei mir nicht zum ersten Mal den Eindruck, als fehle etwas. Es gab keine persönlichen Bilder, keine Fotos als Erinnerungen an vergängliche Momente, die es wert waren, dass man sie festhielt. Vor ein paar Wochen fragte ich ihn danach, er sagte nur: ›Ich mag keine dokumentierten Beweise des Lebens. Ich mag sie so wenig, wie ich Hunde mag‹.

Plötzlich stand er dicht hinter mir. Ich hatte ihn nicht gehört. Er atmete gleichmäßig. Rotweingeruch streifte flüchtig meine Wange. Noch eine viertel Drehung und meine Nasenspitze berührte ihn am Kinn. ›Viel zu nah‹ dachte ich. Er hustete, was er immer tat, wenn er verlegen war.

»Komm setz dich«, sagte er, »wir trinken noch ein Gläschen.« Stefan goss erneut ein. Ich nippte nur. Unsere Heiterkeit war einer wortlosen Schwere gewichen. Hinzu kam, dass ich den Wein nicht zu vertragen schien. Ich fühlte ein Unwohlsein in meiner Bauchgegend. Tapfer versuchte ich, darüber hinwegzulächeln, während er wieder anfing, zu erzählen.

»Mit dem Tratsch ist das so eine Sache«, grinste er. »Was hältst du von der Idee, über unser Dorf zu schreiben?«

Mittlerweile ging es mir hundsmiserabel. Es kostete mich größte Mühe, nicht aufzuspringenun um an die nächstbeste Kloschüssel zu eilen. Normalerweise vertrug ich den Wein. Warum war mir heute so übel?

Stefan erzählte und machte Vorschläge. Er schien nichts zu bemerken. »Leonie«, sagte er, »dieses Dorf verbirgt eine Menge. Ich spreche von regelrechten Enthüllungen.« Er schaute geheimnisvoll. »Ich beschäftige mich schon eine Weile mit den Menschen in diesem Ort. Die Psychologie ist und bleibt mein Steckenpferd.«

Ich konnte mir nicht helfen, das was er da redete, empfand ich als zu großspurig. Außerdem schoss mir bei dem Wort Steckenpferd spontan der Geruch von Pferdeäpfeln in die Nase. Ein unüberwindbarer Würgereiz schnürte mir die Kehle zu.

»Ich weiß nicht, was heute mit mir los ist, ich tippe auf Magenverstimmung«, flüsterte ich kreidebleich. »Mir ist furchtbar übel.«

»Hm«, raunte Stefan. »Das tut mir leid. Lass uns die Dorfgeschichten einfach verschieben.«

»Danke«, sagte ich ehrlich erleichtert. Mittlerweile bemerkte auch Stefan, dass ich grasgrün aussah.

»Möchtest du, dass ich dich nach Hause begleite?« Er wirkte ernstlich besorgt.

»Nein, nein«, wehrte ich ab, »die paar Meter, bis zu mir, schaffe ich es.«

Er half mir in den Mantel und schon schlüpfte ich aus der Tür. Als ich mich umdrehte, sah ich, dass er mir hinterherschaute. Zu Hause angekommen, stürzte ich ins Bad. Ich erbrach den französischen Käse, der durchzogen war von Trüffelleberpastete. »Oh man«, schniefte ich, als ich zitternd vor der Toilette lag. »Ich tippe auf einen Magenvirus«, flüsterte ich vor mich hin. »Wenn es morgen nicht besser ist, gehe ich zum Arzt.«

Für heute war mein Bedarf an Dorfgeschichten gedeckt. Ich wollte nur noch ins Bett.

Montagmorgen um acht Uhr

Das Aufwachen fiel mir schwer. Meine Glieder fühlten sich an wie einbetoniert. Meine Zunge klebte an meinem Gaumen. Die Situation erinnerte mich an die durchzechten Nächte meiner Studentenzeit. Schwerfällig rollte ich mich aus dem Bett und schlürfte ins Bad.

Mein Blick wanderte auf meine Problemzone unterhalb meines Halses. Er bestätigte den Verdacht, dass genau dort mein Problem saß. Mein Herzschlag erhöhte sich um weitere zwanzig Schläge, als ich mich erneut übergab. Erschöpft wusch ich die Reste des Essens von meinem Mund. Woher kam nur dieses Geräusch? Es war mein Handy. ›Egal wer es ist, ich gehe nicht ran.‹ Kurz darauf hörte ich meine Mailbox ab. Stefan erkundigte sich nach meinem Befinden. ›Am Nachmittag rufe ich zurück‹, nahm ich mir vor. Ich wollte nur noch zum Arzt. Träge schlüpfte ich in meine Lieblingsjeans. Ich zog einen dicken Rollkragenpullover über, weil ich fror. Das Anziehen empfand ich als Tortour.

Vor der Tür empfing mich traumhaftes Frühlingswetter. Der hartnäckige Schnee hatte sich letzte Nacht auf den Weg gemacht, um den Tanz einer anderen zu überlassen. Die lehmige Erde wartete sehnsüchtig auf einen Kuss der Sonne. Leider war mein Blick für den Frühling etwas getrübt. Die

Geräusche in meinem Bauch verhießen nichts Gutes. Ich stieg in meinen Golf zwei. Er war einer aus der ersten Generation, eine limitierte Auflage, die den hochrangigen Namen Bon Jovi trug. Im Gegensatz zu dem attraktiven Künstler war das Auto fast ein Oldtimer.

Zwanzig Minuten später stand ich im Wartezimmer von Dr. Raps, einem Mediziner kurz vor der Rente. Er behandelte meine Wehwehchen, seitdem ich laufen konnte. Ich vertraute ihm. Unter dem Deckmantel der Verschwiegenheit flüsterte mir Schwester Angelika ins Ohr, dass der Doktor nach Bali, in den Urlaub geflogen sei. ›Ausgerechnet heute‹ dachte ich.

»Nach Bali«, betonte sie jeden einzelnen Buchstaben und rollte mit den Augen, »wo die Frau Raps doch so an Flugangst leidet.«

»Hm«, raunte ich. Ich wollte und konnte nicht darauf antworten. Zum Glück ergab sich auch keine Gelegenheit dazu. Ein Mann, Anfang vierzig, stand neben der fülligen Krankenschwester. Er reichte mir freundlich die Hand.

»Hallo«, sagte er, »ich bin Dr. Arne Müller. Ich vertrete Dr. Raps, während er hoffentlich die Sonne genießt.«

Schwester Angelika bekam einen leuchtend roten Kopf. In Windeseile flüchtete sie hinter die Rezeption. Ich war irritiert. Dieser Vertretungsarzt sah viel zu attraktiv aus, dass ich in die Versuchung käme, ihm mein Herz auszuschütten. Ich überlegte. Über eine Magenverstimmung zu sprechen, schien mir dann doch unverfänglich. Ein pflanzliches Medikament würde sicher Wunder bewirken.

»Der nächste Patient.« Fragend schaute der Arzt, zu Schwester Angelika, deren Gesichtsfarbe einen Rest von Rot aufwies.

»Steht vor Ihnen, Frau Farbe.« Mit einer kurzen Handbewegung zeigte sie in meine Richtung. »Ihre Karteikarte liegt auf dem Bildschirm von Dr. Raps«, fuhr sie in schnippischem Ton fort. Den Seitenhieb konnte sie sich anscheinend nicht verkneifen.

Er nahm es mit Humor und bat mich in das Sprechzimmer. Alles an ihm wirkte auf mich verschwenderisch. Dichtes braunes Haar, schwarze, wachsame Augen, ein breites Lächeln.. Ich sah ihn an und träumte augenblicklich von Italien. Ich dachte an all die verlockenden Dinge, die ich im Urlaub gerne tat. Dr. Arne Müllers Erscheinung löste bei mir eine Schüchternheit aus, die zur Folge hatte, dass ich mich kerngesund fühlte.

»Wo liegt Ihr Problem, Frau Farbe?«, nahm er das Gespräch auf.

»Ich fühle mich gut«, hörte ich mich sagen.

»Geben Sie zu, Schwester Angelika hat Sie geschickt. Sie sollen die Vertretung mal richtig unter die Lupe nehmen, stimmt's?« Er schmunzelte bis über beide Ohren.

Jetzt war ich es, die bis an die Haarwurzeln glühte.

»Entschuldigen Sie«, sagte er, »es war nicht meine Absicht, Sie in Verlegenheit zu bringen.«

Ich sah ihm an, dass es ihm leid tat. Nachdem ich mich gefangen hatte, erzählte ich ihm von meinen Beschwerden. »Bestimmt nur eine Magenverstimmung«, fügte ich eilig hinzu.

Dr. Müller bat mich, meine Zunge herauszustrecken. »Sie ist belegt«, sagte er, »es grassiert ein Magenvirus. Ein, zwei Tage Tee und Zwieback, danach Schonkost. Sie werden sehen, in ein paar Tagen ... Entschuldigen Sie die Indiskretion, aber sind Sie schwanger?«

Eine Außerirdische vom Stern Uranus hätte nach dieser Frage nicht ungläubiger schauen können. Dr. Müller versuchte, meinen Blick zu deuten. Er fügte väterlich hinzu: »Frauen in ihrem Alter bekommen Kinder.«

Mein Mund verschmälerte sich derart, dass von ihm nur noch ein dünner Strich übrig blieb. Ich hatte es plötzlich furchtbar eilig, das Arztzimmer zu verlassen. Ein kurzes ›Dankeschön‹ und schon war ich zur Tür hinaus.

»Sympathische Frau mit Hang zur Neurose«, sprach Dr. Müller in sein Diktiergerät.

Die nächsten Tage hinterließen keine besonderen Spuren. Ich versuchte, von meinem Problem, das bisher noch keines war, abzulenken, indem ich mich mit Volldampf meinem Buch widmete. Hin und her gerissen zwischen Aufhören und Weitermachen verbrachte ich die Stunden. Zwei Wochen gingen darüber ins Land. Mein Magen hatte sich beruhigt und über meine angebliche Problemzone sah ich großzügig hinweg. Zumindest bis letzten Donnerstag, als ich Dr. Müller zufällig beim Einkaufen traf. Fast hätte ich ihn umgerannt beziehungsweise mit meinem vollen Warenkorb überfahren. Irgendwie war es klischeehaft, geradezu klassisch, wie die Szene aus einem schlechten Liebesfilm.

›Gutaussehender Arzt trifft Patientin beim Einkaufen.
Patientin überrollt Arzt mit übervollem Warenkorb.
Arzt lächelt Patientin nachsichtig an.
Beide glühen vor Liebe.‹

Es fehlte nur noch der Abspann. Ganz so war es leider nicht. Dr. Müller schob seinen Warenkorb viel zu langsam durch die Regalreihen, wie ich fand. Bevor ich erkannte, wen ich vor mir hatte, setzte ich zum Überholen an. Just in diesem Moment entdeckte er die Spaghetti oben links im Regal und scherte aus. Eine Kollision war aus meiner Sicht unvermeidbar. Dr. Müller schien das irgendwie anders zu sehen. Er schaute nur halb so nachsichtig, wie ich es mir gewünscht hätte. Nachdem er sich mehrfach die Ferse gerieben hatte, das vordere Rad des Warenkorbes hatte sich in seinen Hacken gegraben, bemühte er sich um eine versöhnliche Geste. Wahrscheinlich dachte er, dass ich Privatpatientin bin.

»So sieht man sich also wieder«, sagte er freundlich.

»Tut mir leid, das mit Ihrem Hacken«, stammelte ich schuldbewusst und vermied jeden direkten Augenkontakt.

»Halb so schlimm. Was macht Ihr Magen?«

»Geht so«, antwortete ich und versuchte, dabei gesund auszusehen.

»Am besten, Sie schauen noch mal in der Praxis vorbei. Wir nehmen etwas Blut ab, dann wissen wir beide, dass alles in Ordnung ist.«

›Jetzt übertreibt er‹, dachte ich, wollte mich aber auf keine Diskussion einlassen, nachdem ich ihm fast die Achillessehne demoliert hatte.

»Okay, dann komm ich morgen früh in die Praxis. Ich wünsche Ihnen einen schönen Abend.«

»Ich Ihnen auch«, antwortete er.

An der Kasse streiften sich unsere Blicke noch einmal flüchtig. Bei all meiner Skepsis ihm gegenüber, ich musste zugeben, dass er ohne Arztkittel noch besser aussah. Freundlich war er obendrein.

Am nächsten Morgen machte ich mich auf den Weg. Schwester Angelika bohrte mir fachmännisch eine Nadel in die Ellenbeuge und nahm drei Ampullen von meinem Blut, die sie beschriftete und ins Labor schickte.

»In spätestens vier Tagen haben wir den Befund«, sagte sie sachlich. »Rufen sie kurz an und Dr. Müller teilt Ihnen das Ergebnis dann mit.«

Ich nickte, während die Schwester mir ein Kinderpflaster auf die Einstichstelle klebte. Dr. Müller lief mir an diesem Tag zum Glück nicht mehr über den Weg.

Alte Liebe rostet nicht

Ihre Schritte wurden immer langsamer. Es waren die Knie, nein, es waren nicht nur die Knie, es waren auch die Hände, die mehr und mehr zitterten. Jedes Mal, wenn sie sich etwas von ihrem Tee in die Tasse goss, schwappte die Hälfte über.

»Es ist ein Graus mit dem Alter«, sprach Anni zu sich selbst, als sie schlurfend zu dem abgewetzten Sofa ging, um dort ein paar Minuten auszuruhen. Sie hatte sich gerade gesetzt, als sie ein Klopfen an der Scheibe des Küchenfensters hörte.

»Komm ja schon«, rief sie mit kratziger Stimme, als ich energischer klopfte. Während ich sie durch die Fensterscheibe beobachtete, sah ich, wie sie sich mühsam Schritt für Schritt vorwärts kämpfte.

»Leonie, du bist es?«, fragte sie überrascht, als sie mich erkannte. Vorsichtig öffnete sie die Tür. Ich umarmte die alte Frau so ungestüm, dass sie sich kaum auf den Beinen halten konnte. »Nicht so doll, Leonie, ich krieg ja keine Luft, du weißt, ich bin nicht mehr die Jüngste«, schnaufte Oma Zarnke ganz außer Atem.

Ich machte es mir im Ohrensessel bequem, während sie noch im Schneckentempo zur Couch schlurfte, auf der man nirgendwo Platz fand, weil so viele Decken und Kissen darauf verteilt lagen.

»Lass dich anschauen. Gut siehst du aus, ein bisschen blass, aber das ist ja heute modern.«

Ich lächelte mühsam. Es war ihre gütige Art, die mir ans Herz ging. Mehrmals hatte ich überlegt, über das sorgenvolle Leben von Oma Zarnke zu schreiben. Ich konnte diesen Gedanken nie ganz loslassen und so fragte ich sie auch heute wieder, was sie von der Idee hielt. Sie meinte nur: »Kindchen, das langweilt die Menschen. Heute wollen alle spannende Geschichten lesen. Gestern im Fernsehen habe ich einen Beitrag über Cuba gesehen, der war interessant, die vielen bunten Farben und all die hübschen Mannsbilder. Darüber musst du berichten. Nicht über mich alte Frau. Außerdem, wer kennt schon Mecklenburg, hier ist ja nicht viel los.«

»Das denkst du«, schmunzelte ich. »Vor ein paar Tagen war ich bei Stefan zum Essen eingeladen, der wollte mir etwas erzählen. Leider kam es nicht mehr dazu, weil mir plötzlich schlecht wurde.«

»Das kommt sicher von den Sachen, die du bei ihm isst«, sagte sie vorwurfsvoll. »Dieser Schimmelkäse zum Beispiel, ich kann mir nicht vorstellen, dass der gesund ist.«

Ich musste lachen.

»Anni, der Käse heißt San Agur, er ist nichts Besonderes und es gab ihn schon immer.«

»Kindchen, zu meiner Zeit gab es ihn nicht und ich werde so Gott will, neunundsiebzig. Möchtest du einen Pfefferminztee?«

»Ich dachte, du fragst überhaupt nicht mehr«, sagte ich kess.

»Mittlerweile kenne ich diesen Blick«, erwiderte Anni, »ich merke es, wenn du Kummer hast und heute hast du Kummer.«

Ich rutschte unruhig in meinem Sessel hin und her. So genau wollte ich es gar nicht wissen oder war ich nur aus diesem Grunde hier?

»Hilf mir bitte, der Tee braucht ein Weilchen«, sagte Anni und reichte mir einen Brief. »Meine Augen sehen nicht mehr so gut und du als Schriftstellerin kennst dich mit solchen Dingen aus.«

Ich lächelte und nahm das Schriftstück zur Hand. Das Schreiben stammte von einem Notariat in Berlin. ›Dr. Bleich & Anwälte, Sybelstr. 6, 10629 Berlin‹. Anscheinend handelte es sich um eine Erbschaftsangelegenheit. Hastig überflog ich den Text.

Sehr geehrte Frau Zarnke,
in obiger Angelegenheit möchten wir Ihnen mitteilen, dass wir für unseren Mandanten, Herrn August Zarnke, geb. 14. August 1928, verstorben am 28. März 2011 in Sidney in folgender Erbschaftsangelegenheit tätig sind. Wir werden Sie in den nächsten Tagen telefonisch kontaktieren, um einen persönlichen Termin auszumachen.

»Trink erstmal einen Schluck Tee.« Oma Zarnke reichte mir eine Sammeltasse mit einem Muster aus violetten Veilchen. Der Goldrand war abgeblättert. Ein Drittel des Tees war auf der Untertasse verschüttet. Ich übersah es wie viele Male zuvor, aber diesmal sprach sie es selbst an.

»Es wird schwieriger mit den Händen, das Zittern hört gar nicht mehr auf. Sieh nur«, sie hielt ihre knorrigen Finger vor mein Gesicht.

»Das bildest du dir nur ein«, log ich, ohne sie anzusehen. Es tat weh, dem Verfall der alten Frau zuzuschauen. »Wenn ich das hier richtig verstehe«, wechselte ich schnell das Thema, »geht es darum, dass ein August Zarnke dir etwas vererbt hat.«

August

Annis gütige Augen bekamen einen schwärmerischen Ausdruck. »Jetzt ist er also tot.« Leise, fast flüsternd, sprach sie die Worte.

»Magst du mir von ihm erzählen?«, fragte ich behutsam.

»Ja, ich erzähle dir von ihm. Du musst wissen, der August und ich haben uns mal sehr geliebt. Er war der Bruder meines Mannes. Vom Otto habe ich dir ja schon erzählt.«

Ich kannte die Geschichten und ihren traurigen Blick, wenn sie von ihm sprach.

»Otto verbrachte die meiste Zeit Kümmel trinkend und Caro rauchend hinter dem Schweinestall der LPG, in der er als Tierpfleger und Traktorist arbeitete. Er fand immer ein paar Kumpel, mit denen es was zu bereden gab. Mal sprachen sie über die anstehende Planerfüllung, mal über das bevorstehende Betriebsfest. Sie redeten fast täglich, solange bis es nichts mehr zu besprechen gab beziehungsweise bis dem Otto die Sprache wegblieb. Dann schleppten seine Saufkumpel ihn zu mir nach Hause. Zu der Zeit war ich noch längst keine Oma, sondern eine Frau um die Vierzig mit braunen, schulterlangen Haaren. Und auch die DDR dachte noch nicht ans Aufhören … tja und nun ist der August tot«, wiederholte Anni ihre Worte.

Als ich die Wehmut in ihren eingefallenen Augen sah, erinnerte ich mich an Pawel und daran, wie schmerzlich ich ihn vermisste. Für einen kurzen Moment tauchten wir in die Vergangenheit ein, um uns in der Gegenwart so nah zu sein wie selten zuvor.

»Was ist mit dem August geschehen?«, fragte ich. »Du hast mir nie von ihm erzählt.«

»Er war ein stattlicher Mann, 1,90 Meter groß, breitschultrig, mit dichtem, schwarzem Haar«, schwärmte sie. »Augusts Nase hatte einen winzigen Haken, wie bei einem Habicht.«

Ich versuchte, ihn mir vorzustellen. Groß, stattlich, mit vollem schwarzem Haar und einer unbedeutenden Hakennase. Ich frage mich, warum wir den Anspruch haben, dass Menschen, denen wir unser Herz schenken, besonders edel und attraktiv aussehen müssen. Oma Zarnke ließ nicht zu, dass ich in meine Gedankenwelt verschwand.

»Weißt du, Leonie«, sagte sie, während ihr Blick in die Ferne schweifte, so als wolle sie der Erinnerung hinterhereilen. »Am meisten liebte ich ihn, wenn er lachte. Er brachte jeden zum Lachen, besonders die Kinder und natürlich die Frauen. Sie konnten gar nicht genug bekommen von den vielen lustigen Geschichten, die er erzählte. Er betörte sie mit seinem Charme, der manchmal etwas schlüpfrig wirkte. Du weißt, was ich meine?«

Ja, ich wusste, was sie meinte. Für einen Augenblick kam es mir vor, als errötete sie. Vielleicht war es auch nur die einfallende Frühlingssonne, die sich auf ihrem Gesicht ein wenig ausruhte.

»Magst du noch einen Tee?«

»Nein danke, selbst deinen Tee scheine ich nicht zu vertragen.«

Anni lächelte verschmitzt und die Zähne in ihrem Mund schienen mitzuschunkeln. »Vielleicht bist du ja schwanger.«

»So ganz ohne Mann«?

»Für eine hübsche Frau wie dich sollte das doch kein Problem sein. Die Mannsbilder müssen reihenweise bei dir Schlange stehen. Übrigens, hast du mal wieder was von Pawel gehört? Das war ein schmucker Kerl.«

»Da geht es mir wie dir mit deinem August. Auf und davon«, sagte ich betrübt. Um mich abzulenken, fragte ich: »Warum ist nichts aus euch geworden?«

»Tja Kindchen, das Schicksal hatte es nicht gewollt. Nein, das stimmt so nicht, ich war zu feige. Der August warb lange Zeit um mich, bei jedem Dorffest forderte er mich zum Tanz auf. Man munkelte, wir seien das schönste Paar im Dorf. Der August aber hatte einen Traum, er wollte nach Australien, um dort Rinder zu züchten.

Es war an einem lauen Spätsommertag 1955, früh um fünf Uhr. Wir zwei waren auf dem Weg zum Feld, Heu einfahren. Er nahm mich beiseite und drückte mich ins Gras. Die Worte, die er damals zu mir sprach, habe ich nie vergessen. ›Anni, ich lieb dich. Komm mit mir nach Australien. Ich kann uns schon für die nächste Woche eine Überfahrt besorgen. Bitte komm mit, lass uns in Australien neu beginnen. Du bist die Frau, mit der ich leben möchte.‹ Bevor ich antworten konnte, kam Alois, der Schmied vorbei, und wir rissen uns voneinander los. Er flüsterte mir beim Weggehen zu: ›heute Abend am Teich.‹ Wir trafen uns dort seit einiger Zeit. Nach dem Abendbrot schlich ich dorthin. Er wartete hinter einem Busch und machte das Geräusch eines Käuzchens nach. August konnte zahlreiche Tierstimmen imitieren. Er bat mich abermals, mit ihm nach Australien zu gehen. Ich versprach, es mir zu überlegen. In dieser Nacht ist es dann passiert. Ich schlief mit ihm. Es war mein erstes Mal mit einem Mann. Es war anders, als ich es mir vorgestellt hatte, aber ich liebte ihn. Als wir uns im Morgengrauen trennten, hatte ich dem August versprochen, mit ihm zu gehen. In der kommenden Woche wollte er die Schiffspapiere besorgen. Ich war dreiundzwanzig.

Ein paar Tage später kam ich von der Feldarbeit nach Hause. Meine Eltern und meine zwei Geschwister saßen in der Küche, auf dem Herd köchelten die Pellkartoffeln. Der blasse Karl und die Charlotte weinten. Mein Vater sagte, ich solle mich setzen, er hätte mir etwas mitzuteilen. ›Anni, du musst jetzt tapfer sein‹, begann er den Satz, ›ich habe Magenkrebs und nur noch wenige Wochen zu leben.‹ Mir drehte es vor den Augen, ich sah alles verschwommen. ›Mein geliebter Vater‹, hämmerte es in meinem Kopf. ›Was wird aus meinen Geschwistern, Mutter hatte doch keine Arbeit‹. ›Anni, ich verlass mich auf dich‹, sagte er ernst. ›Wenn ich nicht mehr bin, musst du der Mutter zur Hand gehen. Sie schafft es nicht allein, der Karl und die Charlotte sind zu klein.‹ Mein Vater erhob sich und umarmte mich schwerfällig. Stocksteif stand ich da, ich schien noch immer nicht zu begreifen. ›Vater‹, hämmerte es wieder in meinem Kopf und gleich darauf stellte ich mir die Frage: ›Was wird aus August und mir? Oh mein Gott, hilf mir, bitte hilf mir‹, flehte ich. Ich betete jeden Abend, aber er half nicht. Die nächsten Tage fasste ich einen

Plan, wie ich dem August den Abschied erleichtern konnte. Das Erntedankfest am kommenden Sonntag brachte die Gelegenheit. Ich tanzte so lange und wild mit dem Otto, bis der August eifersüchtig auf die Tanzfläche torkelte. Er war angetrunken. Er zog den Otto auf dem Tanzboden von mir weg und streckte ihn mit nur einem Faustschlag nieder. Die beiden Brüder hatten schon immer Probleme miteinander, aber an diesem Abend machte ich sie zu Feinden. Der August verschwand in dieser Nacht. Er sah mich ein letztes Mal an. Ich sah ihn nicht wieder, aber diesen Blick habe ich nie vergessen.

Im Dorf erzählte man, er sei mit dem Schiff rüber nach Australien. Genaues wusste niemand. Drei Wochen später starb mein Vater. Ich machte eine Lehre als Köchin und half meiner Mutter. Ich hab sie bis zu ihrem Tode gepflegt. Vom August habe ich nie wieder etwas gehört, bis heute.

Nach kurzer Zeit merkte ich, dass unsere Liebesnacht Früchte trug. Ich bekam ein Kind. Der Otto war sehr verliebt in mich, er bot mir an, mich zu heiraten. Ich musste ihm versprechen, niemandem zu erzählen, dass der August der Vater meines Kindes war. Ich war verzweifelt. Mein Vater war gerade gestorben, meine Mutter unfähig, meine Geschwister zu versorgen und ich war schwanger. Ottos Idee erschien mir das einzig Richtige. Zwei Monate später, zum Glück war noch nichts zu sehen, heirateten der Otto und ich auf dem Standesamt. In die Kirche wollte ich nicht gehen. Der liebe Gott wusste doch um meinen Betrug. Sechs Monate darauf kam Luisa zur Welt.«

Ich war berührt von der Geschichte, die Oma Zarnke mir erzählte. Ich ahnte, wie alles ausging und ich konnte verstehen, warum der Otto trank. Er hatte nie verkraftet, dass die Anni nicht ihn, sondern den August liebte. Ich kannte Otto nur aus Erzählungen. Vor meinem geistigen Auge entstand das Bild eines bemitleidenswerten Menschens, der an einem gebrochenen Herzen starb, langsam, schlückchenweise hinter dem Kuhstall. Nachdenklich schaute ich Anni an und wir beide wussten um die Sache.

»Es tut mir unendlich leid.«

»Das muss es nicht«, antwortete sie. »Es ist viele Jahre her und längst vergangen.«

»Für den August war es keine Vergangenheit«, beharrte ich.

»Ja, ein großzügiger Mensch war er schon immer«, flüsterte sie. »Zum Glück hat die Luisa das von ihm geerbt, so wie ihren Mut, hinaus in die Welt zu gehen. Sie lebt zurzeit in Afrika, sie ist Journalistin. Ich sehe sie manchmal im Fernsehen. Weihnachten will sie vorbeikommen.«

Schnell wandte ich meinen Blick zum Fenster. Ich hatte Angst, in Annis hoffnungsvolle Augen zu schauen, oft hörte ich von Luisas bevorstehendem Besuch, den sie dann in letzter Sekunde absagte. Ich wollte keine weiteren Ausreden hören, überhaupt mochte ich keine traurigen Geschichten. Ich überlegte, wie ich mich am elegantesten aus der Affäre zog, ohne Anni zu verletzen. Da kam mir das Telefon zur Hilfe.

»Hier bei Anni Zarnke«, sagte ich mit leiser Stimme.

»Dr. Hoffmann aus dem Notariat ›Dr. Bleich und Anwälte‹, es geht um eine persönliche Angelegenheit. Dürfte ich bitte Frau Zarnke sprechen?«

Anni zitterte, als ich ihr erzählte, wer am Apparat war.

»Ich gehe dann mal«, sagte ich und sprang auf.

Es sah aus, als wäre ihr nicht recht, dass ich ging.

»Ich melde mich die nächsten Tage. Mach's gut«, sagte ich und drückte ihr flüchtig einen Kuss auf die Wange und schon war ich aus der Tür.

Ein Dorf, wie viele

Der Wind pfiff um die Häuser. Mir war kalt, wie oft in diesen Frühlingstagen lag das Dorf am Nachmittag im Halbdunkel. Die Kraft der Sonne reichte noch nicht aus, um zu wärmen. Auf dem Heimweg von Oma Zarnke traf ich Lina, die Heinz Lüdke einen kurzen Besuch abstatten wollte. Im Klinikum Neubrandenburg hatte man ihm vor ein paar Jahren die Beine amputiert, eine Folge des Diabetes. Seitdem war er an den Rollstuhl gefesselt. Lina Serchenko war für ihn Hilfe und das Tor zur Welt. Geduldig wartete Heinz jeden Tag auf sie. Ursprünglich stammte Lina aus Georgien. Vor fünf Jahren kam sie mit ihrem Mann Georgi und ihrem Sohn Halek nach Hinrichsberg. Sie arbeitete als Pflegerin bei einem Pflegedienst in Waren. Lina ist um die vierzig und das was man eine echte, russische Seele nennt. Zuhause war sie leitende OP-Schwester in einem Tifliser Krankenhaus. Hier in Deutschland erkannte man ihre Zeugnisse nicht an. Das war ein Segen für die zu Pflegenden, insbesondere für Heinz, dessen einzige Abwechslung im Leben in Linas Besuchen bestand.

›Lina kommt morgens, mittags und abends‹, wie Heinz spaßig zu ihr sagte, ›das kann nicht jede Frau von sich behaupten‹, unterstrich er den schlüpfrigen Witz. Er freute sich spitzbübisch, wenn sie dann errötete.

Am Morgen ging sie mit ihm zur Toilette, wusch und rasierte ihn. Danach setzte sie ihn mit einer Zeitung und dem Fernglas ans Fenster. Von dort, aus dem zweiten Stock, hatte er eine ausgezeichnete Sicht. Am Abend erlöste sie ihn von dem stationären Beobachtungsposten, wie er ihn nannte, und gab ihm Abendbrot. Zweimal die Woche badete sie ihn. Für beide war es Routine, dennoch schaffte Lina es mit ihrer liebenswürdigen Art, Heinz Leben Sinn zu verleihen.

Das Gutshaus, in dem er wohnte, lag unweit eines Teiches, auf dem allerlei Enten ihr Unwesen im angrenzenden Schilf trieben. Heinz beobachtete sie genau. Vor einer Woche entdeckte er ein Kolbenentenpaar, ihre orangeroten Köpfe leuchteten von Weitem.

Vor acht Jahren hatte die Gemeinde das marode, mehrstöckige Haus, in dem Heinz wohnte, restauriert, um ein paar Zuzügler anzulocken. Die kamen dann auch prompt. Der allein lebende Horst Baumann war so einer. Im Dorf erzählte man sich, dass er mehrere Jahre in Berlin-Charlottenburg im Gefängnis gesessen hatte, wo er wegen Steuerhinterziehung inhaftiert war. Natürlich waren das reine Vermutungen. Es wurde gemunkelt, dass die Zeit im Knast ihn gezeichnet hatte. Obwohl er erst zweiundfünfzig war, sah sein Gesicht faltig aus, wie das eines Shar-Pei-Hundes. Seine Wohnung verließ er nur an bestimmten Wochentagen, mittwochs und freitags, dann aber akkurat mit Hut und im Anzug gekleidet. An zwei weiteren Tagen der Woche bekam er Frauenbesuch. Die Damen kamen montags und sonntags. Sie trugen auffällig kurze Röcke und schwarze Netzstrümpfe und waren meist langhaarig und blond. Die Montagsfrau, wie er sie nannte, war immer dieselbe, nur sonntags wechselten sie. Heinz vermutete, dass die Frauenzimmer sich als Prostituierte verdingten. Er ließ mich und Lina an seinen Beobachtungen teilhaben, wobei man fairerweise sagen musste, dass Lina nichts davon wissen wollte.

»Ach Heinz«, sagte sie, »die Frauen sind bestimmt nur gute Freundinnen vom Herrn Baumann.«

»Ach Lina«, seufzte er, »du bist einfach zu gutgläubig.«

Sie schüttelte nur kurz den Kopf und schaute nervös auf die Uhr an der Wand. Ihre Pflege beinhaltete keine zusätzlichen Worte, geschweige denn irgendwelche Plaudereien. Eine Spritze Insulin setzen und schon ging es zum Nächsten. Aber Linas russische Seele ließ nicht zu, dass Heinz vereinsamte. Oft besuchte sie ihn nach Feierabend. Sie brachte ihm Borrschtsch, Rote Bete Suppe, wie er sie nannte, war Heinz Lieblingsgericht. Während er genüsslich die Weißkohlstückchen aus dem Teller fischte, erzählte er Lina haarklein von dem, was er sah. Beobachten war das, was er noch konnte. Sie hörte geduldig zu, nur manchmal schweiften ihre Gedanken zu einem anderen Leben. Einem Leben voller Freude, in dem ihr Mann Georgi Arbeit hatte und sie nicht jeden Cent zweimal umdrehen mussten. Wenn sie zu sehr in ihrer eigenen Welt versank, fragte Heinz sie, »Lina hörst du mir überhaupt zu?«

»Ja Heinz, ich dachte nur gerade an Halek und ob er angelt.«

»Der Junge soll was Anständiges lernen«, knurrte er ruppig.

»Mein Junge ist fleißig«, schoss Lina wie aus einer Pistole zurück.

»Hab's nicht so gemeint«, krähte er darauf entschuldigend, »du kennst mich doch.«

»Ich muss gehen, der Georgi wartet auf mich«, sagte sie.

»Hat er denn Arbeit?«

Aber Lina hörte die Frage schon nicht mehr, sie war bereits auf dem Weg zu Halek. Es war das kleine, überschaubare Glück, das sie jeden Tag weitermachen ließ.

Im Haus gegenüber brannte grelles Neonlicht. Die Schreinerwerkstatt von Andreas Wolf war hell erleuchtet. Mit dem Schreinern hielt er sich mehr schlecht als recht über Wasser. Von den mies bezahlten Holzbauarbeiten konnte er nicht leben. Im Winter arbeitete er darum als Handlanger beim Trockenbau. So versuchte er mit Lisa klarzukommen.

Seit dem Tod seiner Großeltern vor fünf Jahren bewohnte er das Haus. Erst starb die Oma an einem Hirnschlag, eine Woche darauf folgte der Opa aus Kummer. Seitdem versuchen Andreas und Lisa aus einem Provisorium ein gemütliches Heim zu machen.

Vor vierzehn Tagen feierte Andreas seinen zweiundvierzigsten Geburtstag. Es ging hoch her in der Schreinerei, die Kumpels aus dem Harley-Club trafen auf die Freundinnen von Lisa, die allesamt in derselben Neubrandenburger Boutique arbeiteten. Die Mädels schienen sich hervorragend mit den langhaarigen Harleyfahrern zu verstehen. Ab und zu schallte ein herbes Männerlachen herüber.

Während ich vor Selbstzweifel kein Wort zu Papier brachte, ertappte ich mich dabei, wie ich liebend gerne mit einer der Verkäuferinnen getauscht hätte. Bis ein Bikerfahrer seine Maschine startete, um allen zu demonstrieren, wie böse sein neuer Auspuff klang. In diesem Moment erinnerte ich mich an Pawel und an die lustvollen Stunden, die wir miteinander verbrachten.

Zuhause angekommen fühlte ich mich erschöpft, wie oft in letzter Zeit. Ich trank noch einen Tee, dann legte ich mich hin.

Ein paar Stunden später wachte ich schreiend auf. Es war Neumond, draußen war es stockdunkel. Ein durchringender Wind pfiff lautstark ums Haus. Aufgerichtet saß ich mit schweißnasser Stirn in meinem Bett. Ich hatte einen Albtraum. Keuchend starrte ich vor mich hin. Mein Herz raste. Ich träumte diesen Traum nicht zum ersten Mal. Die Erinnerung daran schnürte mir die Kehle zu. Er beunruhigte mich auf eine Weise, der ich vergeblich zu entkommen versuchte.

Es dauerte eine Weile, bis sich meine Augen an die Dunkelheit gewöhnt hatten. Mein Herzschlag beruhigte sich nur allmählich. Mit zitternden Händen tastete ich nach dem Lichtschalter. Nach einigen Minuten war der Spuk vorbei. Ich fand mich im Raum zurecht. Alle Gegenstände standen dort, wo ich sie vor dem Einschlafen gesehen hatte. Ich war abermals der Angst entkommen. Darauf wollte ich ein Glas Wasser trinken. Mit einem Satz sprang ich aus dem Bett, um zum Kühlschrank zu gehen, als ich ein Geräusch wahrnahm. Erst dachte ich an eine Täuschung, dann hörte ich es wieder. Es war ein leises Rascheln. Ich schlich zum Lichtschalter, löschte das Licht und wartete. Regungslos verharrte ich in der dunklen, kalten Küche, als plötzlich das Rascheln erneut zu hören war. Mein Herz begann abermals zu pochen, so dass ich es in meinen eigenen Ohren spürte. Mir war schwindelig, ich befürchtete, ohnmächtig zu werden. Konzentriert horchte ich in die Dunkelheit hinein, bis nichts mehr zu hören war, außer meinem eigenen Herzschlag. Ich harrte noch eine Weile in der Regungslosigkeit aus, ging dann zum Wasserhahn, goss mir ein Glas kaltes Wasser ein und trank so gierig, dass die Hälfte verschüttete.

Leise schlich ich auf Zehenspitzen zum Fenster, um nachzuschauen, woher das Geräusch kam. Vielleicht ein Reh. Das Dorf war umgeben von Maisfeldern. In einem harten Winter gab der angrenzende Wald nicht genug Nahrung. Da kam es vor, dass die Rehe sich in die Vorgärten verirrten.

Ist es Paranoia, fragte ich mich kopfschüttelnd. Es gab bestimmt eine plausible Erklärung für all das. Morgen würde ich ein paar Fährten im aufgeweichten Boden finden und mich schämen. Ich ging zurück ins Bett. Es dauerte Stunden, bis ich einschlief, immer wieder horchte ich in die Nacht hinein, bis mich der Schlaf übermannte.

Nächster Tag

Es war kurz vor elf Uhr am Vormittag. Ich schlief noch, als mein Handy mich weckte.

»Leonie Farbe.«

Ich hatte mir angewöhnt meinen Vornamen mitzunennen, da ich keine Lust auf witzige Bemerkungen verspürte, wenn ich mich nur mit Farbe meldete.

»Habe ich Sie beim Schlafen gestört?«

Am anderen Ende der Leitung war Dr. Müller.

»Nein, log ich, ich bin bereits seit Sieben auf den Beinen.«

»Na, dann«, raunte er, »ich hab das Ergebnis ihrer Blutuntersuchung auf dem Tisch.«

Wenn er sich die Mühe machte, mich anzurufen, dachte ich, kann es sich nur um etwas Bedrohliches handeln.

»Augenblick«, schrie ich hysterisch ins Telefon. Ich muss kurz weg, darf ich Sie zurückrufen?«

»Am besten Sie kommen in der Praxis vorbei«, sagte er und klang irritiert.

»Okay«, antwortete ich und legte auf.

»Diese Frau mit ihrer Angewohnheit, einen nicht ausreden zu lassen, macht mich wahnsinnig«, hörte Schwester Angelika Dr. Müller schimpfen, als sie ins Behandlungszimmer trat.

Ich raste unterdessen ins Bad und übergab mich. Mittlerweile hatte ich Übung darin. Es muss was Bösartiges sein, hämmerte es in meinem Kopf, warum sonst sollte er mich anrufen. Ein eisiger Schauer durchfuhr meinen Körper. Dann bin ich also die erste in meiner Familie, die an Krebs stirbt.

Vor meinem geistigen Auge entstand das Bild meiner Beerdigung. Sie war schillernd, geradezu farbenfroh, sodass sie es mit jeder Schlingensief-Inszenierung hätte aufnehmen können. Ich lag aufgebahrt auf der Ladefläche eines bonbonfarbenen Chevrolet Panel Truck, Baujahr 62, in einem perlmutfarbenen Sarg, in feinste Seide gehüllt. Sechs Männer, allesamt in weißen Anzügen, trugen mich in die Georgenkirche. Dazu spielten sie mein Lieblingslied ›Monkey Man‹, um mich herum ein Meer aus pinkfarbenen Rosen. Stefan ging als erster nach vorne, er hielt eine ergreifende Rede, in der er meine Fähigkeiten als Schriftstellerin lobte. Am Ende legte er einen gewaltigen weißen Trüffel in den Sarg und tätschelte zum Abschied meine kalte, blasse Hand. Oma Zarnke stand dicht hinter ihm. Sie weinte so sehr, dass sie kein trockenes Stofftaschentuch mehr bei sich hatte und sie schluchzte: »Leonie, du warst für mich eine Tochter.« Stefan stützte sie beim Hinausgehen, vorbei an meinen trauernden Eltern.

Unter den vielen Menschen befand sich auch Pawel, er hatte die Hände zum Gebet gefaltet. Eine langstielige Rose klemmte in der Ellenbeuge. Er sagte nur einen Satz »Verzeih mir, Leonie, ich liebe dich.« Dann legte er die Rose neben mein Gesicht und küsste mich ein letztes Mal. Ich verzieh ihm postum aus dem Sarg heraus.

Alle waren gekommen. Lina schob Heinz Lüdke im Rollstuhl. Andreas Harley-Fahrer ließen zum Abschied noch einmal ihre Auspuffe klingen. Der Pfarrer sprach mit glühenden Worten, welch wertvollen Menschen die Gemeinde mit mir verloren hatte. Was für eine Feier ...

Ich konnte mich nur allmählich von dieser theaterreifen Vorstellung lösen. Das Selbstmitleid ist ein trügerischer Gast, immer ein wenig verfressen und meistens ohne Tischmannieren, dachte ich, während ich vor mich hin lächelte. Was soll's, wischte ich mir den letzten Gedanken aus dem Gesicht, noch lebe ich. Am besten, ich höre mir an, was Dr. Müller zu sagen hat.

Eine gute Stunde später saß ich im Wartezimmer der Praxis. Heute musste ich Geduld mitbringen. Vor mir lagen ein paar Frauenzeitschriften, fahrig blätterte ich darin herum. ›Neue Heilmethoden bei Brustkrebs, Mistel als Heilpflanze wiederentdeckt.‹ Hastig überblätterte ich die Seite. Eine besorgte Mutter mit ihrem Sohn saß mir gegenüber. Den Burschen, ich schätzte ihn auf fünf Jahre alt, hielt es vor Ungeduld kaum auf dem Stuhl. Neugierig musterte er mich mit seinen leuchtenden Knopfaugen, um sich dann urplötzlich mit todernster Miene an mich zu wenden und zu fragen: »Hast du auch Angst vorm Doktor, weil du eine Spritze bekommst?«

Ich fühlte mich von diesem kindlichen Überraschungsangriff überfordert. Zum Glück brauchte ich nicht zu antworten, da es die leicht errötete Mutter für mich tat. Liebevoll blickte sie auf ihren Sprössling.

»Lars, die Tante ist doch schon erwachsen, die hat keine Angst mehr vorm Onkel Doktor.«

Skeptisch musterte mich der Knirps, während ich mich dankbar weiter in die Zeitung vergrub. Zum Glück rief mich Schwester Angelika im nächsten Moment auf. Ich sprang hoch, warf die Zeitung auf den Tisch und rannte in den Behandlungsraum. Dr. Müller bat mich höflich, Platz zu nehmen.

»Frau Farbe, ich habe ihre Laborwerte vorliegen.«

Als er meinen nervösen Blick bemerkte, dachte er anscheinend, es wäre klüger, mich vorerst zu beruhigen.

»Ihre Blutwerte sind tadellos, Cholesterin, Harnsäure, Zucker.« Er nickte zufrieden.

Ich war auf vieles vorbereitet, nur nicht auf die Aussage, dass ich kerngesund wäre. Ich rutschte förmlich in meinem Stuhl zusammen. Dr. Müller, der meine Reaktion bemerkt hatte, schien diese aber nicht zu verstehen, darum fragte er »Fehlt Ihnen was, Frau Farbe?«

»Mir geht es gut«, hörte ich mich antworten, »etwas flau im Magen vielleicht. Wissen Sie«, holte ich aus, »ich hatte mir die größten Sorgen gemacht, als sie mich heute Vormittag anriefen.«

»Das war nicht meine Absicht«, antwortete er charmant. »Das mit der Übelkeit ist übrigens völlig normal in ihrem Zustand.«

Ich horchte auf.

»Welchen Zustand meinen Sie?«, fragte ich barsch.

»Wissen Sie es denn nicht?«

»Was soll ich wissen?«, fragte ich erneut aufgebracht. Sicher kommt er mir jetzt mit irgendwelchen Erbkrankheiten, dachte ich. Er trug diesen feierlichen Gesichtsausdruck zur Schau, als er sagte: »Frau Farbe, Sie erwarten ein Kind.«

»Nein, Dr. Müller«, prustete ich lautstark, »ich erwarte weder ein Kind, noch erwarte ich Besuch.«

»Hm, sind Sie sich sicher, das eine Schwangerschaft nicht in Frage kommt?«, hakte er nach.

»Ja, da bin ich mir ganz sicher!«, entgegnete ich schnippisch.

Dr. Müllers Blick verfinsterte sich.

»Ich rate Ihnen, einen Psychologen zu konsultieren.«

Dieser Satz hatte zur Folge, dass ich nur noch weg wollte. »Wollen Sie mir sonst noch etwas Wichtiges mitteilen?«, fragte ich kurz.

»Das wäre im Moment alles.« Er klang deutlich abgekühlt. »Frau Farbe, es ist hilfreich, wenn Sie sich mit der Situation befassen, mancher Frau fällt es am Anfang schwer, aber ...«

»Ich muss mich mit gar nichts befassen. Oder haben Sie schon von einer unbefleckten Empfängnis gehört?«, fiel ich ihm hysterisch ins Wort.

»Was meinen Sie mit unbefleckter Empfängnis?« Er sah aus, als wollte er mich durch die Frage beruhigen.

»Was ich meine?«, schrie ich. »Ich meine damit«, betonte ich jedes meiner Worte, »dass ich vor über einem Jahr das letzte Mal Sex hatte. Sie wissen, was Sex ist, Dr Müller?«

Er rutschte unruhig hin und her, man konnte ihm ansehen, das unser Gespräch eine unangenehme Wendung für ihn nahm.

»Beruhigen Sie sich doch bitte«, sagte er beschwichtigend. »Es scheint ein echtes Problem dahinter zu stecken.«

»Wovon Sie ausgehen können. Schwanger zu sein, ohne Geschlechtsverkehr gehabt zu haben, darin schließe ich Petting und alle anderen Fummeleien ein, stellt ein ernsthaftes

Problem dar«, keifte ich. Anscheinend dachte er, dass er bei mir nicht weiter kam. Er drückte mir das Kärtchen eines renommierten Psychiaters in die Hand und verabschiedete sich kurzerhand. Ich reichte ihm meine feuchten Finger danach ging ich hinaus ins Wartezimmer. Die Mehrzahl der Patienten schaute mich vorwurfsvoll an. Entweder bin ich eindeutig zu laut gewesen, oder ich hatte die mir zu Verfügung stehende Zeit längst überschritten. Höchstwahrscheinlich eine Mischung aus beidem. Ich nahm meinen Mantel von der Garderobe und wollte nur noch gehen. Kurz vor der Ausgangstür lief mir Lars vor die Füße.

»Tante, es hat doch weh getan, stimmt's?«

»Ja, kleiner Mann«, antworte ich und streichelte über sein haferblondes Haar. Hastig fügte ich hinzu, »du brauchst keine Angst zu haben, der Doktor tut dir aber nicht weh, das hat er mir fest versprochen.«

Lars strahlte übers ganze Gesicht, während ich behutsam die Tür der Arztpraxis hinter mir schloss.

Kuchen und andere Leckereien

Auf diesen Schreck brauchte ich einen Kaffee, am besten was Stärkeres. Um die Mittagszeit war die Stadtbäckerei voller Menschen. Ein paar ältere Herren um die Siebzig saßen in einer Ecke und tranken Cappuccino. Sie diskutierten lauthals über die Griechenlandkrise. Jeder hatte eine Patentlösung parat, wie es Frau Merkel hätte geschickter machen können. Arme Kanzlerin, dachte ich.

Ich setzte mich in die Nähe einer sympathisch aussehenden Dame. Sie nippte an einer weißen Schokolade und aß ein Stück Marzipantorte. Ich erkannte einen betagten Dackel, den ich anfangs für einen abgegriffenen Lederlappen gehalten hatte, unter ihrem Tisch. Ab und zu hob er den Kopf, senkte ihn dann aber gleich wieder, um mit geschlossenen Augen weiterzudösen. Während ich der Dame beim Essen zusah, bekam ich selbst Appetit und bestellte mir ebenfalls ein Stück Kuchen und einen besonders großen Milchkaffee.

Die nette Frau lächelte zu mir herüber. Sie sagte: »Der Rex ist fünfzehn Hundejahre alt, das sind achtzig Menschenjahre. Ich war gerührt. Ich musste achtgeben, dass ich nicht sofort anfing zu heulen. Das war neu und es beunruhigte mich.

Vor mir stand ein Stück Schwarzwälder Kirschtorte, überaus gehaltvoll. Ich verspürte beim Essen eine regelrechte Gier.

Nun war es meine Nachbarin, die mir beim Schlemmen zuschaute. Als sie sah, mit wie viel Genuss ich aß, zwinkerte sie mir zu.

»Der Appetit ist etwas, das im Alter nachlässt, leider.«

Sie zwinkerte nochmals. Weil es komisch aussah, wie sie ihre Lider auf und ab bewegte, musste ich lachen und zwar so sehr, dass ich befürchtete, das Stück Kuchen käme aus meinem Mund geschossen. Zum Glück konnte ich das noch rechtzeitig verhindern, indem ich meine Hand davorhielt.

»Verzeihen Sie, ich wollte Sie nicht in Bedrängnis bringen«, sagte die Dame höflich.

»Nein, nein, ich musste nur über Ihre Bemerkung lachen. Ich bin es, die sich entschuldigen sollte.«

»Wir müssen uns beide nicht entschuldigen, wenn es uns schmeckt«, erwiderte sie gelassen.

Nach dem unerfreulichen Gespräch mit Dr. Müller waren ihre Worte ein Labsal für meine Seele.

»Ich habe mich noch gar nicht vorgestellt. Mein Name ist Farbe, Leonie Farbe.«

»Das ist aber ein hübscher Name.«

»Finden Sie? Meistens werde ich wegen meines Namens gehänselt.«

»Machen Sie sich nichts daraus, ich heiße Leonore Siek. Der Name ist auf keinen Fall besser.«

Stimmt, dachte ich.

»Sind Sie verheiratet«, fragte sie mich unverblümt.

»Vom Verheiratetsein bin ich so weit entfernt, wie die Sonne vom Mond«, antwortete ich gestenreich.

»Dann haben Sie ja noch eine Chance, einen attraktiveren

Namen zu erheiraten. Ich, zum Beispiel«, sagte sie mit einem gewissen Wiener Charme in der Stimme »bin eine geborene Huber und habe einen Siek geheiratet. Sie sehen, es geht auch anders herum.«

Wir lachten und ich fühlte mich einfach nur wohl, als jemand lauthals nach mir rief. Die Gäste des Stadtbäckers drehten sich neugierig in meine Richtung. Ich erkannte, dass es Lina war, die zügig auf mich zukam. Ihre Haare hingen strähnig um ihren Kopf, sie wirkte aufgelöst.

»Lina, was ist denn los?«, fragte ich besorgt.

Der Dackel schien ebenfalls beunruhigt, er richtete sich kurz auf und schlich wedelnd an Frauchens Beine.

»Hast du es noch nicht gehört«, erkundigte sich Lina und sah mich forschend an. Mein Bedarf an Neuigkeiten war für heute eigentlich gedeckt. Es wär mir lieb gewesen, wenn Lina kehrt gemacht und ihre Informationen für sich behalten hätte. Das tat sie aber nicht, wie ein Häufchen Elend stand sie da.

»Um Himmelswillen, was ist denn geschehen?«

»Du weißt wirklich nichts?«, diesmal schaute sie noch ungläubiger und murmelte etwas auf russisch. Da sie sehr schnell sprach und ich kein russisch verstand, ahnte ich nicht, was sie von mir wollte. Frau Siek, die das Gespräch verfolgte, guckte angestrengt. Wie abgefeuerte Patronen schossen die Worte aus Linas Mund.

»Leonie, du weißt, wie gern der Halek angelt. Letztes Jahr im November habe ich ihm die teure Wurfangel gekauft. Die Barsche haben dir doch auch geschmeckt, stimmt's Leonie?«

»Ja, Lina, das ist aber bestimmt nicht der Grund, warum du hier bist, oder?«

Langsam erfasste mich eine gewisse Nervosität. Ich hatte schließlich keine Lust, Haleks komplette Angelgeschichte zu hören.

»Heute Morgen um sieben ist der Halek zum Angeln gefahren. Es sind doch Ferien«, berichtete sie aufgeregt. »Ich war seit sechs auf Arbeit, ich hab Frühdienst. Mein Mann, der Georgi, war wie immer daheim.«

In Linas Gesicht spiegelte sich das Entsetzen.

»Nur, dass der Halek heute nicht mit Fischen nach Hause kam, sondern mit einer Leiche.«

»Mit einer was?«, fragte ich ungläubig. Ich glaubte, mich verhört zu haben. Im Gegensatz zu mir hatte der Dackel wohl richtig verstanden, da er ihre Worte durch ein kurzes, klägliches Winseln unterstrich.

»Leonie, stell dir vor, mein Sohn findet einen toten Menschen, wo er keiner Fliege was zu Leide tun kann. Wir sind aus Russland hergekommen, weil der Halek es mal besser haben soll und nun angelt er eine Leiche, direkt aus unserem Dorfteich.«

»Quasi mitten im Dorf«, flüsterte ich. Was für eine Geschichte um die Mittagszeit beim Stadtbäcker in Waren, dachte ich. Mittlerweile hatten sich andere Gäste in das Gespräch eingemischt. Ein grauhaariger Mann aus der Ecke fragte Lina: »Entschuldigen Sie, habe ich richtig gehört, man hat eine Leiche gefunden?«

»Ja«, nickte Lina aufgebracht, der die ihr zuteilgewordene Aufmerksamkeit unangenehm war. »Direkt im Dorfteich hat mein Junge den Toten entdeckt. Nun liegt Halek im Warener Krankenhaus. Die Ärzte sagen er hat einen Schock.«

»Ah so«, sagte der Mann, »das bedauere ich für ihren Sohn. Ist es eine männliche Leiche?«

»Ja«, nickte sie. »Der Halek wollte nur einen Karpfen angeln. Ich esse den so gern«, fing Lina wieder an, »als er diesen toten Mann sah.« Ihre Stimme schien sich bei ihren Worten förmlich zu überschlagen, während sie in die Runde sah. »Er ist gleich mit dem Fahrrad zu meinem Georgi gefahren. Zusammen fuhren sie dann zurück zum Teich. Als mein Sohn die Leiche sah, ist er umgefallen. Mein Mann rief die Polizei, nein, erst rief er den Notarzt für unseren Halek. Die Polizisten kamen sehr schnell. Ich hoffe, dass mein Sohn keinen Schaden davon trägt. Jungen mit dreizehn sind ja so sensibel.« Lina kullerten ein paar Tränen über ihre pausbäckigen, russischen Wangen.

»Beruhige dich und setz dich erstmal hin. Möchtest du was essen?«, fragte ich ernsthaft besorgt.

»Ich kann doch jetzt nichts essen«, entgegnete sie entrüstet.

Stimmt, darauf hätte ich auch selbst kommen können.

»In unserem Dorf … Oh mein Gott, oh mein Gott«, stammelte Lina auf russisch. Frau Siek hatte anscheinend genug gehört. Sie wollte sich mit Rex auf den Weg machen, als der charmante Herr am Nachbartisch die Gunst der Stunde nutzte und anbot Frau Siek nach Hause zu begleiten.

»Schließlich läuft der Mörder frei herum.«

Anfänglich wehrte sie sich, sie meinte, sie sei zu alt, dass sich die Mühe lohne, sie noch umzubringen, ließ sich dann aber doch überreden. Auch Rex schien nichts dagegen zu haben.

»Lina, entschuldige die Frage«, sagte ich, »woher weißt du denn, dass es Mord war?«

Sie überlegte einen Moment.

»So genau weiß ich das nicht.«

»Siehst du«, erwiderte ich, »es kann sich genauso gut um Selbstmord handeln.«

»Das kann ich mir nicht vorstellen, so wie der ausgesehen haben soll.«

»Ich bestelle uns am besten ein Stück Torte, um das alles zu verdauen«, sagte ich schwungvoll.

»Für mich höchstens einen gedeckten Apfelkuchen, ich muss gleich ins Krankenhaus«, antwortete Lina.

»Die da nehme ich«, ich zeigte auf die Schokotorte am Tresen. Die Verkäuferin lächelte nachsichtig, sie hatte selbst ein paar Kilo zu viel auf den Rippen. Als ich mit dem gefüllten Tablett wieder am Tisch ankam, hatte Lina sich etwas beruhigt und sagte in meine Richtung gewandt:

»Ich wusste nicht, dass du so gerne Torte isst.«

»Das wusste ich bis heute auch nicht«, antwortete ich.

»Aha«, entgegnete Lina.

Zu Hause angekommen hatte ich eine Nachricht auf meiner Mailbox. Sie stammte von Stefan. Er wollte mir unbedingt etwas Neues erzählen. Lass mich raten, du willst mir sagen, dass es einen Toten in unserem Dorfteich gibt. Für heute hatte ich genug gehört. Ich schloss die Zimmertür und setzte mich an meinen Schreibtisch.

Unglück hat ein genaues Datum, an dem es beginnt

Morgens um fünf Uhr, in der Fischerstraße 11. Die mit Kopfstein gepflasterte Straße, nicht weit vom idyllischen Warener Hafen gelegen, schien zu schlummern. Bis auf das Motorengeräusch eines davonfahrenden Autos war es mucksmäuschenstill. Kommissar Harry Breitenfels lag seit Stunden wach und grübelte. Im Grübeln hatte er es im letzten Jahr zu einer gewissen Perfektion gebracht. In dem viel zu breiten Bett beschäftigten ihn unzählige Fragen. Hatte er in den vergangenen Wochen alles richtig gemacht? Die neue Dienststelle in Waren, die fremden Kollegen, an die er sich erst gewöhnen musste. Zu guter Letzt der Umzug in eine neue Wohnung. War er nicht für all diese Neuanfänge zu alt? Schließlich würde er bald neunundfünfzig werden. Auf all diese Fragen bekam er keine zufriedenstellende Antwort. Die, die auf alles eine Antwort wusste, hatte ihn vor einem Jahr unerwartet verlassen. Er hatte nicht einmal mehr die Zeit, ihr zu sagen, wie sehr er sie siebenunddreißig Jahre geliebt hatte.

Die Psychologin aus Schwerin behauptete, dass er nach Uschis Tod den Boden unter den Füßen verloren hätte. Sie hatte recht damit.

Viele Kriminalfälle hatten Uschi und er gemeinsam gelöst. Natürlich gab es eine Schweigepflicht aber doch nicht zwischen ihnen beiden. Er sprach mit niemandem darüber, schon gar nicht mit den ehemaligen Schweriner Kollegen. Es war Uschis Intuition, die im entscheidenden Moment weiterhalf und die ihm die noch fehlenden Hinweise gab. Bis zu jenem 15. März vor einem Jahr.

Uschi bereitete das Abendbrot zu. Es gab Rote-Bete-Salat mit Wiener Würstchen. Er war gerade im Nebenzimmer, als er diesen dumpfen Knall hörte und ein schwaches Stöhnen vernahm.

»Ist alles gut bei dir«, schrie er ängstlich, als er keine Antwort bekam, hatte er diese Ahnung.

»Mäusezahn?«, rief er erneut, so nannte er sie liebevoll.

Ein kurzer Schrei, dann hatte er Gewissheit.

Uschi lag vor ihm auf den kalten Küchenfliesen und regte sich nicht mehr. Er telefonierte sofort nach dem Rettungsdienst. Bis der eintraf, versuchte er, sie wiederzubeleben. Sooft er auch in ihren Körper hineinatmete und mit voller Wucht auf ihren Brustkorb drückte, er wusste, er hatte sie verloren. Sie ging, ohne ihm vorher ein Wort gesagt zu haben. Das war so gar nicht ihre Art. Der Notarzt bestätigte Harrys Befürchtungen. ›Plötzliches Herzversagen‹ lautete die Diagnose. Seitdem stellte er sich die Frage, wie ein so großes Herz versagen konnte.

Es begann ein paar Wochen nach ihrem Tod. Er vergaß einfach alles. Erst waren es nur Kleinigkeiten. Er erinnerte sich nicht mehr daran, wo er das Schlüsselbund hingetan hatte. Dann verlegte er die Dienstwaffe. Nicht einmal die einfachsten Fakten konnte er sich merken. Irgendwann entfielen ihm die Namen von wichtigen Zeugen. Harrys Seele war mit dem Tod seiner Frau überfordert. Am Anfang versuchte er, es zu überspielen, bis es auch für den Letzten in der Dienststelle nicht mehr zu übersehen war. Er stellte für sich und die Kollegen eine Gefahr dar. Darum schickte man ihn zur psychologischen Begutachtung zu Frau Dr. Hallhuber.

Sie war durch einen Beamtenaustausch aus Oberfranken in die Landeshauptstadt gekommen. ›Eine richtige Karrieristin‹ hätte Uschi gesagt. An die mecklenburgischen Gepflogenheiten konnte sie sich so wenig gewöhnen, wie die Schweriner Kollegen an ihren fränkischen Dialekt. Sie stellte ihm eine Menge Fragen und machte ein paar Tests mit ihm, die er allesamt nicht bestand. ›Posttraumatisches Stresssyndrom‹, diagnostizierte sie. Dabei hatte Uschi ihm vorher nie Stress bereitet. Es folgten eine Reihe von Krankschreibungen. Danach gab es genau zwei Möglichkeiten. Erstens, die Versetzung in eine Dienststelle, in der er sich und andere nicht gefährdete oder die vorzeitige Pensionierung. Was sollte er ohne Uschi zu Hause? Er bat um die Versetzung in eine kleine Behörde, in der Mordfälle die seltene Ausnahme waren.

Harry Breitenfels landete in Waren an der Müritz. Das war auch der Grund dafür, dass er in der Fischerstraße 11, im Bett lag und grübelte. Wenn er nicht weiterkam, nahm er Uschis Fotografie zur Hand und sprach ein paar Worte mit ihr. Dass sie ein Fahnenflüchtling sei und er nicht gedacht hätte, dass sie sich so einfach aus dem Staub machen würde, dass er enttäuscht von ihr wäre und, und, und …

Nachdem er ihr seine Trauer vor die Füße, beziehungsweise vor ihr Bild geworfen hatte, entschuldigte er sich bei ihr.

Am Ende einer solch zermürbenden Nacht schaute er das Foto mit gutmütigen braunen Augen an.

»Falls du glaubst, ich suche mir eine andere Frau, hast du dich geschnitten, die kommt mir nicht in unser Bett. Mäusezahn, ich liebe dich, wo auch immer du bist.« Nach diesen Worten fiel er in einen unruhigen Schlaf.

Nach anderthalb Stunden klingelte der Wecker und riss ihn unsanft aus einem wiederkehrenden Traum. Sie fuhren beide auf einer Schwalbe eine endlos scheinende Straße, entlang. Uschis blondes, kinnlanges Haar wehte duftend im Wind. Sie hielt ihn festumschlungen und küsste ihn in den Nacken. Sanft glitten sie der Abendsonne entgegen, als plötzlich ein riesiger Adler von hinten auf sie herabstürzte. Er krallte sich an Uschi fest und schleppte sie mit sich fort. Harry hörte ihre Hilfeschreie, sah ihre weitaufgerissenen Augen. Er schrie ebenfalls, aber der Vogel trug Uschi unaufhaltsam durch die Lüfte davon. Er konnte nichts tun. Nach diesem Traum wachte er schweißgebadet auf und hielt die Versetzung in die neue Dienststelle für keine gute Idee. Was hilft's, ein kurzer Blick zum Bild, das an derselben Stelle stand, wie anderthalb Stunden zuvor.

»Morgen, meine Liebe.«

Nur mühsam kam er in Gang. Die Knie machten in letzter Zeit Ärger. Er schaute auf die Uhr. Bis zum Dienstbeginn um acht blieb ihm noch eine Stunde. Genug Zeit um die neuesten Nachrichten zu sehen, sich zu rasieren, eine Stulle zu essen und einen weiteren Karton auszupacken.

Bei dem Gedanken bekam er ein schlechtes Gewissen. Was

hätte Uschi nur zu dieser Unordnung gesagt? Nachdem er es vor zwei Wochen rigoros abgelehnt hatte, dass Meret und Judith den Umzug für ihn organisierten, hat er nichts mehr von ihnen gehört. Sie waren sicher eingeschnappt. Dabei wollte er nur nicht, dass sie in seinen Erinnerungen kramten. Er kannte sie doch, besonders Judith hätte ihn gedrängt, alles wegzuschmeißen, was sie für nicht zeitgemäß hielt. Das konnte er nicht, noch nicht. Sie hatte ja Recht mit ihrer Meinung, dass ein Einfamilienhaus nicht in eine zweiundsiebzig Quadratmeter große Wohnung passt. Das merkte er jeden Tag, wenn er auf dem Weg zur Toilette über zahlreiche Kartons stieg. Besonders um den Wohnzimmertisch stapelten sich viele, an einige kam er nicht heran, weil sie übereinander standen.

Zeit spielte keine Rolle, davon hatte er genug. Ob er heute oder Morgen auspackte, das war egal. Es ging schon lange nicht mehr ums Leben, sondern nur noch ums Überleben. Meret und Judith verstanden ihn nicht.

»Papa«, hatten sie gesagt, »Mutti ist ein Jahr tot, du musst endlich wieder anfangen zu leben.«

Nein, er musste weder Kartons auspacken noch musste er leben. Überleben, das hatte er den Mädchen versprochen.

Harry war so klug, und hatte einen schmalen Gang zum Fernseher freigelassen. Griechenlandkrise, Eurokrise, Überschwemmungen. Bei den Katastrophen fühlte er sich wie zu Hause. Auch er befand sich seit über einem Jahr in einer andauernden Krise. Nur bot keine Zentralbank der Welt an, Harrys Leid(t)zins zu senken, damit er etwas Luft schöpfen könne. Wenn er sich im Spiegel betrachtete, insbesondere um die Bauchgegend, hatte seine Kapitaldecke, rein börslich gesehen, einen gewaltigen Riss bekommen. Wahrscheinlich lag es an dem Dosenfraß, der ihm nicht bekam. Die eine oder andere Hallorenkugel zuviel hatte bestimmt auch damit zu tun. Er brauchte halt noch Zeit.

Bevor er gänzlich im Selbstmitleid versank, klingelte das Diensttelefon. »Breitenfels«, sagte er kurz angebunden.

»Oberkommissar Lehmann hier. Es gibt eine Leiche in Hinrichsberg, das ist ein Ortsteil von Sietow, die Kollegen haben sie direkt aus dem Dorfteich gezogen. Die Spurensicherung ist schon auf dem Weg. Ich komme gleich zu Ihnen.«

»In zehn Minuten bin ich fertig«, antwortete Kommissar Breitenfels sachlich.

»In zehn Minuten. Ich warte vor der Tür.«

»Hm«, zischte er und legte auf. »Das geht ja gut los, Uschi«, sprach er vor sich hin. »Von Wegen bis zur Pensionierung in Waren ausharren, nicht mal vierzehn Tage im Dienst und schon die erste Leiche und dann noch mitten in einem Dorf.«

Oberkommissar Lehmann war ein gutaussehender, vor allem aber gutangezogener Mann, Ende Dreißig, genau genommen achtunddreißig. Er verliebte sich in eine junge Frau aus Röbel. Sie war der Grund, warum er sich zu dem übereilten Schritt hinreißen ließ, nach Mecklenburg zu ziehen. Da in den Dienststellen in Schwerin und Rostock sämtliche Stellen besetzt waren, blieb ihm nur das Warener Kriminalkommissariat. Die Freundin entliebte sich rasend schnell, als er täglich vor Ort war. Seitdem verging kein Tag, an dem er nicht betonte, wie sehr er diesen Entschluss bereue. ›Er wettere die Zeit praktisch in diesem Provinznest ab‹, wie er selbst nachdrücklich unterstrich. ›Er warte auf die Flut, die ihn wieder an das Steinhuder Meer trug.‹

In der Freizeit segelte der junge Mann eine H-Jolle, ein liebevoll restauriertes Holzschiff, mit stabilen Segeleigenschaften. Das war überhaupt die einzige Tatsache, der ihn für Hauptkommissar Breitenfels sympathisch machte. Harry hatte es leider nie zu einem Segelschein gebracht. Schon als Kind fühlte er sich dem Wasser verbunden, als Teenager träumte er davon, zur See fahren. Bevor er diesen Traum verwirklichen konnte, lernte er Uschi kennen. Danach verfolgte er einen bescheideneren Traum: ein Boot auf dem Schweriner See, aber auch der erfüllte sich nicht. Uschi wurde selbst auf einem Ausflugsdampfer seekrank. So hatte er den Traum vom Segeln augegeben.

Der Oberkommissar wartete bereits vor dem Haus. Er saß in einem nagelneuen Audi A3 und trommelte mit den Fingern auf das Lenkrad. Langmut gehörte nicht zu Lehmanns vordergründigen Eigenschaften. Er war der Meinung, die meiste Zeit des Lebens verbrachte man mit Warten.

Als Kommissar Breitenfels aus der Haustür trat, sah er, wie Lehmann sich durchs wellige, rotblonde Haar strich. Eine Geste, die er für selbstgefällig hielt. Überhaupt hatte er ein Problem mit dem Hannoveraner Wikinger, wie er ihn heimlich nannte. Als er eine Minute danach bei ihm einstieg, rang der sich ein knappes »Moin« ab.

Lehmann fuhr auf dem kürzesten Weg raus aus der Stadt zum Fundort der Leiche. Von der Fischerstraße quer durch die Wasserstraße hin zum Schweriner Damm, dann ging es weiter die Röbeler Chaussee entlang auf die B192 Richtung Sietow. Am Ende des Dorfes bog er rechts ab nach Hinrichsberg.

»Schade, dass Sie nicht am Warener Hafen vorbeigefahren sind«, sagte Kommissar Breitenfels. Seitdem er dort wohnte, verband ihn ein inniges Gefühl mit diesem beschaulichen Hafen, der Ende Februar noch ein wenig verschlafen wirkte. Nur einige Enten und ein paar Schwäne machten es sich auf den verbliebenen Eisschollen bequem. Die ersten Touristen würden zu Ostern kommen. Bis dahin träumte der Hafen lautlos vor sich hin.

»Wir sind ja schließlich nicht auf Sightseeingtour«, antwortete Lehmann unwirsch. Von da an sprachen beide auf der Fahrt nur das Nötigste.

»Wer hat die Leiche gefunden«, fragte Breitenfels sachlich.

»Ein Junge, dreizehn Jahre, er angelte am Dorfteich. Der Vater von dem Kleinen hat die Polizei alarmiert und ihnen den Leichenfundort gezeigt. Der Junge selbst ist beim Anblick des Toten kollabiert. Die Notärztin meint, er hätte einen Schock. Wir können ihn vorerst nicht befragen.«

»Was ist mit weiteren Zeugen?«, fragte der Kommissar.

»Soviel ich weiß, gibt es keine.«

»Weiß man überhaupt etwas über die Leiche?«

»Zu viele Fragen, Herr Kommissar«, sagte Lehmann selbstsicher, während er Breitenfels mit seinen blaugrünen Augen fixierte. »Lassen Sie uns doch erstmal am Fundort ankommen. Wir wissen bis jetzt nur eines mit Sicherheit, nämlich nichts.«

Zwei Minuten später fuhren sie durch den auf den ersten Blick unscheinbaren Ort, vorbei an der maroden Gutsanlage zum Dorfteich, der relativ zentral lag. Dort stellten sie ihr Auto ab. Als beide am Leichenfundort ankamen, sahen sie, dass sich eine Traube von Menschen gebildet hatte, die wild gestikulierend durcheinander sprachen.

»Woher kommen den all die Leute?«, fragte Kommissar Breitenfels einen Streifenpolizisten, der neben ihm stand.

»Einige wohnen in Hinrichsberg, andere stammen aus Sietow. Sie haben gehört, was geschehen ist und sind nun besorgt.«

»Müssen die denn nicht arbeiten?«, spöttelte Breitenfels und zeigte auf die herumstehende Menge.

»Anscheinend nicht«, antwortete der Polizist und zuckte mit den Achseln.

»Wie heißen Sie?«

»Polizeiwachtmeister Schmidt.«

»Nehmen Sie von allen die Personalien auf, wir brauchen sie für unsere anschließende Befragung.«

»In Ordnung«, erwiderte der, dann machte er sich auf den Weg. Dr. Becker aus der Greifswalder Rechtsmedizin und das Team von der Spurensicherung untersuchten unterdessen die Leiche und den Fundort. Breitenfels kannte den Pathologen aus der Schweriner Zeit. Die beiden mochten sich. Sie hatten so manchen Fall miteinander gelöst.

»Mensch Harry, hier steckst du also.« Sichtlich erfreut kam Dr. Becker auf ihn zu. Es fehlte nicht viel und der Mann im weißen Overall hätte Harry in die Arme geschlossen, tat es aber doch nicht. »Das mit deiner Frau tut mir leid«, sagte Dr. Becker betroffen, nachdem er die Schutzmaske vom Gesicht gezogen hatte.

»Schon gut, Arno«, hauchte Harry in Beckers Richtung. Er wollte in Lehmanns Beisein nicht über seine Frau sprechen. Darum fragte er hastig »Und wie sieht's hier aus?«

»Kann leider noch keine fundamentalen Aussagen treffen«, antwortete Becker und winkte ab, »die Leiche hat mindestens ein halbes Jahr, wenn nicht länger, im Wasser beziehungsweise im Eis gelegen. Männlich, so viel ist mit Sicherheit klar. Sieh selbst«, Dr. Becker zeigte auf die Umgebung. »Der eisige Winter mit den extremen Minusgraden hat die meisten, wenn nicht alle Spuren beseitigt, schwierig, schwierig.«

Der Pathologe schaute angestrengt. In dem schneeweißen Overall sah er aus wie ein Marsmännchen. Harry war der Einzige vor Ort, mit dem er sich duzte. In Rostock hatten die beiden öfter mal ein Rostocker Pils, Arnos Lieblingsbier, zusammen getrunken und dabei politisiert.

Oberkommissar Lehmann, dem die Situation nicht zu behagen schien, wollte auf sich aufmerksam machen, indem er sich an Dr. Becker wandte. Mit fester Stimme sagte er: »Ich bin Oberkommissar Lehmann, ich leite die Ermittlungen in diesem Fall.«

»Na schauen wir mal«, erwiderte Dr. Becker kurz, »was es zu ermitteln gibt. Meinen Bericht haben Sie in zwei Tagen«, damit ließ er Lehmann einfach stehen. Dieser Typ, junger Karrerist, war ihm zuwider. Er fragte sich, was ausgerechnet so einer im Warener Kommissariat machte.

Kommissar Breitenfels hob unterdessen die weiße Plasteabdeckung etwas an. Was er dort sah, erzeugte in ihm eine Übelkeit, die er lange nicht mehr verspürt hatte. Vor ihm lag der Leichnam eines Mannes, völlig unbekleidet, ungefähr um die Dreißig, Vierzig. Die Leiche zeigte starke Anzeichen von Verwesung. Das Gewebe war blassbläulich, aufgeschwemmt, regelrecht aufgedunsen. Manche Körperstellen sahen aus, wie mit einer Wachshaut überzogen, andere Stellen begannen sich bereits abzulösen, so dass die darunterliegenden Schichten sichtbar wurden. Gesichtszüge konnte man nicht mehr erkennen. Die Ohren waren angeknabbert, genauso das Geschlechtsteil. Vielleicht gibt es Fische im Teich.

»Kannst du sagen, ob es sich um Selbstmord oder Mord handelt?«, fragte Harry den Pathologen, nachdem er die Plastikabdeckung wieder über die Leiche geworfen hatte.

»Nur für dich vorab ein paar Infos.« Dr. Becker rückte dicht an den Kommissar heran. Er sprach mit gedämpfter Stimme. »Ich hab ein kleines Indiz gefunden für eine komprimierende Gewalteinwirkung am Hals, wenn man hier überhaupt von Hals reden kann. Das würde für einen Tod durch Erwürgen sprechen, muss ich aber noch näher untersuchen. Außerdem haben wir eine Art Strick sichergestellt, ich vermute Hanf, der an einem Feldstein befestigt war. Mehr kann ich dir erst nach der Analyse im Labor sagen. In den nächsten Tagen wissen wir es genau. Du weißt, fürs Spekulieren werde ich nicht bezahlt. In zwei, drei Tagen hast du meinen Bericht auf dem Tisch.«

»Danke Arno.«

»Mach's gut, Harry.«

»Wie war noch gleich Ihr Name?«, fragte er in Lehmanns Richtung. Ohne dessen Antwort abzuwarten, entschwand er mit einem silberfarbenen Alukoffer. Oberkommissar Lehmann, dem die geringschätzige Art des Pathologen nicht entgangen war, ärgerte sich darüber, wollte sich aber vor Breitenfels nichts anmerken lassen. Darum ging er schnurstracks auf den nächstbesten Zuschauer zu, um ihn zu befragen.

Es war Andreas Wolf, der frühzeitig von einer Baustelle nach Hause gekommen war. Als er von Georgi erfuhr, was man im Dorfteich gefunden hatte, lief er sofort dorthin. Hier hielten sich die meisten der Dorfbewohner auf und sprachen aufgeregt miteinander. Lehmann trat durch die rot-weiße Polizeiabsperrung und ging geradewegs auf Andreas Wolf zu. Nachdem er die Personalien aufgenommen hatte, merkte er sehr schnell, dass Wolf kein wichtiger Zeuge war. Er hatte weder etwas gesehen, noch konnte er entscheidende Hinweise zum Fundort geben. Andreas Interesse bestand lediglich im Aushorchen des Oberkommissars, was dieser sofort durchschaute und die Befragung beendete.

»Ich komme auf Sie zu, falls sich Fragen ergeben«, sagte der junge Oberkommissar.

»Ja aber«, setzte Andreas Wolf erneut an. Bevor er etwas einwenden konnte, befand sich Lehmann auf dem Weg zu Breitenfels, der sich mit Stefan Hansen unterhielt. Er hörte nur einzelne Wortfetzen, als er in die Nähe der beiden kam.

»Wie lange wohnen Sie schon in Hinrichsberg?«

»Seit drei Jahren, genau genommen, drei Jahre und dreieinhalb Wochen.«

»So detailliert wollte ich es gar nicht wissen«, antworte Kommissar Breitenfels sachlich.

»Genauigkeit ist eine Tugend, zumindest in meinem Beruf«, belehrte ihn Stefan Hansen.

Oberkommissar Lehmann nahm das Geplänkel der beiden

zum Anlass, sich ins Gespräch mit einzumischen. Es hatte den Anschein, als versuchte er so, die Schlappe mit dem Pathologen wettzumachen.

»Aus welchem Teil Deutschlands hat es Sie denn in diese Gegend verschlagen? Wie war gleich Ihr Name?«, fragte Lehmann überfreundlich.

»Professor Hansen.«

»Sehr angenehm, ich bin Oberkommissar Lehmann, ich leite die Ermittlungen«, stellte er sich vor.

»Ursprünglich komme ich aus Hamburg«, nahm Professor Hansen das Gespräch wieder auf. »Ich habe aber etliche Jahre in München gelebt und dort an der Uni als Dozent für Psychologie gelehrt.«

»Das nenne ich einen Zufall, ich stamme aus Hannover, habe nach dem Abitur in München studiert«, freute sich Lehmann.

»Die Stadt hat eine Menge Kultur zu bieten. Das Klima ist auch sehr angenehm«, sinnierte der Professor gedankenverloren.

»Das kann man von dieser Gegend hier ja nicht behaupten«, stichelte Lehmann und zeigte auf die Umgebung.

Kommissar Breitenfels ging der territorial angehauchte Lokalpatriotismus gewaltig auf den Zünder. Erschwerend kam hinzu, dass dies der erste Mordfall war, bei dem ihm nicht die Leitung oblag.

»Noch mal zurück zum Thema«, sagte er in die Runde. »Haben Sie irgendwas beobachtet, das für den Fall relevant ist?«

»Was meinen Sie, was ich gesehen haben könnte?«, fragte Stefan Hansen unwirsch. »Ich genieße meine Zeit mit feinem

Essen und dem Lesen von Fachliteratur. Ab und an halte ich eine Gastvorlesung an der Hamburger Uni. Was soll ich da mit Mord zu schaffen haben«, fragte Hansen sichtlich irritiert.

»Von Mord war keine Rede, genauso gut kann es sich um Selbstmord handeln«, antwortete Breitenfels spröde.

»Ich dachte … weil die Kriminalpolizei ermittelt … War es das?«, fragend wandte sich der Professor an Oberkommissar Lehmann. »Ich gehe jetzt nach Hause oder haben Sie etwas dagegen?«

Breitenfels würdigte er keines Blickes mehr.

»Ich denke, wir brauchen ihre kostbare Zeit nicht weiter in Anspruch zu nehmen. Wir wissen ja, wo wir Sie finden«, säuselte Oberkommissar Lehmann.

»In meinem Keller liegt ein vorzüglicher Rotwein aus dem Périgord«, hofierte Hansen Lehmann. »Falls Ihnen danach ist, kommen Sie gerne vorbei.«

Oberkommissar Lehmann fühlte sich unübersehbar geschmeichelt, dankte herzlich und schon war Professor Hansen auf dem Weg nach Hause.

»Was für eine gequirlte Scheiße«, schimpfte Breitenfels beim Weggehen.

Lehmann, der Breitenfels Körpersprache anscheinend zu deuten verstand, sagte in betont lässiger Manier:

»Kommissar Breitenfels, Sie übernehmen die Befragung auf der rechten Seite, Personalien etc., vielleicht ist doch noch jemandem etwas aufgefallen, ich übernehme links.«

»Das macht Polizeiwachtmeister Schmidt bereits«, antwortete der trocken.

»Dann helfen Sie ihm halt dabei und schauen ob er was

übersehen hat. Außerdem wir warten erst mal in Ruhe den Bericht der Pathologie ab, ob es sich überhaupt um Mord handelt, wissen wir ja noch nicht. Wahrscheinlich ist es nur einer dieser Lebensüberdrüssigen.«

»Kein Wunder in dieser Gesellschaft«, schniefte Harry.

»Diese Gesellschaft ernährt Sie doch immerhin. Ich wollte sagen«, betonte Oberkommissar Lehmann jeden einzelnen Buchstaben, »vielleicht findet Ihr Pathologe heraus, dass es Selbstmord war, dann gibt es für uns nichts zu ermitteln. Für heute machen wir Piano.«

Noch ein Wort von Lehmann und Breitenfels wäre die Hand ausgerutscht. Was bildete sich dieser Schnösel nur ein. Als Lehmann sah, wie es in Breitenfels brodelte, machte der auf dem Hacken kehrt und ging davon.

Nachdem man alle befragt hatte, löste sich die Menschentraube allmählich auf. Da auch die Spurensicherung bisher keine aussagekräftigen Spuren gefunden hatte, machten sich die Kollegen auf den Weg zurück zum Labor.

Die Hinrichsberger hatten eigene Theorien zum Tathergang. Einige Dorfbewohner meinten, dass es bestimmt Selbstmord sei, der Winter in Mecklenburg sei einfach zu lang. Andere wiederum vertraten die Meinung, dass es sich nur um Mord handeln könne, und dass dem Ort schlimme Zeiten bevorstehen würden. Wieder andere sagten, dass das mit den Ausländern zu tun hätte, weil es vorher keinen Toten in dem Dorf gegeben habe, zumindest soweit die Erinnerung reicht.

Kommissar Breitenfels nutzte die Zeit, um sich einen ganz persönlichen Eindruck zu verschaffen. Er ging zurück zu der

Stelle, wo noch vor ein paar Stunden die Leiche gelegen hatte. Das heruntergetretene Schilf umsäumte den Teich. Das Wasser lag trübe im spärlichen Nachmittagslicht. Es erweckte den Anschein, als sei nichts geschehen. Er hockte sich hin, sah hinunter zum Schilfgürtel und ließ das vor ihm entstandene Bild Revue passieren.

»Was waren bis jetzt die Fakten«, sprach er zu sich selbst.

»Genau genommen, keine Fakten, zumindest nicht viele. Eine männliche Leiche, wahrscheinlich Europäer, circa 30-40 Jahre alt.«

Lehmann hatte recht. Sie wussten bisher nicht einmal, ob es sich um Mord handelte. Aber es gab Fragen, und wenn es Fragen gab, musste es auch Antworten geben. Wieso bringt sich ein Mensch in einem Dorfteich um, während es nur ein paar Meter bis zum Westufer der Müritz sind. Wer will schon sein Leben in einer Pfütze beenden? Woher stammt der Mann? Wer vermisst ihn?

Irgendwas sagte ihm: Hier stimmt was nicht!

»Hauptkommissar Breitenfels?«

»Ja«, schreckte Harry hoch, als er bemerkte, dass Oberkommissar Lehmann dicht hinter ihm stand.

»Kommen Sie, ich fahre Sie nach Hause, heute können wir nichts mehr ausrichten. Morgen um acht, zur Lagebesprechung tragen wir alle vorhanden Fakten zusammen und entscheiden die Vorgehensweise. Wie gesagt, noch ist Selbstmord eine Option.«

Unwillig ging Breitenfels mit. Er konnte es nicht leiden, wenn ihn jemand beim Nachdenken und beim Führen von Selbstgesprächen störte.

Eine halbe Stunde später setzte ihn Oberkommissar Lehmann in der Fischerstraße ab.

»Bis morgen.«

»Bis morgen«, zischte Harry und schlug die Tür des Audis viel zu kräftig zu. Nach weiteren drei Minuten saß er auf seiner Couch, in der rechten Hand ein Rostocker Pils, in der linken Uschis Foto. Schluck für Schluck ging es ihm langsam besser.

»Uschi«, sagte er und betrachtete das Bild nachdenklich, »du kannst dir nicht vorstellen, was für ein Scheißtag das heute war.«

Für einen kurzen Moment sah er Uschi nicken.

Reden hilft meistens

Ich saß über dem Manuskript meines Buches und feilte an möglichen Formulierungen, um sie ein paar Stunden danach als todlangweilig und nicht schlüssig zu verwerfen. Wenn das so weitergeht, werde ich verhungern. Der kleine Leipziger Verlag, der noch an mich glaubte, konnte schließlich nicht ewig warten. Das Verhungern ersparte mir zumindest die Mühe, mich im Dorfteich zu ertränken. Apropos Dorfteich ...

Ich griff zum Handy, wählte Stefans Nummer und wartete. Gerade wollte ich auflegen, als ich am anderen Ende seine kräftige Stimme vernahm.

»Leonie«, sagte er höflich, »sicher hast du schon von den Neuigkeiten gehört.«

»Ja, beim Stadtbäcker«, antworte ich trocken, »Lina erzählte es mir. Der arme Halek«, quasselte ich drauflos, »ich ahnte ja nicht, dass das Wasser im Dorfteich so tief ist oder sollte ich lieber sagen so flach ...?«

»Darüber habe ich auch nachgedacht«, erwiderte Stefan. »Der kleine Halek, wann hat er dir eigentlich das letzte Mal Fische gebracht?«

Ich konnte förmlich den Ekel in seiner Stimme hören.

»Das ist schon etliche Monate her«, log ich, »du meinst, die hatte er aus dem Teich?«

»Wir wollen mal nicht gleich das Schlimmste annehmen.«

»Stefan, mir wird übel.«

»Beruhige dich, Leonie«, sagte er besorgt. »Was macht übrigens dein Magen, als du das letzte Mal bei mir warst, hattest du ja einige Probleme. Sicher war es nur ein klitzekleiner Virus, hab ich recht?«

Ich schluckte, da war es wieder, mein Problem, das ich seit Wochen zu ignorieren versuchte. Aber irgendwem musste ich mich anvertrauen, warum also nicht Stefan davon erzählen?

»Leonie?«

»Ja, ich bin noch da«, antworte ich. »Stell dir vor, ich war in der Praxis von Dr. Raps, kennst du ihn?«

»Kann mich nicht erinnern, von ihm gehört zu haben«, konstatierte Stefan nüchtern.

»Dr. Raps ist mein Hausarzt, der war aber nicht da, sondern auf Bali.« Ich merkte, wie ich versuchte, die Nachricht so lange wie möglich hinauszuzögern. »Er hatte eine Vertretung, Dr. Müller, er sah aus wie der Arzt aus dieser Serie, wie hieß die noch gleich?«

Stille …

Männer … dachte ich, sie vertragen es einfach nicht, wenn man in ihrer Gegenwart einen anderen Mann als attraktiv bezeichnet.

»Stefan bist du noch da?«

»Ich höre dir zu«, antwortete Stefan betont freundlich.

»Das Ergebnis der Geschichte ist ruck zuck erzählt. Dr. Müller untersuchte mein Blut, du wirst nicht glauben was er dann zu mir gesagt hat …«

»Du machst es aber spannend«, rief er dazwischen.

»Ja, also er sprach davon, dass ich schwanger sei«, presste ich die Worte gequält zwischen meinen Lippen hervor. »Ich fragte ihn daraufhin, ob er schon mal was von einer unbefleckten Empfängnis gehört hatte. Darauf meinte er, ich hätte ein ernstzunehmendes Problem und riet mir, einen Psychiater zu konsultieren.«

Schallendes Gelächter am anderen Ende der Leitung.

»Was du mit diesem Telefonat ja eindeutig tust.«

Nun musste auch ich lachen.

»Was sagst du zu dieser Sache, ist doch irre, oder?«, fragte ich immer noch kichernd.

»Verstehe ich richtig«, führte er das Gespräch fort, »du hast über ein Jahr keinen Geschlechtsverkehr gehabt? Wir reden beide von den selben Dingen, ja?«

Ich schmunzelte, »Null Petting, SM oder sonst eine absurde Sexualpraktik.«

»Kann ich gar nicht nachvollziehen«, warf Stefan charmant ein, »so eine reizende Frau und keinen Sex.«

Ich atmete ganz flach, so als wollte ich auf diese Weise verhindern, dass er weitersprach.

»Willst du meine Ferndiagnose hören? Praktisch die Diagnose eines Psychiaters im Ruhestand.«

»Hm …«, grunzte ich.

»Es gibt mehrere Möglichkeiten, eine davon, man hat dein Blut im Labor vertauscht, das geschieht häufiger als man denkt. Eine weitere Sache, die in Betracht kommen könnte, ich hoffe, du nimmst es mir als deinem Freund nicht übel.«

»Und was?«, fragte ich hörbar verunsichert.

»Du bist scheinschwanger, psychologisch gesehen bedeutet das, der Wunsch nach einem Kind ist so stark, dass dein Körper alle Signale einer Schwangerschaft aussendet, obwohl du in Wirklichkeit nicht schwanger bist.«

»Das klingt absurd«, erwiderte ich trotzig, »wenn ich diesen Wunsch je verspüren würde, weshalb beschäftige ich mich nicht mit Kindern? Warum schreibe ich keine Kinderbücher?«

»Das ist zu weit hergeholt«, sagte Stefan. »All das spielt sich in deinem Unterbewusstsein ab, dein übergeordnetes Bewusstsein weiß nichts davon.«

Ich dachte nach, kann es wirklich so eine simple Erklärung für die Phänomene, die ich an mir beobachtet habe geben? Was war mit der Übelkeit oder meiner plötzlichen Vorliebe für Torten? Bevor ich zu einem Ergebnis kam, störte mich Stefan in meinem Überlegungen, indem er zu mir sagte:

»Mach dir keine unnötigen Sorgen, ich habe mehrere solcher Fälle an der Uni beobachtet und behandelt. Nach einer Behandlung war der Spuk meistens für die Frauen vorbei. Wenn du mich lässt, kümmere ich mich um dich.«

»Danke Stefan, das ist nett von dir, aber mir ist deine Freundschaft wichtiger als deine psychiatrischen Dienste.«

»Du besuchst den Freund und der Psychiater schaut ihm helfend über die Schulter.«

›Er ist so liebenswert‹, dachte ich, ›diese Menschen gibt es kaum noch.‹

»Gut, so machen wir es«, sagte ich ein wenig erleichtert.

»Wann beginnen wir mit deiner Therapie?«, fragte Stefan forsch, »die ich natürlich mit etwas Gänseleberpastete verfeinere.«

»Du bist der Psychodoc«, antworte ich kess.

»Morgen Abend um acht bei mir.«

»Ich freue mich, bis morgen!«, erwiderte ich voller Zuversicht und legte auf. Ich war erleichtert. Endlich hatte ich mit jemandem geredet. Stefan war schließlich ein anerkannter Psychiater. Er wusste, wovon er sprach. Zwei, drei Gespräche und die Gespenster waren für immer vertrieben.

Ausgelassen, fast heiter, setzte ich mich an mein Buch und fing an zu schreiben.

Morgens um 8.30 Uhr in der Kuhstraße 30, der Greifswalder Rechtsmedizin

Ein beißender Geruch nach Desinfektion durchdrang die weiß gefliesten Räume. Oberkommissar Lehmann trug einen graugestreiften Anzug, darüber einen dunkelblauen Designermantel, der in der farblosen, sterilen Atmosphäre der Greifswalder Gerichtsmedizin irgendwie deplatziert wirkte. Auch Kommissar Breitenfels in der alten ausgewaschenen Jeans und dem zu eng anliegenden Anorak erschien unpassend, besonders neben Lehmann. Der Einzige, der richtig angezogen schien, war Dr. Becker. In dem grasgrünen Zweiteiler, bestehend aus Hemd und Bundhose, einer grünen Lederschürze und den farblich abgestimmten Plastikschuhen wirkte er wie jemand, der genau hier hin gehörte, an diesen Ort, an dem man versuchte, dem Tod auf die Schliche zu kommen.

Breitenfels machten derartige Räume automatisch stiller. Er kämpfte mit einer Übelkeit, die sich über die Jahre verschlimmert hatte. Er musste sich zusammenreißen, schließlich wollte er vor Lehmann keine Schwäche zeigen.

»Morgen Arno«, begrüßte der Kommissar seinen alten Bekannten Dr. Becker freundlich. »Für einen Toten ist es eigentlich noch zu früh, nuschelte er schlecht rasiert.«

»So verschieden sind die Sichtweisen«, konterte Dr. Becker

gutgelaunt. »Für dich ist es noch zu früh, für ihn«, er zeigte auf den Toten, »schon lange zu spät. Tja Harry, die konsultieren uns vorher leider nicht.«

Oberkommissar Lehmann trat von einem Bein aufs andere, was deutlich machte, wie nervös er war. Diesmal wollte er sich nicht von dem Pathologen vorführen lassen. Darum fing er, ohne erst Höflichkeiten auszutauschen, an, gezielt Fragen zu stellen.

»Was haben Sie denn nun herausgefunden?«, wandte sich Lehmann mit einer gewissen Überheblichkeit an Dr. Becker.

Der wiederum antwortete mit einer Gegenfrage: »Harry, magst du einen?«, er zeigte auf die Kaffeemaschine neben sich. »Kannst ihn gebrauchen, siehst müde aus.«

»Nein danke, Arno, mein Magen, ich bekomme Sodbrennen davon.«

»Oberkommissar Lehmann, möchten Sie einen oder bekommen Sie Durchfall vom Kaffee?«

Lehmann war unsicher. Mit dieser Frage hatte er nicht gerechnet. »Wenn er frisch ist«, erwiderte er. Anscheinend wollte er witzig klingen. »Haben wir denn so viel Zeit?«

»Zu Frage eins«, entgegnete Becker, der ihm fest in die Augen sah. »Der Kaffee ist das Einzige, was bei uns im Institut frisch ist. Zu Frage zwei, ist Ihnen schon mal eine Leiche weggelaufen? Mir noch nicht.«

»Eine Frau ja, nicht aber eine Leiche«, antwortete Lehmann spontan.

Die drei Männer schmunzelten. Die eisige Atmosphäre im Institut schien sich um einige Grad zu erwärmen. Als der heiße Kaffee aus den Pötten dampfte, fing Dr. Becker an zu referieren.

»Zwei gute Nachrichten vorweg. Erstens, es gibt Arbeit für euch, schließlich werdet ihr vom Staat bezahlt. Zweitens, es ist so, wie ich vermutet habe. Tod durch Hypoxie, das heißt im Klartext, der vor uns liegende Mann wurde erwürgt, was die Male an seinem Hals, oder viel mehr an dem, was von ihm übrig ist, bestätigen. Eingedrückter Kehlkopf, etc. Der junge Mann ist nicht ertrunken, er hat sich auch nicht selbst erdrosselt. Er war schon tot als man ihn im Dorfteich entsorgte und er war eine ziemlich lange Zeit eingefroren. Ich denke cirka fünf, sechs Monate.«

»Eingefroren?« Breitenfels guckte erstaunt.

»Ja, ich tippe auf Kühltruhe. Im Übrigen eine blöde Art, jemanden verschwinden zu lassen, ich meine den Teich, da gibt es Besseres.«

Breitenfels und Lehmann zogen beide die Brauen hoch, Dr. Beckers Humor war manchmal zu schwarz.

»Arno, kannst du uns was zu dem Mann sagen«, fragte Breitenfels.

»Tja, wie gesagt männlich, ehemals gute Körperstatur, 1,85 m, Osteuropäer, dunkles Haar, nicht gefärbt, keine fremde DNA an der Leiche. Der Winter und die lange Liegezeit haben ihren Teil dazu beigetragen, wesentliche Spuren zu verwischen. Anhand des Zahnstatus versuche ich herauszufinden, woher der Mann stammt. Ich tippe auf Polen oder Tschechien. Er hat im hinteren Backenzahnbereich eine Füllung die häufig in Polen verwendet wird. Das war zumindest noch vor ein paar Jahren so. Heute fahren viele Deutsche dorthin, um sich die Zähne machen zu lassen. Die Technik ist dort teilweise moderner als bei uns, auf jeden Fall ist sie preiswerter.«

»Recht haben die Bundesbürger, kann ja bald keiner mehr bezahlen.«

»Gibt es sonst irgendwelche Hinweise, die uns bei der Tätersuche weiterhelfen?«, fragte Lehmann, den der Kaffee sichtlich entspannt hatte, sachlich.

»Wie gesagt, der starke Winter mit den eisigen Temperaturen, die lange Liegezeit der Leiche im Dorfteich, ich gehe von einem dreiviertel Jahr bis einem Jahr aus … durch die fortgeschrittene Verwesung waren einige Zellstrukturen schon verflüssigt … was erkläre ich euch … schwierige Sache.

Ach ja, noch was: wir haben eine Art Strick gefunden.

Die Analyse im Labor ergab, dass es sich um ein Hanfseil handelt. Meine Herren, bei dem Seil haben wir es mit einem Naturprodukt zu tun. Hanf ist eine zweihäusige Faserpflanze aus Südostasien. Die bastreichen Stängelfasern werden, nachdem sie geröstet und mechanisch aufbereitet wurden, für Gewebe und Seile verwendet. Hanf zählt zu den stärksten Naturfasern, hat aber einen alles entscheidenden Nachteil. Er ist stark witterungsanfällig, also nicht so gut geeignet, eine Leiche am Grund eines Dorfteiches zu halten. Hanfseile findet man heute überall im Internet. Das Interessante daran ist Folgendes.« Der Pathologe zeigte auf eine Art Schnürung.

»Jemand hat das Hanfseil mit einem besonderen Knoten um den Stein gewickelt, der die Leiche die ganze Zeit unter Wasser hielt. Es handelt sich dabei um einen ›Stoppersteg‹. Das ist ein spezieller Knoten, der Seglern geläufig ist.

Außerdem war der Tote an Armen und Beinen gefesselt.«

»Sagen Sie, Oberkommissar Lehmann, segeln Sie nicht?«, fragte Kommissar Breitenfels und grinste übers ganze Gesicht.

»Ich werde es wohl kaum gewesen sein«, antwortete Lehmann spitz, der den Witz anscheinend für nicht so gut hielt.

»Ich sehe die Schlagzeile in der ›Bild‹ deutlich vor mir«, sagte Dr. Becker und zeigte in die Luft.

»Hannoveraner Kommissar entsorgt Leiche nicht im Keller, sondern im Mecklenburger Dorfteich.«

»Wie schön, meine Herren, dass Sie auf meine Kosten ihren Spaß hatten, können wir uns jetzt bitte wieder auf die Arbeit konzentrieren.«

»Das tue ich die ganze Zeit, arbeiten«, tönte Dr. Becker.

Der Tonfall beziehungsweise die Raumtemperatur schien sich wieder um einige Grad abzukühlen.

»Nun liegt es an Ihnen, Oberkommissar Lehmann«, sagte der Pathologe provokant, »dass Sie den Täter, der ja noch draußen frei herumläuft, finden. Sie kennen doch die Statistik. Zwei von drei Morden bleiben unentdeckt. Ich sage nur viel Spaß und viel Erfolg. Ansonsten möchte ich mich gerne meiner anderen Lieblingsbeschäftigung zu wenden, der forensischen Genetik.«

»Haben Sie noch Fragen«, Lehmann wies in Breitenfels Richtung, »wenn nicht, können wir ja gehen.«

»Mach's gut, Arno«, sagte Breitenfels zu Becker gewandt.

»Mach's gut, Harry, vielleicht trinken wir mal wieder ein Bier zusammen?«

»Gerne«, antwortete Harry.

»Wann liegt Ihr Bericht auf dem Tisch?«, fragte Lehmann den Pathologen, indem er das Gespräch der beiden unterbrach.

»Spätestens übermorgen.« Und schon machten sich die beiden Kommissare auf den Weg nach Waren.

Liebe geschieht immer mal wieder, aber nicht an jedem Tag

Nach dem Erwachen fühlte ich eine tiefe Zuversicht. Meine morgendliche Übelkeit war verflogen, ein herrlicher Frühlingstag schaute zum Fenster herein. Ich wollte etwas frühstücken und dann mit dem Schreiben beginnen. Seit meinem gestrigen Gespräch mit Stefan schien sich mein Unbehagen förmlich in Luft aufgelöst zu haben.

In Luft auflösen, das war einer jener zweifelhaften Prozesse, die ich von früheren Arbeiten her kannte. Jedes Mal, wenn ich an einer neuen Geschichte schrieb, machte diese auch etwas mit mir. Alte tiefsitzende Ängste kamen in mir hoch, längst verschollen geglaubte Gefühle nahmen von mir Besitz und plötzlich schmerzte eine vergessene Liebe wie eine frisch geschlagene Wunde. Ich war es, die den Figuren Leben einhauchte und zum Dank dafür trieben sie ihr Unwesen mit mir. Dieses Mal wollte ich ihnen nicht so viel Raum geben, sie sollten keine Macht über mich erlangen, sondern ich wollte das tun, was ich glaubte, wirklich zu können, Geschichten erzählen.

Ich strich etwas von der selbstgemachten Himbeermarmelade auf mein Brötchen, dann setzte ich mich in meinem flauschigen, gelben Bademantel an den Schreibtisch. Mein Blick schweifte einige Male hinüber zum Fenster, und eh ich mich versah, war ich auch schon gefangen in ›Luises Schokoladengeschichte‹, die, wie ich fand, viel zu klebrig schmeckte. Ich war so sehr in mein Schreiben vertieft, dass ich erst spät bemerkte, dass jemand an der Haustür klopfte. Gerade jetzt, dachte ich, wo es so gut läuft. Ich hatte die fabelhafte Idee, nicht an die Tür zu gehen. Schließlich war ich im Bademantel und meine Haare hingen ungekämmt und strähnig an meinem Gesicht herunter. Ich musste mich nur etwas gedulden, mich ganz ruhig verhalten, dann verschwand der Eindringling schon wieder. Ich hatte diesen Gedanken noch nicht zu Ende gedacht, als ich das Männergesicht hinter der Fensterscheibe erkannte. ›Oh nein‹, durchfuhr es mich wie einen Blitz. Ich sah das Gesicht von Dr. Arne Müller, der sich die Nase an meiner ungeputzten Scheibe plattdrückte.

Während ich darüber nachdachte, dass eine Ohnmacht eine Option wäre, erspähte er mich auch schon durch das geschlossene Fenster.

»Frau Farbe, dürfte ich Sie mal kurz sprechen?«

Alles in mir weigerte sich, zu öffnen. Ich hatte keine Ahnung, wie ich aus dieser Kiste wieder herauskam, ohne dass er mich in die nächste Psychiatrie einwies, als mir plötzlich mein gestriges Gespräch mit Stefan wieder in den Sinn kam: ›Es kommt oft vor, dass jemand aus dem Labor Blutproben vertauscht‹, hatte er gesagt. Sicher war Dr. Müller persönlich gekommen, um diesen peinlichen Fehler einzuräumen. Wohl oder Übel musste ich an die Tür gehen.

In dem Moment, als ich öffnete, bereute ich es bereits. Vor

mir stand ein äußerst gutangezogener und somit auch besonders gutaussehender Mann, der sofort begann, sich zu entschuldigen.

»Frau Farbe, habe ich sie beim Schlafen gestört?«, fragte Dr. Müller und schaute leicht irritiert. Mittlerweile war es kurz vor eins, mittags wohlgemerkt. Mein Aufzug ließ bestimmt einige seltsame Schlüsse zu. Er konnte ja nicht wissen, dass ich all meine bisherigen Bücher in meinem gelben Bademantel geschrieben hatte. Da war ich sehr eigen, genau genommen neurotisch.

Dr. Müller machte sich anscheinend ernsthaft Sorgen, weil ich mittags ungekämmt im Bademantel vor ihm stand. Ich sah ihm an, dass er für eine plausible Erklärung dankbar wäre. Dazu hatte ich aber keine Lust. Ich hatte eher das Verlangen, ihn rauszuschmeißen, was ich genau genommen nicht brauchte, da ich ihn bis dato noch nicht hereingebeten hatte.

»Frau Farbe«, stammelte Dr. Müller, »ich hoffe, dass Sie meinen Besuch nicht falsch verstehen. Nach Ihrem ungewöhnlichen Auftritt in der Praxis habe ich mir Sorgen um Sie gemacht.«

»Sie sind also nicht hier, um mir zu sagen, dass man meine Blutprobe im Labor vertauscht hatte«, flüsterte ich unsicher.

»Nein, wie kommen Sie darauf?«, fragte er überrascht.

»Nur so eine Vermutung«, antworte ich kleinlaut.

Dr. Müller musterte mich von oben bis unten. Was ich in seinen Augen sah, hielt ich für eine Wahrnehmungsstörung und es machte mich sichtlich nervös.

»Es ist ein schöner Tag und ich habe extra den weiten Weg von Waren nach Hinrichsberg auf mich genommen«, sagte er schmunzelnd und auch ich musste lächeln. »Was halten Sie von einem Frühlingsspaziergang? Außerdem vermute ich, Sie lassen mich sowieso nicht herein«, frotzelte er.

Erst jetzt bemerkte ich, dass ich noch immer halbnackt vor meiner Haustür stand.

»Ich muss mich für mein Benehmen bei Ihnen entschuldigen«, sagte ich leise. »Treten Sie ein«, bat ich höflich, während ich die Tür einen Spalt öffnete, so dass er eintreten konnte.

»Sie brauchen sich nicht zu entschuldigen. Ich bin der Eindringling. Schön haben Sie es hier, sehr geschmackvoll«, er zeigte auf die hellen Möbel im Wohnzimmer.

»Möchten Sie einen Kaffee?«, fragte ich ihn, während ich intensiv darüber nachdachte, ob ich überhaupt welchen im Haus hatte.

»Vielleicht einen Tee. Seit zwei Tagen ist mein Magen auch nicht ganz in Ordnung. Ich hoffe, ich bereite Ihnen aber keine Umstände«, fügte er schnell hinzu.

»Nein, nein«, rief ich angestrengt. Also ein Virus ratterte es in meinem Kopf …

Nachdem ich Dr. Müller einen Kamillentee aufgebrüht hatte, entschuldigte ich mich bei ihm, um mich kurz frisch zu machen. »Sie möchten doch nicht, dass ich Sie im Bademantel begleite«, sagte ich kess, während ich mich allmählich von meinem Schrecken erholte.

»Nennen Sie mir nur einen triftigen Grund, warum ich es nicht tun sollte«, erwiderte er galant.

»Ich dachte ich hätte Ihnen schon ausreichend Gründe geliefert.«

»Sie meinen ihre temperamentvollen Abgänge in der Praxis? Ich kann Sie beruhigen Frau Farbe, das Drama ist mir nicht fremd. Meine Mutter stammt ursprünglich aus einem kleinen Dorf in der Nähe von Neapel. Gefühlsausbrüche waren bei uns praktisch an der Tagesordnung. Geben Sie mir etwas Zeit und ich erzähle Ihnen davon.«

Ich fühlte mich seltsam berührt.

»In zehn Minuten bin ich wieder da, schenken Sie sich ruhig Tee nach, wenn Sie mögen«, rief ich gastfreundlich und verschwand im Bad.

Mein Herz klopfte stark, ähnlich wie in der Nacht, als ich die Geräusche hinter dem Haus vernahm, nur diesmal war es keine Angst, oder doch? Egal, ich hatte nicht die Zeit darüber nachzudenken. So ein kleiner Frühlingsspaziergang, was war schon dabei. Ich war einfach aus der Übung, das war alles. Jetzt nur nicht an Pawel denken, nicht mit dem Schluss beginnen, diesmal wollte ich es anders machen, ganz wie Luise, meine Romanheldin.

Während ich unter der Dusche das Für und Wider abwog, schaute sich Dr. Müller um. Unzählige Bücher reihten sich in einem Regal aneinander. Sachbücher über Kunstgeschichte und Japanologie standen neben Arthur Golden's ›Geisha‹ oder Cordelia Fine's ›Wissen Sie, was Ihr Gehirn denkt‹.«

»Das ist ja interessant«, flüsterte er und ging auf eine limitierte Erstauflage zu, als er dicht daneben etwas sah, das seine Aufmerksamkeit auf sich zog. Vorsichtig, mit zwei Fingern fummelte er das Buch aus dem Regal, als befürchte er Fingerabdrücke zu hinterlassen. ›Die Geschichtenerzählerin‹ von Leonie Farbe. Neugierig betrachtete er das Cover. Es zeigte eine zarte, schöne Frau, die in der Hand ein überdimensioniertes Buch hielt, welches sich nach und nach in feinen Nebel auflöste. Auf der Rückseite befand sich eine kurze Zusammenfassung. Auf der Innenseite war die Autorin auf einem schwarzweiß Foto abgebildet. Aus haselnussbraunen Augen strahlte sie dem Betrachter entgegen. Sie schienen einen förmlich in ein Gespräch zu verwickeln, noch bevor man eine Zeile gelesen hatte.

Mittlerweile waren zwanzig Minuten vergangen und von Frau Farbe keine Spur. Dr. Müller goss sich einen zweiten, diesmal kalten Tee ein, setzte sich in einen hellgrauen Leinensessel und begann, eine Passage aus dem Buch zu lesen: ›… Sie rissen sich gegenseitig die Kleider vom Leibe und fielen wie zwei hungrige Wölfe übereinander her, die sich küssten, bissen und leckten, als wäre ihre letzte Stunde nicht mehr fern. Sie waren zwei Traumtänzer in schwindliger Höhe, zwei Eintagsfliegen, die zu allem Überfluss noch einen zweiten Tag geschenkt bekamen, den sie ohne Hemmungen auskosteten.‹

Er war ganz in den Text vertieft, als er ein Läuten hörte.

»Frau Farbe, es klingelt«, rief er lautstark durchs Haus. Als ihm niemand antwortete, das Klingeln aber nicht verstummte, ging er zum Telefon, das sich auf der Ladestation befand.

»Hier bei Farbe, Dr. Müller am Apparat«, sagte er sachlich.

Stille.

»Hallo?« Noch immer vernahm er keinen Laut. »Hallo?«, rief er erneut.

»Professor Hansen, ich bin ein Freund von Leonie«, hörte er eine markante Männerstimme sagen.

»Oh«, sagte Dr. Müller, »ich hatte Sie am Anfang leider nicht verstanden.«

»Könnte ich Sie bitte sprechen«, forderte der Professor unvermittelt, fügte dann aber hinzu, »ich mache mir ein wenig Sorgen. Sie übertreibt es manchmal mit dem Schreiben und verausgabt sich zu sehr.«

»Ich kenne Frau Farbe nicht gut genug, um das einschätzen zu können«, antwortete der junge Arzt trocken. Ihm erschien die Aussage des anderen Mannes etwas distanzlos.

»Sind Sie der Vertretungsarzt aus der Praxis von Dr. Raps?«, fragte der Professor, um sich zu vergewissern.

»Ja, der bin ich. Kennen wir uns?«, fragte Dr. Müller.

»Leonie hat es beiläufig erwähnt.«

Dr. Müller fühlte sich allmählich unbehaglich bei dem Gespräch. Er sagte: »Ich schau mal, wo sie steckt.«

»Sie wissen ja wie Frauen sind. Zeit spielt keine Rolle«, frotzelte der Professor. Anscheinend wollte er witzig klingen, erreichte bei dem jungen Arzt aber genau das Gegenteil.

Ich zog mir gerade die Lippen nach, als ich hörte, wie jemand nach mir rief.

»Professor Hansen«, flüsterte Arne Müller, als ich neben ihm stand und er mir den Hörer reichte.

»Stefan?«

»Ich hoffe, ich störe nicht.« Er klang schuldbewusst.

»Nein, du störst nicht, kann ich was für dich tun?«, fragte ich in einem derart wohlwollenden Tonfall, dass er für niemanden zu überhören war.

»Eigentlich nichts Bestimmtes, ich wollte nur nachfragen, ob es heute Abend bei unserer Verabredung bleibt.«

»Natürlich bleibt es dabei.«

Ich merkte, wie sich meine Muskeln anspannten. Alles in mir wehrte sich gegen dieses Gespräch.

»Um acht?«, hörte ich ihn fragen.

»Um acht!«, hörte ich mich antworten dann legte ich auf.

Dr. Müller saß im Sessel und hielt ein Buch in der Hand.

»Tut mir leid, hat wohl doch etwas länger gedauert«, entschuldigte ich mich.

»Das macht überhaupt nichts, dadurch habe ich einige interessante Dinge erfahren.« Er zeigte auf den Einband.

Ich fühlte mich plötzlich sehr unwohl, er schien es zu bemerken.

»Wollen wir rausgehen?«, fragte er, »in der Sonne ist es herrlich.«

»Eine gute Idee.« Ich wollte so viel Raum wie möglich zwischen mich und ›Die Geschichtenerzählerin‹ bringen. Schnell zog ich mir meinen Anorak über und schon standen wir beide vor dem Haus. Als wir bei Stefan vorbeikamen, hatte ich das Gefühl, er beobachte uns, sicher bildete ich mir das nur ein. Endlich frische Luft, ich fing langsam an, mich zu entspannen. Unser angeregtes Gespräch lösten in mir eine Behaglichkeit aus, die ich lange vermisst hatte. Woher diese Vertrautheit kam, wusste ich nicht, schließlich waren wir nur zwei Fremde auf einem Frühlingsspaziergang.

Wir liefen und liefen, bis wir bemerkten, dass wir uns im Kreis bewegten, egal, es tat gut und nur das zählte. Ich wollte gerade eine Anekdote erzählen, als Dr. Müller sich zu mir herumdrehte, wobei er mir verdammt nah kam.

»Ich möchte Sie gerne duzen, wenn Sie mich lassen.« Hastig fügte er hinzu: »Ich weiß, normalerweise wartet der Mann, bis die Frau das Du anbietet, aber so lange kann ich nicht warten«, sagte er trotzig.

Er hält mich also für unterkühlt, dachte ich.

»Warum, meinen Sie, wäre das sinnvoll?«, fragte ich und versuchte dabei todernst auszusehen.

»Unser Arzt-Patienten-Verhältnis würde sich dadurch erheblich verbessern«, erwiderte er.

Ich konnte ihm ansehen, wie schwer es ihm fiel, ernst zu bleiben.

»Sie meinen, so ein Duzverhältnis ersetzt quasi meine private Krankenversicherung?«

»So ungefähr muss man sich das vorstellen«, schmunzelte Dr. Müller.

»Dann bin ich einverstanden«, antwortete ich brav. »Ich bin schließlich eine unbedeutende Schriftstellerin, die sich keine private Krankenkasse leisten kann.«

»Sehen Sie unser Duzverhältnis einfach als Ihren Einstieg in eine bessere medizinische Versorgung.« Er zwinkerte vielsagend.

»So machen wir's«, erwiderte ich heiter. »Ich bin die Leonie.« Dann schloss ich meine Augen und hielt ihm meine Wange hin.

Darauf antwortete er: »Ich bin Arne.« Als nach einem längeren Moment nichts geschah, blinzelte ich und sah das auch er die Augen geschlossen hatte. Ich prustete los, daraufhin schaute er mich an, nahm mich in den Arm und wir küssten uns, als wär dies unser letzter Kuss.

Kommissariat Waren – Lagebesprechung

»Meine Herren, ich bitte um Ruhe.« Oberkommissar Lehmann versuchte dem Gemurmel der Kollegen Einhalt zu gebieten. Der Mordfall sorgte für eine Menge Aufregung in der kleinen Dienststelle. Die wirklichen Kriminalfälle geschahen hier normalerweise am Sonntagabend um 20.15 Uhr im Fernsehen. Am nächsten Morgen fachsimpelte man darüber. Ab und zu ein Betrugsdelikt, nicht zuvergessen der sich regelmäßig im Frühjahr wiederholende Diebstahl von Bootsmotoren, die eine oder andere Handgreiflichkeit unter Liebenden. Dieser Fall schien die Situation zu verändern, darum zog Oberkommissar Lehmann ein paar Polizisten vom Streifendienst ab. Die Kollegen befanden sich im Besprechungsraum, als er schwerfällig zu reden begann.

»Lassen Sie uns bitte die bisherigen Fakten zusammentragen und die nächsten Schritte koordinieren. Ich schlage vor, wir suchen zuallererst einen Namen für unsere Ermittlung.«

»Hinrichsberger Dorfteichleiche«, kam es wie aus der Pistole geschossen von einem älteren Streifenpolizisten.

»Das hört sich kompliziert an«, warf Kommissar Breitenfels trocken in die Runde, »hoffentlich wird der Fall das nicht auch.«

Einige Anwesende lachten. Der ältere Polizist war nicht gewillt, frühzeitig aufzugeben. Darum sagte er: »Wie wäre es mit ›Sietower Dorfteichleiche‹.«

Oberkommissar Lehmann versuchte, das Ganze abzukürzen, indem er die rechte Hand erhob und erwiderte: »Meine Herren, verständigen wir uns bei dem Vorgang auf ›Hinrichsberger Leiche‹. Alle Fakten beziehungsweise Hinweise zum Tathergang laufen ab heute unter diesem Namen zusammen.«

Wieder entstand Getuschel bei den Anwesenden. Der ältere Streifenpolizist guckte eingeschnappt, hielt er doch die von ihm formulierte Namensgebung für aussagekräftiger.

»Meine Herren«, ermahnte Lehmann die Kollegen erneut. Nur widerwillig folgten die alteingesessenen Mecklenburger dem jungen Mann aus Hannover.

»Wir sind ganz Ohr, Herr Oberkommissar.« Alle schauten in die Richtung Kommissar Breitenfels, dem die ihm zuteilwerdende Aufmerksamkeit unangenehm war. Seit drei Wochen war er hier, ein paar Gerüchte machten die Runde, dass man ihn aufgrund eines Burnouts von Schwerin hierher versetzt hatte. Die Streifenpolizisten nahmen Breitenfels noch immer ins Visier. Er wirkte wie einer von ihnen, im Gegensatz zu Lehmann. Es fing praktisch schon damit an, wie sich ihr Vorgesetzter ausdrückte. So ein reines Hochdeutsch, wie der es sprach, gab es nicht in dieser Gegend. Eigentlich gab es das nirgendwo in Deutschland, außer in Hannover, worauf Lehmann sehr stolz war und es jedem Mecklenburger Kollegen unter die Nase rieb.

»Lassen Sie uns endlich zusammentragen, was wir an Tatsachen auf dem Tisch haben«, begann der Oberkommissar erneut. Mit einem dunkelroten Faserstift stand er vor einer weißen Tafel und teilte diese in eine Tabelle mit drei Spalten. »Auf der einen Seite tragen wir zusammen, was wir bisher zum Leichenfundort wissen.« Während er das sagte, kritzelte er das Wort *Tatortanalyse* an den linken Rand. Die Überschrift in der Mitte lautete *Identifizierung der Person (Leichenbestimmung)* und über die rechte Spalte schrieb er *Fragen zum Tathergang, zur Tat*. Als er bemerkte, dass er nicht mehr so viel Platz hatte, begann er das ganze Spiel von vorn, nur diesmal etwas schmaler, so dass alle Begriffe an die Tafel passten. Das spöttische Schmunzeln der Kollegen spürte er im Rücken wie feine Nadelstiche. Als Chef einer Mordkommission ermittelte er zum ersten Mal. Wenn er jetzt Schwäche zeigte, hatte er in dieser Dienststelle für immer verkackt.

»Was haben wir also bisher?«, fragte er. Dabei drehte er sich ruckartig herum und fixierte die Anwesenden wie eine Schlange ihre Beute. Seine Unsicherheit war förmlich zu riechen. Für viele der Beamten war ein Tötungsdelikt eine neue Erfahrung.Der einzige alte Hase unter Ihnen war Harry, er kannte das Prozedere aus Schwerin nur zu gut, darum antwortete er auch als Erster.

»Ich beginne gleich mit mehreren Fragen.«

»Gut, schießen Sie los«, Lehmann schien ihm dankbar.

»Woher stammt der Tote? Hat er im Dorf gelebt? Kennt ihn dort jemand, wenn ja, wer? Warum hat der Täter die Leiche in einem Dorfteich entsorgt, obwohl er die Müritz quasi vor der Tür hat?«

Während Breitenfels die Fragen wie Silvesterknaller in den Raum warf, schrieb Lehmann mit und ordnete alles akribisch in die Spalten ein.

»Folgende Fakten haben wir bisher«, Oberkommissar Lehmann nahm das Gespräch wieder an sich. »Das Opfer ist durch Hypoxie gestorben.« Als er sah, dass einige Polizisten unruhig auf den Stühlen hin und her rutschten, sagte er zügig: »Der Mann aus dem Dorfteich wurde erwürgt. An dem unbekleideten, stark verwesten Leichnam konnte der Pathologe weder fremde DNA noch Faserspuren feststellen. Das heißt für uns, der Täter und der Winter haben sehr gründlich gearbeitet. Außerdem war die Leiche mindestens ein halbes Jahr eingefroren. Die Pathologie tippt auf Kühltruhe. Jede noch so winzige Spur, die uns zum Mörder führen kann, ist wichtig, da wir ihn bei dringendem Tatverdacht nicht anhand einer DNA Probe überführen können. Also meine Herren, Augen auf.«

Leichtes Geraune unter den Polizisten.

»Was ist mit dem Seil, mit dem der Tote gefesselt war?«

»Kluge Frage«, lobte Oberkommissar Lehmann den Kollegen. »Unser Pathologe«, kurzer Seitenblick von Breitenfels, wenn schon, war Arno Harrys Pathologe. Lehmann übersah unterdessen den stillen Protest und fuhr fort: »Unser Pathologe fand heraus, dass der Tote mit einem Hanfseil gefesselt war. Das Seil wiederum war mit einem typischen Knoten, der unter Seglern bekannt ist, einem sogenannten ›Stoppersteg‹ geschnürt. Segelt jemand von Ihnen, das bietet sich an der Müritz ja förmlich an.«

»Nee«, sagte einer der Streifenpolizisten, »ich angle.«

Auch die anderen Kollegen verneinten.

»Ist ja auch egal. Die Leiche wurde mit einem schweren Feldstein unter Wasser gehalten. Das Hanfseil mit dem Stopperstegknoten diente auch zum Befestigen der Leiche am Stein. Für mich ergeben sich folgende Fragen: Wer kann segeln, beziehungsweise wer besitzt Wissen über die Art des Knotens? Welche Firmen vertreiben diese Naturseile im Internet? Ich möchte, dass Sie jetzt gedanklich an den Tatort zurück kehren«, sagte Oberkommissar Lehmann zu den Kollegen. »Sind Ihnen dort Personen aufgefallen, die sich Ihrer Meinung nach ungewöhnlich benahmen, beziehungsweise sonst irgendwie auffällig waren? Alles ist wichtig in diesem Zusammenhang, jede noch so unbedeutende Spur kann uns zum Täter führen.«

Lehmann schaute in die Runde. Es sah aus, als dachten die Kollegen angestrengt nach. Nur Hauptkommissar Breitenfels schien abwesend. Er notierte etwas auf einem Zettel … war die Wassermenge in dem Teich relativ konstant oder unterlag sie starken Schwankungen? Tat im Affekt? … das erklärte den Teich. Wer wurde vor einem Jahr als vermisst gemeldet?

»Kommissar Breitefels«, rief Oberkommissar Lehmann mit einem Anflug von Ironie in die Runde, »Sind Sie wieder bei uns, oder machen Sie ihre eigenen Betrachtungen? Wenn ja, lassen Sie uns doch bitte daran teilhaben.«

»Nur ein wenig Geduld, Herr Oberkommissar«, antwortete Breitenfels kurz.

Instinktiv stellten sich die Streifenpolizisten hinter den Kommissar aus Schwerin, er war einer von ihnen. War den Kollegen bis dato zum Tatort etwas eingefallen, jetzt waren sie sich kollektiv einig, nichts zu sagen. Lehmann, der anhand der Körpersprache merkte, dass er mit der Bemerkung daneben gehauen hatte, ließ es auf sich beruhen. Er verteilte die besprochenen Aufgaben, dann löste er die Runde auf und alle gingen an die Arbeit.

Auf dem Weg ins Büro nahm er Breitenfels zur Seite und sagte salopp: »Ich bin da wohl etwas übers Ziel hinaus geschossen.«

Vom Alter her könnte der junge Kollege sein Sohn sein.

»Macht Sie nervös, der Fall, stimmt's?« Ohne die Antwort abzuwarten drehte Breitenfels sich auf dem Absatz herum und ging davon.

»Verdammte Scheiße«, fluchte Lehmann leise.

Wunder geschehen immer wieder

Seit Stunden starrte Oma Zarnke auf den vor ihr liegenden Brief. Ihre zittrigen Hände befühlten das weiche Papier, mal drehte sie ihn von links nach rechts, dann wieder andersherum. Sie konnte einfach nicht glauben, was heute Morgen geschah.

Normalerweise machten Dr. Winter und Dr. Sommer keine gemeinsamen Außentermine, nur in sogenannten Ausnahmefällen, was nicht daran lag, dass die beiden sich unsympathisch wären, sondern sich lediglich in ihren Nachnamen begründete, die häufig zu Frotzeleien führten. Oma Zarnke war in ihren Augen so ein Ausnahmefall. Ihr Alter und ihre Gebrechlichkeit ließen eine Reise nach Berlin nicht zu. Darum saßen sie heute Morgen im Auto nebeneinander und plauderten. Oma Zarnke hingegen saß auf der Toilette und hatte Durchfall.

»Alles eine Frage der Haltung«, flüsterte sie, während sie sich ihren Baumwollschlüpfer langsam hochzog.

Punkt elf Uhr standen die beiden Männer vor ihrer Haustür. Gutaussehend, in grauen Anzügen mit Pomade im Haar, so wird Anni sie mir später beschreiben. Nach neunzig Minuten und drei Tees waren die Herren wieder auf dem Weg nach Berlin. In Dr. Winters Tasche befand sich ein Dokument, wackelig unterschrieben von Oma Zarnke mit einem kleinen Aktenvermerk ›Übereigneter Vorgang, erledigt‹.

Das ist schon ein paar Stunden her, draußen dämmert es bereits. Oma Zarnke hockte noch auf ihrer Couch, vergraben in unzählige Kissen sprach sie mit sich selbst.

»Der August hatte seinen Traum in Australien wahr gemacht. Er besaß eine große Farm mit 120 Quadratkilometern Land und einer Menge schwarzer Schafe. Dass ausgerechnet schwarze Schafe so viel Glück bringen, hätte ich nicht gedacht. Ach August, du warst schon immer ein Mann der Tat. Wenn nur mein Vater nicht gestorben wär, unser Leben wär anders verlaufen. Wir wären nach Australien gegangen, gemeinsam hätten wir die Farm aufgebaut und Kinder bekommen, mindestens drei. Der Otto wär sicher mit einer anderen Frau glücklicher geworden, eine, die ihn von Herzen liebt, bestimmt hätte er dann auch nicht so viel getrunken.«

Sie schaute hoch zur Zimmerdecke und sagte: »Es gibt so etwas wie ein Schicksal, wir sind nur die Figuren auf einem Schachbrett, ob Läufer oder Dame, die Züge macht ein Anderer.«

Plötzlich war sie still, jegliche Aufregung war aus ihrem Körper gewichen, als sie einen Brief in ihre Hände nahm und eine Luppe darüber hielt.

Meine geliebte Anni,
ich hoffe, Du erschrickst nicht über diese Zeilen. Ich erinnere mich noch gut, wie sehr Du es verabscheut hast, wenn etwas Unvorhergesehenes geschah. Damit will ich nicht sagen, dass

mein Tod für mich unvorhergesehen kam. Nein, er kam langsam durch die Hintertür, wie ein ungebetener Gast. Ich hatte viel Zeit, mich auf meine Reise vorzubereiten. Obwohl ich im Nachhinein diese Formulierung für falsch halte. Man kann sich auf den Tod ebenso wenig vorbereiten, wie auf die Geburt. Man muss ihn annehmen, davonlaufen geht ja leider nicht. Nach langer schwerer Krankheit habe ich ihn herbeigesehnt. Wenn ich es mir recht überlege, bin ich froh, dass du mir nicht beim Sterben zusehen musstest. Ich möchte, dass Du mich in Erinnerung behältst, wie ich einmal war, ein stattlicher Mann mit einem Liedchen auf den Lippen. Ein Kerl, dem kein Baum zu hoch und kein Abenteuer zu waghalsig war, jemand, der nichts zu bereuen hatte außer Eines, dieses Abenteuer, nicht mit dir gelebt zu haben.

Ich will nicht undankbar sein, ich hatte ein reiches und erfülltes Leben. Ich habe das erreicht, wovon so mancher geträumt hat. Ich habe zwei gesunde Kinder, die schon lange erwachsen sind, Annigret hat Musik studiert und spielt als Cellistin an den großen Häusern und Kurt ist Anwalt mit einer eigenen Kanzlei. Und zu guter Letzt hatte ich eine liebe Gefährtin an meiner Seite, die vor drei Jahren verstarb.
Tja, liebe Anni, es gab eine Stelle in meinem Herzen, die mich schmerzte, besonders bei schlechtem Wetter. Zum Glück gab es das in Australien nicht allzu häufig.
Was ich damit sagen will, ich gab Dir im Sommer '55 mein Herz, heute gebe ich Dir einen Teil meines Vermögens. Ich vertraue auf Dich, Du hattest immer schon ein Gespür für Menschen. Du wirst wissen, was mit dem Geld zu tun ist.
Das mit dem Geld ist auch so eine Sache. Wenn du arm bist,

ersehnst du nichts mehr, als reich zu sein, wenn du es geschafft hast, fragst du dich, warum du dich so sehr danach gesehnt hast. Die wirklich wichtigen Dinge im Leben kannst du dir nicht kaufen, egal wie vermögend du bist. Mit diesen Worten verabschiede ich mich von Dir und wünsche Dir noch ein paar, friedliche und segensreiche Jahre.
In Liebe und auf ewig mit Dir vereint,

Dein August

Annis Augen hatten sich mittlerweile mit Tränen gefüllt, so dass sie die letzten Worte nur verschwommen sah. Zu viele nicht geweinte Tränen strömten aus ihr heraus wie ein überquellender Bachlauf nach einem Sommergewitter.

»Eine Million hat der August mir vererbt, eine Million für ein nicht gelebtes Leben. Nun bin ich eine alte Frau und habe so viel Geld«, flüsterte sie in ihre Kissen.

Liebe geschieht immer mal wieder, aber nicht an jedem Tag, oder doch?

Nach dem ersten folgte ein zweiter, dann ein dritter dieser wohlschmeckenden Küsse. Der Rückweg verging wie im Fluge, schon bald standen wir vor meinem Haus. Ich fragte Arne, ob er noch auf einen Tee mit hereinkommen möchte, zwar etwas verschämt aber doch mutig genug. Uns beiden war klar, was das bedeutete. So sehr Arne und ich auch wollten, die Patienten warteten auf ihn.

»Tut mir leid, Leonie, ich kann mir nichts Reizvolleres vorstellen, als einen Tee mit dir zu trinken …«

In diesem Augenblick wussten wir, dass es nicht dabei bliebe.

»… Sorry, aber ich muss in die Praxis.«, er schaute auf die Uhr, »bin schon spät dran. Aber auf dein Angebot, das mit dem Tee«, er lächelte verschmitzt, »komme ich gerne zurück.« Dann gab er mir einen Abschiedkuss, der mir das Warten erleichtern sollte. »Bis bald, Leonie«

Er erinnerte mich in diesem Moment an den Zauberer von Oz, als er mir beschwingt einen Handkuss zuwarf und ins Auto stieg.

Ich fühlte mich berauscht, noch lange nachdem er fortgefahren war, jede Faser meines Körpers schien zu vibrieren, selbst meine Haut verströmte einen verlockenden Geruch. Alles lief in mir auf Hochtouren, so musste sich ein Spitzensportler kurz vor dem Start fühlen. Was war mit meiner Lust in der Zwischenzeit geschehen? Ein Jahr ist es her, hatte sie meinen Körper einfach so verlassen und war heute erst zurückgekehrt?

Ich setzte mich auf die Couch, wollte nachdenken, mich beruhigen. Nein, ich hatte nicht vor, mich zu beruhigen, ich wollte nach so langer Zeit endlich wieder etwas spüren.

Als ich mich auf den Weg ins Bad machte, merkte ich, wie meine Erregung zunahm. Kurz vor dem Schränkchen hielt ich an. Vorsichtig öffnete ich die Schublade. In einer ovalen Schale aus Bast lag mein Freund, klassisch ohne Schnickschnack, aus schwarzem Kunststoff, teilweise verchromt, Normalgröße, nichts überdimensioniertes, eher ein schlichtes Modell. So lag er vor mir, seit einem Jahr unberührt, genau wie ich. Behutsam, als könnte ich ihm wehtun, hob ich ihn heraus. Ich drückte meine Nasenspitze ganz dicht an das glänzende Gehäuse. Er roch jungfräulich, unbenutzt, das wollte ich jetzt ändern.

Als meine Fingerspitzen sanft über das kühle Metall glitten, nahm das Pulsieren in meiner Hose zu. Ich öffnete die ersten Knöpfe meiner Bluse und ließ ihn über meine Brüste zu den Brustwarzen wandern, die sich gespannt anfühlten, als wollten sie den Stoff zerschneiden. Dann führte ich ihn langsam zu meinem Hals, hin zu meinem leicht geöffneten Mund. Meine Zunge umkreiste den metallenen Kopf, ich steckte ihn hinein und befeuchtete ihn mit meinem warmen Speichel. Ich leckte ihn ein paar Mal an, kurz darauf öffnete ich meine Hose. Während ich das tat, betrachtete ich mich im Spiegel, als fotografiere ich meine Lust durch einen Zoomer. Ich sah mich und ich sah mich auch wieder nicht. Meine Lust hielt mich gefangen, als ich meine Beine leicht spreizte und mein Freund es sich zwischen ihnen bequem machte. Für einen kurzen Moment hielt ich inne, das kalte, feuchte Metall erinnerte mich nicht an Pawel und schon gar nicht gab es mir einen Vorgeschmack auf Arne. Ich konnte mir wirklich nicht vorstellen, dass Arnes Schwanz so eine Kühle verströmte. Genau genommen hatte ich nicht die geringste Ahnung von Arnes Schwanz, weder von der Anatomie noch von den Temperaturverhältnissen. Egal, ich wollte mich jetzt nicht von solchen nebensächlichen Gedanken ablenken lassen. Allmählich erwärmte sich das Metall zwischen meinen Beinen. Erst rieb ich ihn an meinen Schamlippen, dann an meinem Kitzler, der dick und geschwollen aus ihnen herausragte, wie ein kleiner, neugieriger Zwerg, der sich zu Höherem berufen fühlt. Mal verwöhnte ich mich mit meinen Fingern, dann wieder ließ ich ihn in mich eindringen bis alles aus mir heraus brach. Meine Lust warf sich praktisch vor meine Füße, schnurrend wie eine Katze und mein Körper explodierte in diesem Moment wie eine lang aufgestaute Wut. Atemlos, keuchend hielt ich mich am Waschbecken fest, die Muskeln meiner Oberschenkel zitterten, mein Gesicht war leicht gerötet, nur meine Augen hatten diesen eigenwilligen Glanz, den ich seit Pawels Verschwinden so an mir vermisste.

Ich nahm meinen Freund und hielt ihn mir unter die Nase. Ein Gemisch aus mildsauer und Opium strömte mir entgegen, es war der Geruch, der uns die Lust spendet und sie uns manchmal auch nimmt. Liebevoll streichelte ich ihn, dann legte ich den Vibrator zurück in die ovale Schale aus Bast.

Endlich lebte ich wieder, endlich!

Therapie um acht

Neuer Abend, altes Spiel. Ich fühlte mich leicht und beschwingt, ich war quasi wiedergeboren. Wäre Stefan nicht mein Freund, ich hätte den Termin zu meiner sogenannten Therapie abgesagt. Ich brauche keine Behandlung, was ich benötigte, war ab und zu Sex und ein wenig Geborgenheit. Ich fühlte mich gesund und stark. In letzter Zeit hatte ich um den Bauch zugenommen, aber ich fand, es stand mir. Außerdem, das Gewicht bei Frauen schwankt ja immer mal.

Es war bereits 19.30 Uhr, ich hatte also eine knappe halbe Stunde bis zu meiner Verabredung. Schnell in die eleganten Klamotten, Rock, Bluse, die hochhackigen Pumps, dann noch etwas Schminke ins Gesicht, schon ging es los.

Ich stand wie immer eine halbe Minute vor acht vor Stefans Haus, der öffnete ebenfalls auf die Sekunde genau die Tür.

»Wollen wir gleich politisieren oder lieber erst etwas essen?«, begrüßte er mich überschwänglich. Irgendetwas war heute anders. Es waren seine Haare. Er hatte sie kürzen lassen. Die grauweißen Naturlocken lässig nach hinten gegelt. Ich fand es stand ihm hervorragend.

»Deine neue Frisur steht dir gut«

»Danke«, sagte er bescheiden. Er schien sich aber über mein Kompliment zu freuen. »In meine Alter muss man das

Beste herausholen«, kokettierte er, während er sich mit der rechten Hand durchs Haar fuhr.

»Jetzt übertreibst du, ich finde du bist wie einer deiner Weine, die werden auch mit jedem Jahr vollmundiger«, sagte ich charmant.

»Diese Worte aus einem berufenen Weinkennermund zu hören, erfreut mein Herz natürlich sehr«, frotzelte er.

»Alter Zyniker«, neckte ich ihn, während er meinen Mantel an die Garderobe hängte.

»Ich hab uns den Kamin angemacht, es war mir heute einfach zu frisch. Ich hoffe, du hast nichts dagegen.«

»Eine gute Idee.«

»Machs dir im Wohnzimmer schon mal gemütlich, ich geh nur kurz in die Küche, um ein paar Leckereien zu holen«, sagte er und entschwand.

Bei dem Gedanken an das bevorstehende Essen lief mir förmlich das Wasser im Mund zusammen. Wenn ich schrieb, legte ich keinen Wert auf Nahrungsaufnahme. Manchmal artete das regelrecht in einer Vernachlässigung meiner Person aus. Dann war es gut, dass Stefan auf mich achtgab. Es dauerte nicht lange, da kam er auch schon aus der Küche, in den Händen hielt er zwei Platten mit Delikatessen.

»Ein wenig Saltimbocca alla Romana, ein paar Manti ...«
Ich kräuselte die Stirn.

»Das sind die kleinen gefüllten Teigtaschen aus der Türkei, Ziegenfrischkäse auf Zucchini und ein Manchego Semi Curado, ein spanischer Schafskäse, drei Monate gereift. Ich hoffe, es schmeckt dir«, sagte er fürsorglich, während er alles auf dem Tisch platzierte, um erneut in der Küche zu verschwinden.

Ich fühlte mich mal wieder wie der Hund im Pawlowschen Experiment, mich fütterte nur kein russischer Psychologe, sondern ein deutscher Psychiater im Ruhestand.

Als er drei Minuten später ins Wohnzimmer kam, umhüllte ihn ein appetitlicher Duft. Es roch nach frisch gebackenem Olivenbrot, dessen Kruste im flackernden Kerzenlicht herrlich braun glänzte.

»Heute Vormittag selbst gemacht.« Ein gewisser Stolz in seiner Stimme war nicht zu überhören.

»Du verwöhnst mich zu sehr«, flüsterte ich leise.

»Lass einem alten Mann die Freude«, erwiderte er.

»Komm, du kokettierst«, neckte ich ihn. »Ich kenne keinen Vierundsechzigjährigen, der so attraktiv ist.«

»Leider bald fünfundsechzig«, sagte Stefan darauf und verzog das Gesicht zu einer bedauernden Miene. »Okay, ich mag ein wenig kokettieren«, antwortete er schlagfertig, »aber du lügst dafür umso unverschämter.«

Beide mussten wir jetzt lachen. Ich fühlte mich bei ihm sichtlich wohl und ertappte mich bei der Überlegung, was wäre wenn … Hastig verwarf ich den Gedanken, schließlich trennten uns zwei Generationen.

Als könnte er Gedanken lesen, fragte Stefan: »Woran dachtest du gerade?«

»An nichts Bestimmtes«, log ich schnell, ohne ihm in die Augen zu sehen. Plötzlich sah ich Arne vor mir. Ich erinnerte mich an unseren ersten Kuss. Süß, wie saftiges Buttergebäck kam er mir heute Abend vor, ein vages Versprechen auf mehr.

»Muss ich mir Sorgen um dich machen, du scheinst heute mit deinen Gedanken weit weg zu sein.«

»Entschuldige, keine Ahnung, was in letzter Zeit mit mir los ist. In meinem Kopf kreist es wie in einem Kinderkarussell. Ich habe das Gefühl, das kleine Holzpferdchen versucht mich abzuwerfen.«

»Alzheimer schließe ich in deinem Alter vorerst aus.«

»Wer weiß, das schon so genau«, kicherte ich.

»Darauf stoßen wir an.« Er hob sein Glas. »So ein therapeutisches Gespräch lässt sich mit einem prämierten Wein viel leichter über die Runden bringen«, näselte er, was meistens nach dem Genuss von Alkohol geschah.

»Jetzt hab ich endlich eine Ahnung, wie deine früheren Therapien vonstattengingen.«

»Ein guter Tropfen hat noch niemandem geschadet, Neurose hin, Neurose her. Ich hoffe, du nimmst mein Gerede nicht allzu ernst«, lächelte er.

Es war unser Humor, den wir aneinander schätzten, dachte ich. Aber eigentlich war es unendlich viel mehr, die Art, wie er sich um mich sorgte, auch wenn er es nicht zugab, die berührenden Gespräche. Obwohl wir beide nie darüber sprachen, wir waren befreundet, trotz oder gerade wegen des großen Altersunterschiedes.

»Worauf trinken wir?«

Bevor Stefan auf seine eigene Frage antworten konnte, rief ich lauthals: »Wir trinken auf das Leben, das wieder neu beginnt.« Als wir uns zuprosteten, war mir, als legte sich ein kurzer Schatten auf Stefans Gesicht, aber wahrscheinlich bildete ich mir das nur ein.

»Der Wein ist heute besonders mild«, sagte ich fachmännisch.

»Es ist ein sehr alter Franzose aus dem Burgund, genau genommen aus einem Weinberg in der Nähe von Dijon.«

Ich ließ den Wein von der rechten in die linken Backentasche gleiten.

»Man könnte meinen, er enthält keinen Alkohol.«

»Da muss ich dich leider enttäuschen, es sind 13,8 Prozent«, Er stand auf, holte die Flasche aus der Küche und zeigte sie mir plakativ.

»Ich glaube dir, du hättest doch nicht extra die Flasche holen brauchen.«

»Du weißt, Leonie, in solchen Dingen verstehe ich keinen Spaß.«

Jetzt mussten wir beide lachen.

»Lass es dir erst einmal schmecken, bevor dir später bei unserem Gespräch gänzlich der Appetit vergeht.«

Bei diesen Worten legte er mir zwei Saltimbocca und ein paar Mantis auf den Teller.

»Genug, genug«, wehrte ich ab, »du willst wohl, dass ich platze. Obwohl, in letzter Zeit scheint mein Appetit keine Grenzen zu kennen. Findest du nicht, dass ich zugelegt habe?«, fragte ich so unschuldig wie möglich.

»Bei aller Freundschaft, das ist keine Frage, die eine Frau einem Mann stellen sollte. Für welche Antwort der Unglückliche sich auch entscheidet, ob für die Wahrheit oder für die Lüge, er verliert in jedem Fall.«

»Hast du nicht gesagt, es gibt keine dummen Fragen, sondern nur ängstliche Menschen, die sich nicht trauen, sie zu stellen«, referierte ich schmunzelnd, während ich mir das erste Manti in den Mund schob.

»Hm, köstlich«, schniefte ich kurz darauf.

»Dass du dir aber auch all meine Sprüche merkst«, antwortete Stefan und tat als schmolle er. »Ich sollte mir eine Freundin mit einem weitaus schlechteren Gedächtnis zulegen, das würde die Dinge um einiges erleichtern.«

»Apropos erleichtern«, griff ich Stefans Aussage auf, »wann beginnen wir mit meiner Therapie?«

»Wir sind schon mittendrin«, schmunzelte er.

»Gefällt mir, deine Methode, gefällt mir wirklich«, schmatzte ich mit vollem Mund. »Man, ist das gut! Bevor ich dich kannte, war ich so ein Fastfoodjunkie, halt jemand, der auf gutes Essen so viel Wert legte, wie ein Eichhörnchen auf eine Feinstrumpfhose.«

»Wenn ich es recht überlege«, führte Stefan aus, »habe ich auch noch kein Eichhörnchen mit einer Feinstrumpfhose gesehen.«

Stille …

»Leonie habe ich dir schon gesagt, wie sehr ich unsere Abende genieße?«

»Ich genieße sie ebenso«, sagte ich. »Außerdem, wenn du damals nicht für mich da gewesen wärst, ich weiß nicht was geschehen wäre. Ich meine die Zeit, als Pawel verschwand. Die endlosen Stunden, die nicht vergehen wollten und die Schwere, die sich auf mein Gemüt gelegt hatte. Du warst mein Halt, dafür möchte ich dir danken.«

Stefan schien sichtlich gerührt, er antwortete viel zu hastig.

»Leonie, lass uns nicht über die Vergangenheit sprechen, sondern über die Gegenwart. Die Schatten der Zeit haben zu oft in meinem Leben die Hand nach mir ausgestreckt.«

Die Leichtigkeit war plötzlich verschwunden.

»Übrigens«, sagte er schmunzelnd, bevor ich nur einen Satz erwidern konnte, »du hast etwas zugenommen, es steht dir aber hervorragend.«

Wir bemühten uns beide um leichte Worte, dennoch geisterte die Schwere wie ein Gespenst durch den Raum.

»Möchtest du noch etwas Brot?«, fragte Stefan mich höflich, als er mir den Brotkorb reichte.

»Nur ein winziges Stück«, antwortete ich »ich passe sonst nicht mehr in meine Hose. Übrigens, was hältst du von der neuen Partei, den Piraten?«

»Noch etwas profillos«, sagte er, während er seine Rede mit einer flüchtigen Handbewegung unterstrich. »Aber sie zeigt, wie sehr sich der Protest in der Gesellschaft regt. Wir befinden uns in einer Zeit des Wandels. Die Menschen sehnen sich nach Inhalten und Wahrhaftigkeit, die Zeit der Plattitüden ist vorbei.«

»Da stimme ich dir zu«, flüsterte ich nachdenklich.

»Aber bevor wir uns in der Politik verlieren«, sagte er einfühlsam, »erzähl mir von deinem Problem.«

Ich hörte, wie sich plötzlich der Tonfall seiner Stimme änderte, sie klang dunkler.

»Was soll ich sagen«, stammelte ich, »ich mach's kurz.«

»Wir haben viel Zeit«, warf Stefan ein.

»Anscheinend bilde ich mir ein«, griff ich das Gespräch auf, »dass ich ...«, ich rutschte unruhig auf meinem Stuhl hin und her, »... dass ich schwanger bin.«

»Wo liegt das Problem?«, fragte er freundlich. »Magst du keine Kinder?«

»Doch doch, ich hab mir schon vorgestellt irgendwann mal Kinder zu bekommen«, antwortete ich unsicher, »aber jetzt?«

»Es geht dir also um den Zeitpunkt«, hakte er nach.

»Der Zeitpunkt ist es nicht allein.«

»Wieso?«, fragte er interessiert.

»Naja, meine Brüste sind, sagen wir mal, straffer als sonst und wie du selbst festgestellt hast, habe ich zugenommen.«

»Leonie hilf mir, ich sehe darin immer noch kein Problem.«

»Ich war vor kurzem bei einem Arzt, weil ich vermutete, dass ich mir den Magen verdorben hatte. Er gab mir ein pflanzliches Mittel.«

»Weißt du wie dieses Medikament hieß?«, hakte er nach.

»Nein, warum, ist das wichtig?«

»Ich frage aus reiner Neugier. Ich traue den hiesigen Medizinern nur bedingt.«

»Eben«, antwortete ich, bestärkt durch Stefans Aussage. »Als ich das zweite Mal in die Praxis kam, eröffnete mir der Arzt feierlich, dass ich schwanger sei.«

»Ich mag deine blumige Ausdrucksweise«, sagte er lächelnd.

»Dort habe ich mich sehr aufgeregt, ja, regelrecht zum Affen gemacht.«

»So schlimm wird's nicht gewesen sein. Außerdem, einer schönen Frau verzeiht man so manches. War der Arzt denn wenigstens Gynäkologe? Wie hieß er gleich?«

»Er ist ein ganz normaler Hausarzt. Er hat mein Blut untersuchen lassen, angeblich kam dabei heraus, dass ich schwanger bin.«

Stefan lächelte entspannt. »Leonie, da mach dir mal keine Gedanken. Er hat bestimmt nur ein sogenanntes kleinens

Blutbild anfertigen lassen, damit kann man normalerweise nicht sicher feststellen, ob du schwanger bist. Dazu braucht es eine spezielle Bestimmung des Hormons HCG, ausgesprochen *Humanes Choriongonadotropin*, in deinem Blut. Wie hieß dieser Arzt noch gleich?«, fragte er erneut nach.

Etwas in mir weigerte sich, Arnes Namen preiszugeben. Es lag wohl an unserem ersten Kuss, der mich an Buttergebäck erinnerte. Anscheinend hatte ich ein Problem, aber so gewaltig es auch war, ich wollte nicht mit Stefan über Arne reden. Arne war definitiv nicht mein Problem, oder doch?

»Ich weiß nicht mehr, wie er hieß«, log ich Stefan an.

Er ging nicht weiter auf meine Antwort ein, sondern fragte mich stattdessen, ob ich noch etwas Wein wolle.

»Ja, vielleicht ein halbes Glas.«

»Leonie, ich habe immer noch nicht verstanden, was überhaupt dein Problem ist«, sagte er geduldig, während er nachschenkte.

Es scheint doch komplizierter, als ich dachte, wenn selbst Stefan nicht versteht, worum es sich handelt.

»Wir lassen das heute mit der Therapie«, antwortete ich müde. »Bestimmt ist alles nur ein großer Irrtum. Du sagst ja selbst, bei einer normalen Blutuntersuchung stellt man nicht fest, ob jemand schwanger ist.«

»Leonie, ist es vielleicht so, dass du dir ein Kind mehr als alles andere wünschst?« Er schaute mich eindringlich und fragend zugleich an.

»Hm, das wäre mir neu«, erwiderte ich überrascht.

»In meiner Praxis habe ich einige Fälle dieser Art behandelt«, erläuterte er seine Gedanken. »Die Frauen bildeten etliche Symptome einer Schwangerschaft aus, bekamen aber kein Kind, eine so genannte Scheinschwangerschaft mit morgendlicher Übelkeit, geschwollenen Brüsten. Manche Frauen nahmen bis zu zehn Kilo zu«, bekräftigte er seine Worte. »Einigen konnte ich durch eine gezielte Behandlung helfen. Nun zu dir, du erzählst du wünscht dir kein Kind und fühlst dich trotzdem schwanger. Da muss ich mal schauen, was ich da tun kann.«

»Es ist noch viel schlimmer«, sagte ich aufgebracht, »ich soll angeblich schwanger sein, ohne dass ich in der Zeit Geschlechtsverkehr hatte.«

»Also, quasi eine unbefleckte Empfängnis. Leonie, ich gebe dir am besten keinen Wein mehr«, frotzelte er. »Schwanger gut und schön, das mag in deinem Alter vorkommen, aber ohne männliches Sperma gestaltet sich das recht schwierig.«

»Siehst du«, sagte ich schmollend, »selbst du machst dich über mich lustig.«

»Entschuldige, ich wollte nicht, dass dieser Eindruck entsteht. Ich vermutete nur gerade, dass du deine Aussage nicht ernst gemeint hast. Magst du mir von deinem neuen Buch erzählen?«, forderte er mich auf.

»Wie kommst du jetzt darauf?«, fragte ich irritiert.

»Ich habe da so eine Idee.«

»Du denkst doch nicht, dass mein neues Buch etwas mit meiner Scheinschwangerschaft zu tun hat?«

»Warum nicht«, überlegte er, »vielleicht identifizierst du dich mit einer deinen Figuren so sehr, dass es zu einer Art Übersprungverhalten kommt und du die daraus resultierenden Symptome entwickelst.«

Ich fühlte mich auf einmal unsagbar müde. Wie weggeblasen war mein neues Lebensgefühl und auch mein Darminhalt schien bedenklich viele Gase zu bilden. Ich musste mich entschuldigen, um auf die Toilette zu gehen, wo ich einen großen Furz nach dem anderen ließ. Das Essen bekam mir anscheinend wieder nicht. Als ich nach weiteren fünf Minuten Stefan erneut gegenübersaß, sagte er freundlich aber bestimmt: »Leonie, es ist heute schon sehr spät. Wir haben es etwas übertrieben. Lassen wir es gut sein.«

Das kam mir und meinem Blähbauch nur entgegen, der sich nun wie ein kurz vor der Explosion stehendes Gaswerk anfühlte. Wir verabschiedeten uns zügig. Stefans Wunsch, mich nach Hause zu begleiten, musste ich entschieden ablehnen. Ich hätte nicht mehr so lange aushalten können.

Ein nächster Riesenfurz bahnte sich den Weg aus meinem Bauch.

Das Dorf verschweigt etwas ...

»Sagen Sie, Herr Lüdke, seit wann leben Sie in Hinrichsberg?«

Heinz Lüdke saß in einem Rollstuhl am Küchentisch. Vor ihm stapelten sich unzählige Sportzeitungen, die er in mehreren Gruppen übereinandergelegt hatte. Als Kommissar Breitenfels einen kurzen Blick darauf warf, bemerkte er, dass die meisten alt und abgegriffen waren, ganz im Gegensatz zu der Wohnung. Diese war erstaunlich aufgeräumt und ordentlich für jemanden, der sich nicht allein behelfen konnte. Die Beinstümpfe hatte Herr Lüdke sorgsam in eine Wolldecke gewickelt, auf der ein paar weiße Kätzchen zu sehen waren. Sie stellten einen krassen Widerspruch zu Lüdkes verwittertem Gesicht dar, dessen markante Strukturen mit den eingekerbten Falten an einen Indianer erinnerten.

»Wie war noch gleich Ihr Name?«, hustete Lüdke ihn an.

»Kommissar Breitenfels. Ich untersuche den Todesfall in Ihrem Dorf. Sie haben sicher schon davon gehört.«

»Ja, das hab ich. Die Lina hat es mir erzählt.«

»Darf ich fragen, wer Lina ist?«, fragte Kommissar Breitenfels, während er den alten Mann neugierig betrachtete.

»Sie ist die gute Seele im Ort. So einen Menschen findet man nur noch selten«, grummelte Lüdke vor sich hin.

»Hat die gute Seele auch einen Nachnamen?«, hakte der Kommissar nach.

»Sie heißt Lina Serchenko. Sie arbeitet bei der Pflege ›Mobil bis ins hohe Alter‹. Ich finde, das ist für eine Firma, die häusliche Pflege betreibt, ein blöder Name. Schauen Sie mich an, ist irgendetwas an mir noch mobil«, stellte er nüchtern fest.

Kommissar Breitenfels kam nicht umhin, ihm mit einem Kopfnicken zuzustimmen. »Lina, wie lautete ihr Nachname?«, nahm Breitenfels das Gespräch wieder auf.

»Lina Serchenko. Das habe ich Ihnen doch bereits gesagt. Ich weiß, das klingt russisch, aber sie ist eine von den Russen mit deutschen Vorfahren. Sie hat in Tiflis gelebt und war dort leitende OP-Schwester an einem Krankenhaus. In Deutschland hat man ihre Zeugnisse nicht anerkannt. Des einen Leid, ist des anderen Glück, so sehe ich das.« Dabei lächelte er listig. »Ich lebe für Linas Besuche«, fuhr er leiser fort, »ohne sie hätte ich mich längst umgebracht.« Er schaute kurz an sich herunter. »Selbst das stellt ein größeres Problem für mich da, wie Sie sich vorstellen können.«

Kommissar Breitenfels ging nicht näher auf die Bemerkung ein. Er entdeckte plötzlich etwas, das sein Interesse weit mehr erregte, als das Gerede des alten Mannes. Es war ein graumeliertes Leinenkissen, das sich auf der Fensterbank befand. Er selbst hatte das Bild noch lange nach dem Tod seiner Großmutter im Kopf, wie sie, aufgelehnt auf ein Kissen, aus dem Fenster die überschaubare Welt betrachtete. Das war Ende der Fünfziger. Er ging hinüber zum Fenster.

»Von hier aus hat man einen guten Überblick«, sagte er. »Ein teures Fernglas haben Sie da.« Er nahm es an sich und inspizierte es. »Carl Zeiss Jena, ausgezeichnete Qualität.«

»Was gibt hier schon zu beobachten«, antwortete Herr Lüdke mürrisch. »Einige Stockenten im Frühjahr und ein paar Kolbenenten, das sind die mit den orangefarbenen Köpfchen.«

»Ist das nicht langweilig, immer nur Enten zu beobachten? Macht es da nicht mehr Spaß, hinüber zu den Nachbarn zu schauen?«

»Wie soll ich denn das verstehen?« Lüdkes Empörung wirkte auf Breitenfels ein wenig gespielt.

»Naja, ich stell mir vor«, sagte der Kommissar langsam, als müsse er jedes einzelne Wort überlegen, »ich hätte den ganzen Tag Zeit. Dann stell ich mir weiter vor, ich hätte so ein schönes Fernglas wie Sie. Ich würde den einen oder anderen Blick in die Fenster meiner Nachbarn riskieren.«

Forschend schaute er ihn an. Auf Lüdkes Gesicht war eine gewisse Unentschlossenheit zu sehen. Breitenfells konnte sich nicht erklären, warum.

»Papperlapapp«, sagte Heinz Lüdke, »es hat mich schon früher nicht geschert, was die Leute über mich dachten. Sonst hätte ich in der DDR, als meine Beine noch funktionierten und der Zucker sie nicht angefressen hatte, nicht so erfolgreich beobachten können. Das Fernglas kann aber leider nicht um die Ecke schauen«, erwiderte er barsch.

»Um die Ecke müssen Sie auch nicht gucken, um den Teich im Visier zu haben«, sagte Breitenfels.

»Sie verdächtigen mich doch nicht etwa«, fragte Lüdke harmlos und sah an sich herab.

»Gäbe es denn dafür einen Grund?«, frage der Kommissar, dem schlagartig bewusst war, dass der alte Mann nichts gesehen hatte. Er spielte ein Spiel mit ihm und er konnte es ihm nicht verübeln. Seit Uschis Tod wusste er, was es heißt, sich einsam zu fühlen.

»Und wenn ich nun doch etwas beobachtet habe«, spitzbübisch lächelte Lüdke.

»Dann müssen Sie es mir sagen, sonst machen Sie sich strafbar.«

»Strafbar«, äffte Lüdke den Kommissar nach. »Ist das nicht Strafe genug?« Er zeigte auf den Rollstuhl.

»Herr Lüdke, ich denke, wir sollten das hier heute beide beenden. Wenn Sie zur Aufklärung des Mordfalles noch irgendetwas beitragen können, rufen Sie mich an.« Damit gab er ihm seine Visitenkarte und machte sich auf den Weg nach draußen.

»Herr Kommissar«, rief Heinz Lüdke. »Ich könnte Ihnen einiges über das Dorf erzählen, Sie wären überrascht.«

Breitenfels hielt kurz inne und drehte sich zu Lüdke herum. Wie um Breitenfels Zweifel zu vertreiben, flüsterte er beschwörend: »Der Ort hat Geheimnisse. Aber dazu müssen Sie wiederkommen. Heute sage ich nichts mehr.«

»Das werde ich tun«, antworte Breitenfels. Ohne sich nocheinmal umzudrehen, ging er aus der Wohnung.

Er war müde, aber er durfte noch nicht Feierabend machen. Umständlich entfaltete er ein Stück Papier, das er heute Morgen mit wenigen Stichpunkten beschrieben hatte. Er machte sich ein paar Notizen darauf. Auf der Befragungsliste stand als nächster Horst Baumann. Vor drei Jahren ist er aus der JVA Charlottenburg in Berlin entlassen worden, wo er wegen Steuerhinterziehung eingesessen hat. Breitenfels drehte den Zettel um. Dort las er: vorbildlicher Strafgefangener, aufgrund guter Führung vorzeitig ins Resozialisierungsprogramm eingegliedert. Er hatte in der JVA für die Mitgefangenen den amtlichen Schriftverkehr geführt und lebt jetzt im restaurierten Gutshaus.

»Na, Herr Baumann, dann wollen wir mal schauen, ob Sie zu Hause sind«, sprach Kommissar Breitefels zu sich selbst. Er ging ein Stockwerk tiefer, wo er vor einem goldenen Türschild halt machte, auf dem der Name H. Baumann eingraviert war. Er klingelte, aber es kam niemand an die Tür, trotzdem hatte er das unbestimmte Gefühl, dass jemand in der Wohnung war. Nachdem er noch zweimal geläutet hatte und wieder niemand öffnete, steckte er seine Visitenkarte mit einer kurzen Notiz an Baumanns Wohnungstür. Als er auf dem Weg zurück zum Auto war, sah er etwas, das ihn berührte. Es war ein Erpel, der ein Entenpaar auf Schritt und Tritt verfolgte, während dieses, liebevoll miteinander schnäbelte. Wie ein unbeirrbarer Wächter ihres Glücks kam er dem Kommissar vor. Ein Bild vollkommener Idylle bot sich seinem Auge, so, als hätte es dort nie eine Leiche gegeben.

»Wenn Herr Baumann schon nicht öffnet«, murmelte er vor sich hin, »dann muss ich mir wenigstens einen nochmaligen Eindruck vom Leichenfundort verschaffen. Vielleicht habe ich ein wichtiges Detail übersehen. Ich wundere mich, dass niemand was bemerkt haben will. Der Teich liegt zentral, man könnte ihn von mehreren Seiten einsehen. Bestimmt hat der alte Lüdke doch etwas gesehen. In den nächsten Tagen werde ich ihn noch einmal befragen.«

Als er so dastand und mit sich selbst sprach, kam ein Mann

auf ihn zu. Breitenfells erkannte ihn sofort an seiner auffälligen Erscheinung. Das war dieser arrogante Professor, erinnerte er sich. Das weiße lockige Haar trug er nach hinten gegelt, was ihm ein verwegenes Aussehen verlieh. Erneut hatte er den Eindruck, dass dieser Mann nicht in das Dorf gehörte. Wider Erwarten kam er freundlich auf ihn zu.

»Sie sind doch der Kommissar, der sich mit diesem Mordfall befasst?«

»Ja, und Sie waren Professor …?«

»Hansen«, antwortete der Professor, nicht mehr ganz so zuvorkommend. Er konnte es anscheinend nicht leiden, wenn man den Eindruck erweckte, sich nicht an ihn zu erinnern.

»Ja richtig, Professor Hansen. Wenn wir uns schon hier treffen, würde ich Ihnen gerne ein paar Fragen stellen.«

»Nur zu. Darf ich Sie auf einen Kaffee in mein Haus bitten? Ich wohne dort drüben.« Er zeigte auf eine verfallen aussehende Bauernkate.

Jetzt war Breitenfels doch überrascht. Mit so viel Freundlichkeit hatte er nicht gerechnet.

»Ich folge Ihnen.«

Als beide ins Haus traten, staunte der Kommissar nicht schlecht. Was von außen unansehnlich daher kam, war innen ein regelrechtes Schmuckstück. Die Möbel und die Bilder an den Wänden, so vermutete er, waren allesamt wertvoll. Der Professor schien einen ausgesprochen erlesenen Geschmack zu haben. Hansen war die Bewunderung in Breitenfels Gesicht nicht entgangen und er sonnte sich darin.

»Ein schönes Haus haben Sie hier«, sagte der Kommissar, darauf bedacht, nicht zu überschwänglich zu klingen.

»Von außen pfui, von innen hui. Heißt es nicht so?«

»Na ja, so ähnlich heißt es wohl«, antwortete Breitenfels lächelnd, als er sich vor einem Bild wiederfand, mit dem er praktisch nichts anfangen konnte. Er befürchtete, der Professor hatte es falschherum aufgehängt.

»Häbel«, sagte Professor Hansen ganz beiläufig. »Ein junger Berliner, aufstrebender Maler, zumindest war er das '95, als ich sein Bild erstand. Manchmal setzen sich Künstler durch, manchmal nicht.«

Kommissar Breitenfels, dessen Herz mehr für Landschaftsmalerei schlug, vermutete, dass sich dieser Künstler in seiner großflächigen Art zu malen und den knalligen Farben nicht durchgesetzt hatte. Aber er besaß einfach zu wenig Kunstverstand, um das wirklich einschätzen zu können.

»Möchten Sie einen Kaffee?«, fragte Hansen freundlich.

»Ja gerne«, sagte Breitenfels und freute sich ehrlich auf die geistige Erfrischung, die er sich von einer Tasse versprach.

»Nehmen Sie bitte Platz.« Der Professor wies auf einen Sessel vor dem Kamin, der zu der Tageszeit nicht brannte.

»Ein schönes Stück«, lobte Kommissar Breitenfels den Sessel.

»Das Schönste daran ist, dass er ein Original ist. Ein echter Barcelona Sessel von dem Bauhausarchitekten August Mies van de Rohe. 1929 konzipierte er den Sessel für die Weltausstellung, er diente dem spanischen Königspaar als Sitzgelegenheit. Dieses Möbelstück wurde unzählige Male kopiert und gefälscht. Wie gesagt, das hier ist ein Original«, sagte der Professor voller Besitzerstolz.

»Ich bin beeindruckt«, antwortete Breitenfels ehrlich.

»Nun zu Ihrem Kaffee«, wandte sich der Professor erneut an den Kommissar. Sie haben die Wahl. Bevorzugen Sie ihn mit einer fruchtigen, blumigen oder etwas holzigen Note, mehr sauer oder bitter im Geschmack. Mögen Sie lieber Sorten aus dem Hochland, zum Beispiel Arabica? Sie sind eher ein Typ für Robusta, eine große geschmacksreife Kaffeepflanzensorte, die man überwiegend im Flachland anbaut. Latte Macchiato oder doch lieber Cappuccino?«

»Ein einfacher Kaffee genügt mir«, antwortete Breitenfels genervt.

»Was ist schon einfach in dieser Welt«, philosophierte der Professor. Das Leben verlangt immer nach einer klaren Entscheidung, Herr Kommissar. Vielleicht versuchen Sie einen Dolcetti Fleur d'oranger dazu, das heitert Sie auf«, referierte Hansen und versuchte, dabei so wenig wie möglich belehrend zu klingen.

Kommissar Breitenfels Stirn legte sich in Falten. ›Was zum Teufel war denn schon wieder ein Dolcetti?‹, fragte er sich.

»Nein danke«, antwortete Breitenfels betont lässig, »im Dienst trinke ich nie.«

Professor Hansen, der Breitenfels Unwissenheit überspielte, holte wortreich aus.

»Ein Dolcetti Fleur d'Oranger ist ein Biskuit mit natürlichem Orangenblütenaroma und einem feinen Zuckerüberzug, sehr lecker.«

Den Kommissar beschlich ein ungutes Gefühl, er spürte instinktiv, dass er auf der Hut sein musste.

»Na gut, dann nehme ich Ihnen die Entscheidung einfach ab. Ich denke, Sie können etwas Stärkeres vertragen. Ich mache Ihnen einen Espresso mit einem intensiven Körper aus südindischem Arabica und Robusta, mit einer geringen Note von Nelken, Pfeffer und Muskatnuss.«

Nach fünf Minuten stellte der Professor eine winzige Tasse Espresso auf den schlicht anmutenden Beistelltisch, ein paar verführerisch duftende Kekse standen daneben. Als Kommissar Breitenfels den ersten Keks in den Mund schob, breitete sich jenes Wohlgefühl in ihm aus, das er seit Uschis Tod so schmerzlich vermisste. Das knusprige Gebäck erinnerte ihn an die Weihnachtsbäckerei seiner Frau, nur der saftige Orangengeschmack war neu. Dieser Mann verstand etwas vom Genießen. Vor lauter Schlemmerei durfte er aber nicht vergessen, weshalb er eigentlich hier war. Es ging schließlich um Mord, da konnte er sich nicht von ein paar Orangenkeksen ablenken lassen. Erneut nahm er das Gespräch auf: »Herr Professor, ich frage mich die ganze Zeit, was einen Mann, wie Sie bewegte, in dieses Dorf zu ziehen.«

»Einen Mann wie mich?«, fragte Hansen.

»Herr Professor, ich bin es gewohnt, dass Menschen, meine Fragen beantworten, nicht umgekehrt.«

»Gut, gut«, sagte Hansen einlenkend. »Die Begründung ist so einfach, wie ungewöhnlich. Vor zwanzig Jahren hatte ich eine Professur im Süden der Republik. Ich lehrte klinische Psychologie an der Uni in Freiburg, als plötzlich die Wende kam. Meine Studenten und ich fanden diesen gesellschaftlichen Prozess höchst aufregend. Sie müssen wissen, ich war zuvor noch nie in der DDR. Ich hatte keinerlei verwandtschaftliche Verbindungen in den sogenannten Osten. Also unternahm ich mit meinen Studenten eine Exkursion nach

Mecklenburg. Zuerst fuhren wir nach Rostock, dann nach Schwerin, zuguterletzt landeten wir in Waren, weil eine Studentin Verwandte dort hatte. Glauben Sie mir, was ich von den Städten sah, bekräftigte mich nur in meiner Meinung, dass ich in den vielen Jahren zuvor nichts verpasst hatte. Im Gegensatz zu meinen Studenten langweilte ich mich. Besonders bedrückend empfand ich die architektonischen Frevel, zu denen ich die Hochbrücke in Waren zähle. Wie gesagt, Waren war die letzte Station auf unserer Reise. Ich freute mich schon auf Zuhause. Ich nahm mir den Nachmittag frei, um etwas allein zu unternehmen. Ich wollte die Müritz sehen. Also fuhr ich aus der Stadt in Richtung Klink. Irgendwann sah ich einen riesigen Betonbunker, es war das FDGB-Heim. Bitte entschuldigen Sie meine Offenheit, aber genauso sah es eben aus, wie ein Heim. Unpersönlich und ungepflegt starrte mir der Riesenkasten entgegen. Ich ließ mich aber nicht abschrecken, sondern ging tapfer weiter und kam in den heutigen Klinker Hafen. Damals ragte da nur ein kleiner, an manchen Stellen zerfallener Holzsteg in das Wasser. An dem Steg war ein Boot befestigt, was mein Interesse weckte. Es war ein altes Holzboot eine H-Jolle, sehr gepflegt und mit viel Liebe restauriert.«

Kommissar Breitenfels Gesichtszüge entspannten sich bei dem Wort H-Jolle merklich.

»Ich war dabei, mir das Bötchen näher anzuschauen, als eine junge Frau auf mich zukam. Sie war im Alter meiner Studenten, ungefähr Anfang Zwanzig. Ihre blonden, langen Haare hatte sie zu einem Zopf geflochten. Sie trug eine Jeans, wie es sie nur im Osten gab, auch ihre verwaschene eierschalenfarbene Jacke hinkte jedem modischen Chic um Jahrzehnte hinterher. Ihr Lächeln aber hatte eine unglaublich entwaffnende Wirkung auf mich, ihre Augen schienen förmlich zu leuchten, als sie langsam auf mich zukam. Ich war überrascht. Anscheinend gehörte ihr dieses liebevoll gepflegte Boot.

›Hallo‹, flüsterte sie schüchtern, ›Sie sind nicht von hier.‹

›Das stimmt‹, erwiederte ich. Ich weiß es noch, wie heute, ich sagte: ›Wir machen eine Exkursion, meine Studenten und ich.‹ Ich hatte die Worte noch nicht über die Lippen gebracht, als mir bewusst wurde, wie dumm das klingen musste. Eine Exkursion hörte sich schließlich an wie ein Zoobesuch. Insgeheim dachte ich, war es das auch. Sie lächelte großzügig darüber hinweg und fragte mich spontan, ob ich Lust habe, mit ihr hinauszusegeln. Sie müssen wissen, ich war vorher noch nie auf einem Segelboot.«

Der Professor nickte Breitenfels zu. »»Wir haben heute eine Drei, in Böen höchstens eine Vier‹, sagte die junge Frau segelerfahren. Sie hieß übrigens Maja. Ich überlegte für einen Moment. Meine Jacke lag im Auto, für Anfang Mai war es relativ warm und ich hatte sie dort ausgezogen. ›Das wäre schön‹, sagte ich. Als sie merkte, dass ich unsicher an mir herabblickte, meinte Sie nur: ›Ich hab hier noch einen Ostfriesennerz, den können Sie nehmen.‹ Und dann ging es auch schon los. Sie machte das Schiff mit einer Selbstverständlichkeit klar, die mich sehr beeindruckte. Mit zwei geübten Handgriffen setzte sie erst das Vorsegel, etwas später das Großsegel. Nach ein paar Minuten schipperten wir aus dem Hafen, der damals noch kein Hafen war, vorbei an Haubentauchern, Wildgänsen und einer Schar Seemöwen. Ich kam mir vor, wie ein Kapitän auf großer Fahrt und verbrachte einen der wunderbarsten Nachmittage meines Lebens. Wir segelten Richtung Röbel. Auf Höhe von Sietow kreuzten wir auf, um gemächlich am Ostufer zurückzusegeln. Falls Sie denken, dass wir die ganze Zeit viel miteinander sprachen, irren Sie sich. Es herrschte eine stille Übereinkunft, wie sie nur zwischen Menschen besteht, die sich der Dinge bewusst sind, die sie gerade erleben.

Als wir am späten Nachmittag wieder an dem baufälligen Holzsteg anlandeten, wollte ich mich unbedingt erkenntlich zeigen. Ich bot ihr an, sie zum Essen einzuladen. Nachdem sie dies lächelnd abgelehnt hatte, machte ich einen alles entscheidenden Fehler. Ich drückte ihr fünfzig Westmark in die Hand. Mit meinem plumpen Angebot hatte ich es geschafft, ihr Lächeln zu vertreiben.« Der Professor presste seine Lippen zusammen. »›Freiheit und schöne Momente kann man sich nicht erkaufen‹, sagte sie kühl. Noch bevor ich etwas darauf erwidern konnte, drehte sie sich um und lief davon. Ich traute mich nicht, ihr hinterherzulaufen, so sehr schämte ich mich. Die junge Frau habe ich nicht wiedergesehen.

Dieses Erlebnis an jenem Tag im Mai war der Auslöser für meine Überlegung, wohin ich nach meiner Pensionierung gehen würde. Ich fragte bei den Gemeinden nach, ob es leerstehende Häuser gäbe. Die Verwaltung in Sietow schrieb als Erste, dass in Hinrichsberg eine Bauernkate zum Verkauf stünde. Nun lebe ich schon seit drei Jahren hier und fühle mich wohl. Zugegebenermaßen, die Winter sind etwas eintönig, aber ich bin niemand, der sich schnell langweilt.«

Während Professor Hansens Worte im Raum nachhallten,

warf der Kommissar immer wieder einen verstohlenen Blick auf die Dolcetti.

»Nehmen Sie so viele, wie Sie mögen«, forderte Professor Hansen den Ermittler auf.

»Danke, ich hab in letzter Zeit etwas zugenommen«, sagte Breitenfels schuldbewusst.

»Tja, das Älterwerden geht an uns allen nicht spurlos vorbei.«

»Wie der Mord in diesem Dorf?«, fragte Kommissar Breitenfels, der nun schleunigst wieder zum eigentlichen Thema zurückkehren wollte.

»Eine schlimme Sache«, erwiderte Hansen nachdenklich. Ich kann mir nicht vorstellen, dass es jemand aus dem Ort war. Übrigens, hat man die Leiche schon identifiziert?«

Harry rutschte in dem Sessel hin und her, er mochte es nicht, wie Hansen ihn befragte. Darum tat er so, als überhöre er die Frage und sagte: »Wie kommen Sie auf die Idee, dass niemand aus dem Dorf für den Mord infrage kommt?«

»Man kennt sich. Dass man nun jeden mag, wäre übertrieben, aber einen Mord würde ich spontan keinem zutrauen.«

»Das liegt in der Natur der Sache«, antwortete Breitenfels sachlich. Irgendwie hatte er das Gefühl, dass er hier heute nicht weiterkam. Darum verabschiedete er sich unvermittelt.

»Sobald ich Fragen habe, komme ich auf Sie zu.«

»Jederzeit gern«, sagte Professor Hansen freundlich, jedoch ein wenig irritiert über den plötzlichen Abgang des Kommissars. Er fasste sich schnell. »Sie sind immer herzlich willkommen und wenn es nur auf eine gute Tasse Kaffee ist.«

»Ich werde auf ihr Angebot zurückkommen«, antwortete

Kommissar Breitenfels und schlug auch schon die Tür der Bauernkate hinter sich zu.

Wieder an der frischen Luft, atmete er mehrmals tief durch. Es war um die Zeit im März, noch etwas ungemütlich und er fröstelte. Die Orangenkekse lagen ihm schwer im Magen. Er war so gute Dinge eben nicht mehr gewohnt.

Im Warener Kommissariat, im Besprechungsraum

Oberkommissar Lehmanns energische Schritte waren schon von weitem zu hören. Ein kühler Luftzug begleitete ihn, als er schnell die Tür hinter sich schloss. Die Kollegen hatten mittlerweile am Besprechungstisch Platz genommen. Vor einigen lag Schreibmaterial.

»Hier ist der Abschlussbericht aus der Pathologie«, sagte Lehmann zu den Polizisten und hielt eine grüne Mappe hoch. »Ich möchte, dass Sie die Fakten im Einzelnen lesen. Wie befürchtet, haben wir so gut wie nichts. Der Pathologe kommt in seinem abschließenden Urteil zu einer Liegezeit von bis zu einem Jahr. Diese lange Liegezeit der Leiche ist auch dafür verantwortlich, dass so gut wie keine Spuren vorhanden sind. Nichts an Fremd-DNA, keinerlei genetisches Material, nur ein Hanfseil, auf das ich bei unserer letzten Besprechung schon näher eingegangen bin. Wer von Ihnen hat sich darum gekümmert, woher man diese Seile beziehen kann?«

Betretenes Schweigen.

»Gut, ich komme später noch einmal darauf zurück. Der Tote konnte unterdessen identifiziert werden. Es handelt sich um einen Europäer, genau genommen um einen polnischen Staatsbürger. Wir fanden ihn in der Vermisstenkartei.

Eine Frau Neumann, die Sekretärin des Verlages ›Natur

und Simon‹ meldete ihn vor über einem Jahr als vermisst.«

»Dann ist es ausgeschlossen, dass die Dorfbewohner etwas mit dem Mord zu tun haben«, antwortete ein junger Streifenpolizist vorschnell.

»Was lässt Sie zu einer solch eingeschränkten Sichtweise kommen?«, fragte Lehmann in die Richtung des Polizisten, der durch den polemischen Tonfall des Vorgesetzten sofort in sich zusammenfiel.

Kommissar Breitenfels sah Lehmann vorwurfsvoll an. Arroganz hielt er für Schwäche, Lehmann anscheinend nicht.

»Ich dachte«, stammelte der Streifenpolizist unsicher, »weil es sich um einen Polen handelt, da geht es bestimmt um Zigarettenschmuggel ...«

»... oder um Diebstahl von Landwirtschaftsmaschinen«, mischte sich ein anderer Polizist in den Dialog ein.

»Ja gut, Herr Kollege«, sagte Oberkommissar Lehmann, »das ist ein Ansatz, dem wir nachgehen sollten. Vielleicht war er ein kleiner Dealer, der seinen Bossen unbequem wurde. Um noch mal auf die Theorie unseres jungen Kollegen zurückzukommen ...«

Breitenfels musste lachen, schließlich war Lehmann nicht viel älter als der Streifenpolizist. Der hielt immer noch den Kopf gesenkt, als der Oberkommissar weit ausholte.

»... Einen entscheidenden Fehler dürfen wir nicht begehen: Nur weil wir glauben, die Menschen zu kennen, die wir befragen, verhören wir sie anders, befangener, sagen wir, mit mehr Nachsicht. Ich weiß, einige von Ihnen kennen die Bewohner des Dorfes näher, es gibt eventuelle Verwandtschaftsverhältnisse. Ich bitte Sie, mir das sofort mitzuteilen. Jedem noch so geringen Verdacht werde ich nachgehen. Haben Sie dazu Fragen?«

Leichtes Murren war zu vernehmen.

»Es kann ja nicht jeder aus Hannover stammen«, warf ein älterer Polizistm, der kurz vor der Pensionierung stand in die Runde.

»Ist ja gut meine Herren, ich hab Sie verstanden, Sie mich hoffentlich auch.«

Plötzlich mischte sich Breitenfels ein.

»Konnte man den Mann schon identifizieren oder wissen wir nur, dass er Pole ist?«

»Ja, wir konnten ihn identifizieren. Es handelt sich bei dem Ermordeten um den vor einem Jahr vermisst gemeldeten Pawel Socha. Dr. Becker hat den vorhandenen Zahnstatus mit dem Röntgenbild eines Zahnarztes aus Rostock verglichen. Es ist zweifelsfrei Pawel Socha, polnischer Staatsbürger, 28 Jahre alt als er starb. Er arbeitete in einem unbedeutenden Verlag in Stettin. Vor eineinhalb Jahren trat er eine Volontariatsstelle in dem Rostocker Verlag ›Natur und Simon‹ an. Der kleine, aber feine Verlag beschäftigt sich hauptsächlich mit Landschaftsaufnahmen, Fotobänden, vereinzelt mit Naturschutzthemen. Der Verleger heißt Richard Simon.«

»Vielleicht war Pawel Socha einem Umweltskandal auf der Spur«, warf ein Polizist ein.

»Hört sich jüdisch an, der Name«, meinte ein anderer.

»Das sollte aber nicht unser Problem sein«, entgegnete Oberkommissar Lehmann streng. »Kommissar Breitenfels, ich möchte, dass Sie sich darum kümmern und einen Termin mit dem Verleger machen. Vielleicht kann der uns etwas zum

Privatleben des Opfers sagen. Ansonsten haben wir so gut wie nichts. Die polnischen Kollegen konnten uns auch nicht weiterhelfen. Keine Auffälligkeiten, null Vorstrafen, nicht einmal eine Eintragung im Verkehrsregister. Wir haben also nichts, das auf ein kriminelles Verhalten unseres Opfers schließen ließe. Da wären wir wieder bei den Dorfbewohnern.«

»Eine Frage stellt sich mir. Wieso legt man den Leichnam einen polnischen Staatsbürgers ausgerechnet in den Hinrichsberger Teich und nicht in die Müritz?«, fragte Kommissar Breitenfels in die Runde.

»Genau, Herr Kollege. Ich möchte Sie bitten, dass Sie sich auch darum kümmern. Damit will ich nicht sagen, dass Sie den Mord alleine lösen sollen.«

»Da bin ich ja beruhigt«, entgegnete Breitenfels.

Leichtes Schmunzeln bei allen Anwesenden.

»Spaß beiseite, Sie sprechen mit dem Verleger und erkundigen sich nach dem Privatleben des Toten. Gab es eine Frau im Leben des Opfers, etc.? Was ist mit dem Hanfseil, hat einer von Ihnen schon was herausgefunden?«

Wieder betretenes Schweigen …

»Wir hatten mit dem Diebstahl von Bootsmotoren zu tun.«

»Man Leute, hiermit ordne ich an«, er schaute auf den Streifenpolizisten mit der klugen These, »dass Sie sich schleunigst darum kümmern. Wo gibt es Hanfseile und woher kann man sie beziehen … das ist doch wohl nicht so schwer.«

»Ist in Ordnung«, kam die Antwort wie aus der Pistole geschossen.

»Sie«, Oberkommissar Lehmann zeigte auf den Kollegen, der kurz vor der Pensionierung stand, »befragen nochmals die Dorfbewohner. Vielleicht hat ja doch jemand etwas gesehen. Ich kümmere mich derweil um den Professor Hansen und die Schriftstellerin. Wie hieß sie gleich ... ›Leonie Farbe‹«, beantwortete er seine eigene Frage. »Hat einer von Ihnen schon mal was von der Frau gelesen? Bis morgen möchte ich eine komplette Liste ihrer Werke auf meinem Schreibtisch.«

Stille im Raum. Als sich der Älteste zögerlich meldete:

»Ich glaube, meine Frau hat ein Buch von ihr, ich weiß aber nicht ob's gut ist«, fügte er schnell hinzu.

»Bringen Sie das Buch morgen mit! Eventuell hilft es uns weiter.«

›Aha‹, resümierte Breitenfels für sich, da war sie wieder, Lehmanns Vorliebe fürs Delikate. Hatte der Professor ihn nicht mit einem leckeren Rotwein gelockt. Aber so jemand wie der Oberkommissar wäre ja nie befangen. Breitenfels schmunzelte vor sich hin. Irgendwie machte das diesen jungen Schnösel auch menschlich.

»Also meine Herren, an die Arbeit und immer schön die Augen offen halten«, motivierte Lehmann die Kollegen und verließ den Besprechungsraum.

»Ich wusste gar nicht«, sagte der junge Streifenpolizist zu dem Älteren gewandt, »dass wir in Hinrichsberg eine Schriftstellerin zu sitzen haben.«

»Naja, dann wird sie wohl nichts Besonderes geschrieben haben«, antwortete der Ältere, »sonst wüssten wir es ja.«

»Hm, da ist was dran«, raunte der Jüngere und beide verließen ebenfalls den Raum.

Rostock ist immer eine Reise wert

»Richard Simon?«

»Ja, kommen Sie doch bitte herein«, antwortete eine freundliche Stimme.

Kommissar Breitenfels trat ein und zog die Glastür leise hinter sich zu.

»Möchten Sie einen Kaffee«, fragte der Verleger. Ohne die Antwort abzuwarten sagte er weiter: »Ich werde meiner Sekretärin sofort Bescheid sagen, dass sie uns welchen aufsetzt. Nehmen Sie doch bitte Platz.«

Es war sehr warm im Büro des Verlegers und Kommissar Breitenfels fing sofort an zu schwitzen.

»Ja, ja«, sagte Richard Simon, »mit unserer Heizung stimmt etwas nicht. Eine Bullenhitze hier, man kann kaum einen klaren Gedanken fassen und das ausgerechnet jetzt vor der Leipziger Buchmesse. Aber was erzähle ich Ihnen das, aus diesem Grund haben Sie sicher keinen Termin mit mir vereinbart.«

Breitenfels war der leicht untersetzte Mann mit den fragenden, dunklen Augen gleich sympathisch. Er zog seinen Anorak aus und machte es sich in dem einladenden weinroten Ledersessel bequem.

»Ich hatte es schon am Telefon anklingen lassen, es geht um Mord«, erklärte Breitenfels.

»Ja, Sie erwähnten so etwas, dabei ist der Krimi nicht mein Genre.«

Breitenfels ließ sich von Simons kleinem Witz nicht ablenken. »Es geht um Mord an einem ihrer Mitarbeiter.«

»Herr Kommissar«, holte Simon wortreich aus, »mein Verlag ist recht überschaubar, so auch die Zahl meiner Mitarbeiter. Als ich heute Morgen zur Besprechung rief, waren alle noch da. Wenn einer von ihnen in der Zwischenzeit ermordet worden wäre, hätte ich das sicher mitbekommen.«

»Ihr Humor in allen Ehren«, erwiderte der Kommissar streng, »aber es geht hier schließlich um ein Tötungsdelikt.«

»Nehmen Sie mir meinen schwarzen Humor bitte nicht übel. Ich weiß, den verträgt nicht jeder«, sagte Simon. Es hörte sich an, als wolle er sich entschuldigen.

»Nun zur Sache«, entgegnete Breitenfels, »es handelt sich bei dem Toten um Pawel Socha, einen polnischen Mitarbeiter ihres Verlages.«

»Pawel ist tot?«, fragte Simon nach. Ehrliche Bestürzung machte sich auf dem Gesicht des Verlegers breit. »Ich erinnere mich gut an ihn. Sein Volontariat ist aber bestimmt schon ein Jahr her. Ein vielversprechender Mann, wenn ihm nur seine mangelnde Risikobereitschaft nicht im Wege gestanden hätte.«

»Wie soll ich das verstehen?«, fragte Breitenfels.

Eine ältere Frau mit grauen, kurzgeschnitten Haaren trat zur Tür herein. War das die Frau, die die Vermisstenanzeige aufgegeben hatte?

»Herr Simon, ich bringe Ihnen den Kaffee.«

»Ist schon recht Martha, stell ihn nur hin.«, sagte Simon.

Breitenfels brachte der Auftritt der älteren Dame kurz aus dem Konzept, er hatte ein anderes Bild im Kopf. Die Sekretärin eines Verlegers stellte er sich jung, blond und äußerst attraktiv vor.

»Schon nach einem viertel Jahr gab ich ihm die Gelegenheit, sich zu beweisen«, nahm Simon das Gespräch wieder auf. »Mancher hätte sich die Finger nach so einer Chance geleckt. Pawels Potential bestand in der Organisation. Darum wollte ich mit ihm in seiner Heimat in Stettin eine Zweigstelle unseres Verlages eröffnen. Ein Versuchsballon, kleine Räume, geringe Unterhaltungskosten, aber ein neuer Markt. Sie verstehen, was ich meine?«

»Ich denke schon«, sagte Breitenfels sachlich, während er die Kaffeetasse an den Mund führte.

»Ich lud ihn eines abends zu uns nach Hause ein. Meine Frau machte gefüllten Rippenbraten, eines meiner Lieblingsgerichte. Ich öffnete eine Flasche Rotwein und unterbreitete Pawel meinen Vorschlag. Im Gegenzug erhoffte ich, er würde mir um den Hals fallen. Er konnte zurück in die Heimat und hatte gleichzeitig einen tollen Job mit vielen Herausforderungen und mehr Verantwortung in Aussicht. Wie gesagt, ich unterbreitete ihm mein Angebot, aber seine Reaktion fiel anders aus als erwartet. Anstatt sich zu freuen, wurde er plötzlich ganz leise, ja, eine fast bedrohliche Stille erfüllte den Raum. Er bedankte sich bei mir für das Vertrauen, das ich ihm entgegen brachte. Das Angebot müsse er aber trotzdem ablehnen. Ich gab ihm ein paar Tage Bedenkzeit. Er sagte nur: ›Die brauche ich nicht, ich habe mich bereits entschieden.‹ Ich verstand erst nicht, so ein Angebot durfte er nicht ablehnen. Die Arbeit in Rostock gefiel ihm, sagte er, sie wäre Herausforderung genug. Sie können sich sicher vorstellen, wie der Rest des Abendessens verlief. Meine Enttäuschung konnte ich kaum verbergen. Er ließ mich auch im Unklaren, was seine Motivation bezüglich der Absage betraf. Wir haben nie darüber gesprochen.

Tja, und so endete das Essen eher unterkühlt. Die kommenden Wochen gingen wie gehabt ihren Gang. Unser berufliches Verhältnis kühlte sich ab, was, wenn ich ehrlich bin, von meiner Seite ausging. Eines Tages erschien er nicht mehr zur Arbeit. Ich vermutete, er sei zurück nach Polen gegangen, mehr kann ich Ihnen dazu nicht sagen.«

»Das war ja schon eine Menge«, sagte Kommissar Breitenfels. »Wissen Sie, mit wem Pawel befreundet war?«

»Nein, tut mir leid, da kann ich Ihnen nicht weiterhelfen. Soviel ich weiß, gab es da niemanden. Am besten, Sie fragen bei Martha nach, das heißt, bei Frau Neumann. Wenn jemand etwas weiß, dann unsere Martha. Sie ist die gute Seele des Verlages und Geheimnisse sind bei ihr gut aufgehoben.«

»Ich danke Ihnen für Ihre Hilfe und den köstlichen Kaffee«, bedankte sich Breitenfels, während er seinen Anorak wieder anzog.

»Gern geschehen«, antwortete Richard Simon und war auch schon wieder mit anderen Dingen beschäftigt.

»Frau Neumann?« Vorsichtig näherte sich der Kommissar der Sekretärin, die gerade vor einem Aktenschrank kniete.

»Ja?«, sagte sie freundlich, als sie sich zu Breitenfels herumdrehte.

»Ich bin Kommissar Breitenfels aus dem Warener Kriminalkommissariat.« Er lächelte.

»In Waren gibt es ein Kriminalkommissariat?« Die Sekretärin schaute skeptisch. »Ich frage nur, weil mein Mann und ich seit vielen Jahren an die Müritz zum Angeln fahren. Es ist dort so idyllisch und friedlich.«

»Das ist es die meiste Zeit ja auch, nur halt im Moment nicht. Es geht um Mord. Ich hoffe, Sie können mir dabei behilflich sein.«

»Um Mord?« Frau Neumanns Augen weiteten sich.

»Ein ehemaliger Mitarbeiter des Verlages fiel einer Gewalttat zum Opfer.«

»Ein ehemaliger Mitarbeiter …?« Eine gewisse Unsicherheit machte sich auf ihrem Gesicht breit. »Und da kommen Sie ausgerechnet zu mir?«, fragte Frau Neumann ängstlich. »Sie verdächtigen doch wohl nicht mich?« Ihre Stimme klang jetzt sehr schrill.

»Bisher noch nicht, Frau Neumann, es sei denn, Sie legen gleich ein Geständnis ab. Dann kann ich den Fall zu den Akten legen, die Müritz ist wieder friedlich und idyllisch, genau so wie Sie, sie aus dem Urlaub kennen.«

»Ach Herr Kommissar, Sie machen einen Spaß mit mir«, lächelte Frau Neumann, als sie bemerkte, dass der Kommissar mit ihr scherzte.

Kommissar Breitenfels zwinkerte Martha Neumann zu, die sich nun sichtlich entspannte.

»Schließlich hat man ja nicht jeden Tag die Polizei im Haus«, sagte sie bestimmt.

»Das verstehe ich. Ich hab nur ein paar Fragen, dann bin

ich auch schon wieder weg. Ihr Kaffee war übrigens ausgezeichnet.«

Martha Neumann strahlte über beide Wangen und das Eis war gebrochen. »Setzten Sie sich doch«, bat sie Kommissar Breitenfels und wies auf einen Stuhl vor ihrem Schreibtisch. »Sie sagten, es handelt sich um einen ehemaligen Mitarbeiter aus dem Verlag?«

»Ja«, antwortete der Kommissar.

»Dann kann es ja nur Pawel Socha sein«, überlegte die Sekretärin.

»Wie kommen Sie denn darauf?« Über diese schnelle Aussage war Breitenfels doch einigermaßen überrascht.

»Der Pawel war ein feiner Kerl, ein guter Junge, sehr zuverlässig und stets pünktlich. So einer kommt dann von einem auf den anderen Tag nicht mehr zur Arbeit. Finden Sie das nicht ungewöhnlich? Ich dachte schon damals, dass da was nicht stimmen kann. Darum bin ich auch zur Polizei gegangen und habe ihn als vermisst gemeldet.«

»Hm«, brummte Breitenfels vor sich hin. »Wie war der Pawel denn so, hatte er Freunde, war er mit Kollegen aus dem Verlag befreundet?«

Frau Neumann schien zu überlegen, als würde sie jedes einzelne Wort sorgsam abwägen.

»Aus dem Verlag wüsste ich niemanden, nein …« Sie zog ihre Stirn in Falten. »Aber lassen Sie mich mal nachdenken, das ist ja alles schon eine Weile her und die Jüngste bin ich nun auch nicht mehr, genau wie Sie, Herr Kommissar.«

»Ja, jünger werden wir leider nicht«, nickte Breitenfels zustimmend.

»Wo waren wir stehen geblieben«, versuchte er, den Faden wieder aufzunehmen.

»Der Pawel war in eine Frau verliebt, sie war wohl ein paar Jahre älter, er war ja erst achtundzwanzig. Ab und zu hat er mir von ihr erzählt. Eigentlich sagte er nur, wie glücklich er sei und dass er die Frau gefunden hätte, mit der er eine Familie gründen möchte. Ich erinnere mich so genau daran, weil ich damals dachte, dass es was Besonderes ist. Die meisten jungen Leute wollen keine Kinder und schon gar nicht heiraten.«

Kommissar Breitenfels horchte auf. »Wie kommen Sie darauf, dass er heiraten wollte?«, hakte er nach.

»Ich habe noch mit niemandem darüber gesprochen, ich bin ja schließlich keine Klatschbase, aber der Pawel hat mich gefragt, was er einer Frau schenken soll, wenn er um ihre Hand anhält. Er war sehr aufgewühlt und ich hatte ihm versprochen, dass wir gemeinsam zu einem Juwelier gehen. Das haben wir dann auch gemacht. Wir waren eines späten Nachmittags im ›Rostocker Hof‹ und er hat dort eine goldene Kette mit einem Herzanhänger ausgesucht, den er gravieren lassen wollte. Es war eine wertvolle Kette. Soweit ich mich erinnere, kostete sie um die neunhundert Euro.«

»Woher hatte der junge Mann so viel Geld?«, fragte Breitenfels.

»Das weiß ich nicht. Ich fand sie auch zu teuer und ich sagte ihm das. Aber er erwiderte nur, für die richtige Frau sollte einem nichts zu teuer sein und sie sei die Richtige. Außerdem, eines Tages werde sie berühmt, sie sei sehr talentiert.

»Berühmt«, fragte der Kommissar, »was meinte er damit?«

»Ich weiß es nicht, da hielt er sich bedeckt.«

»Kennen Sie den Namen der Frau?«, fragte er kurz dazwischen.

»Nein, leider nicht«, antwortete Frau Neumann, »zumindest kann ich mich nicht erinnern. Sie behandeln doch bitte alles, was ich sage, vertraulich, ja?« Ihr Gesicht wirkte wieder angespannt.

»Soweit das geht«, sagte Breitenfels sachlich.

»Der Chef erzählte mir damals von dem Angebot, das er Pawel unterbreitet hatte«, führte sie das Gespräch fort »und er erzählte mir auch, wie enttäuscht er war, nach der Ablehnung. Ich habe damals nichts dazu gesagt, es ging mich ja auch nichts an. Wollen Sie meine ehrliche Meinung wissen, Herr Kommissar?«

»Gerne.«

»Ich vermute, der Pawel wollte wegen der Frau nicht wieder zurück nach Stettin. Er hatte Angst, sie zu verlieren. Das ist meine Überzeugung«, sagte Frau Neumann mit einer großen Entschlossenheit in der Stimme.

»Sie haben mir sehr geholfen. Sollte Ihnen noch etwas einfallen, rufen Sie mich bitte an. Hier ist meine Karte.« Er gab der Sekretärin die Visitenkarte mit der Nummer von seinem Diensthandy.

»Herr Kommissar, ich habe Ihnen alles gesagt, was ich weiß.«

»Nur für alle Fälle. Ich wünsche Ihnen noch einen schönen Tag«, verabschiedete sich Breitenfels von der älteren Dame.

»Ich Ihnen ebenfalls«, erwiderte sie höflich.

Kurz bevor er aus der Tür entschwand, sagte sie mit fester

Stimme: »Finden Sie den Mörder, der Pawel das angetan hat!«
Dann schloss sich die Tür des Büros.

Wieder auf der Straße dachte Breitenfels über das eben Gehörte nach. Vielleicht war es doch eine Beziehungstat und hatte weder mit Schmuggelgeschäften noch mit Betrügereien zu tun. Die Frage war doch: kam eine Frau als Mörderin überhaupt in Betracht? Er griff zum Handy, was er nur äußerst ungern tat. Die Strahlung war ihm nach wie vor nicht geheuer. Er wählte die Nummer der Rechtsmedizin in Greifswald.

»Hallo Arno, hier ist Harry.«

»Mensch Harry, schön mal wieder von dir zu hören, kommt ihr bei eurer Dorfleiche voran?«

»Aus dem Grund rufe ich an.«

»Und ich hab gedacht, du wolltest dich auf ein Bier verabreden.«

»Später, Arno, zurzeit beschäftigt mich der Fall zu sehr.«

»Kann ich verstehen. Was gibt es denn?«, fragte der Pathologe.

»Was meinst du, kommt für den Mord auch eine Frau infrage?«

»Hättest du meinen Obduktionsbericht gründlicher gelesen, wüsstest du es«, antwortete der Pathologe spitz.

»Arno, ich hab keine Zeit für deinen Humor«, entgegnete der Kommissar genervt.

»Hast ja recht, Harry, aber manchmal ist der Job nicht anders zu ertragen. Du wirst auch immer dünnhäutiger«, sagte Dr. Becker darauf. Er hatte die Worte noch nicht ausgesprochen, schon taten sie ihm leid. Darum kam er schleunigst zum eigentlichen Thema zurück. »Ich gehe davon aus, dass wir es mit einem männlichen Täter zu tun haben. Aufgrund der Statur des Opfers ist das wahrscheinlich. Nun kommt der Pferdefuß. Ich kann aber auch nicht vollständig ausschließen, dass eine Frau die Täterin ist.« Arno Becker atmete schwer. »Es könnte genauso gut eine kräftige Frau sein«, führte der Pathologe den Monolog fort. »Das Opfer kann gesessen haben, als es erwürgt wurde. In diesem Fall hat der Täter beziehungsweise die Täterin den Überraschungsmoment genutzt. Ja, in diesem geschilderten Fall kann es sich auch um eine Mörderin handeln.«

»Danke Arno, ich suche also nach einem männlichen Täter oder einer weiblichen Täterin, das schränkt die Suche enorm ein. Du hast mir wirklich geholfen.«

»Das ist der Harry, den ich kenne. So gefällst du mir gleich besser«, spottete Becker ins Telefon.

»Jederzeit wieder und vergiss unser Bier nicht.«

»Ich werde dran denken«, sagte Breitenfels und legte auf. Nach dem Telefonat war er genauso schlau wie zuvor. Er suchte nach einem männlichen Täter oder nach einer kräftigen Frau oder nach einer zierlichen Frau mit dem gewissen Gespür für den Überraschungsmoment. ›Na toll! Uschi, was sagst du zu diesem Mist? Dabei wollte ich in Waren nur in Ruhe meine Pension abwarten‹.

Die trüben Gedanken zwangen ihn förmlich in die Knie, als er plötzlich vor dem ›Rostocker Hof‹ stand. Ein italienisches Eis war das Einzige, was ihn nun noch retten konnte. Darum ging er geradewegs in die Eisdiele, die sich im Parterre des Einkaufszentrums befand. Er kaufte drei Kugeln, eine Vanille, eine Stracciatella und eine Kugel Rum. Bei der Rumkugel war er etwas unsicher. ›Ach Quatsch, so viel Rum wird schon nicht drin sein‹, beruhigte er sich selbst. Er ließ alles in eine Zimtwaffel füllen, dann stellte er sich neben die geschwungene Stahltreppe, die in das Obergeschoss zu den bunten Boutiquen führte.

Während er an seinem Eis leckte beobachtete er gleichzeitig die sich geschäftig rauf und runter bewegende Menschenmenge.

Plötzlich hatte er ein Déjà-vu. Er sah Uschi, vielmehr sah er eine Frau, die Uschi verdammt ähnlich sah. Circa 1,60 m groß, um die Hüften stramm, genauso wie er es mochte, blond gefärbte halblange Haare, leicht wellig nach hinten gekämmt. Erst rieb er sich die Augen, dann kniff er sie fest zusammen, um sie erneut zu öffnen.

»Hab ich nicht schon genug Probleme? Jetzt werde ich zu allem Überfluss auch noch verrückt«, murmelte er.

Ein Anruf auf seinem Handy beendete den Spuk. Es war Oberkommissar Lehmann, der wissen wollte, wie weit er bei den Ermittlungen gekommen war.

»Wie sieht's aus Breitenfels, haben Sie eine Spur?«, fragte der Oberkommissar. Die Ungeduld in seiner Stimme war nicht zu überhören.

»Eine konkrete Spur nicht direkt«, näselte Breitenfels, »eher einen Anhaltspunkt. Das Opfer hatte eine Freundin.«

»Name, Anschrift, wo finden wir die Frau?« Die Ungeduld in Lehmanns Stimme schien noch steigerungsfähig. »Mensch Breitenfels, die vom Ministerium aus Schwerin machen schon Druck. Der Sekretär erkundigte sich heute bei mir nach dem

Stand, schließlich leben hier alle vom Tourismus, da macht sich eine Leiche zu Beginn der Saison nicht so gut …«

»Bis die Saison beginnt, haben wir ja noch ein bisschen Zeit.«

»Mensch, Breitenfels, Ihre Gemütsruhe möchte ich haben.«

»Die bekommen Sie, wenn Sie so alt sind wie ich«, sagte er lakonisch.

»Ich sage nur, wir brauchen bald ein paar Fakten!« Lehmann wirkte nervös, selbst durchs Telefon. »Sonst sehen wir alt aus.«

»Hab verstanden, ich arbeite dran.«

»Die Schriftstellerin konnte ich bisher noch nicht verhören, sie ist für einige Tage zu den Eltern verreist, das erzählte mir die alte Frau Zarnke.«

»Die Befragung des Professors hat auch nichts ergeben«, sagte Lehmann resigniert. »Man hält Leonie Farbe im Dorf für eine attraktive, aber auch sehr merkwürdige Frau. Leider konnte ich mir selbst kein Bild machen.

Der Professor teilte mir außerdem mit, dass Sie und er sich zufällig getroffen und er Sie auf einen Kaffee eingeladen hätte. Wie war dabei ihr Eindruck?«, fragte er Breitenfels.

»Ein interessanter Mann, bin mir aber nicht schlüssig, was ihn betrifft«, sagte der Kommissar kurz.

»Ich halte ihn für einen ausgesprochenen Freigeist und Gourmet«, sinnierte Lehmann. »Ist mir unklar, wieso er seine Zeit in diesem Kaff verplempert. Der gehört nach Paris, London, aber nicht nach Hinrichsberg«, sagte er nun in einem besonders schwärmerischen Tonfall.

»Warum haben Sie ihn nicht gefragt? Er hätte es Ihnen

bestimmt erzählt.« Breitenfels verspürte keine Lust das Gespräch fortzuführen, darum fragte er: »Kann ich Sie später zurückrufen?«

»Ja klar«, sagte Lehmann, »wir sind ja auch schon durch« und legte auf.

Das geschmolzene Eis hatte sich mittlerweile über Breitenfels linker Hand verteilt, und war auf dem Weg vom Handgelenk hinein in seine Jacke. ›Wegen der Rumkugel brauche ich mir keine Sorgen mehr zu machen‹, dachte er ärgerlich. Uschi, oder die Frau, die er für Uschi hielt, hatte schon längst den ›Rostocker Hof‹ verlassen. Vielleicht hatte er sich das alles auch nur eingebildet.

Kurz darauf klingelte erneut sein Handy. Er war gerade auf der Herrentoilette und reinigte den Ärmel seines Anoraks, als er auf dem Display die Nummer des Warener Kriminalkommissariates sah.

»Breitenfels«, meldete sich der Kommissar umständlich.

»Hier ist Schmidt, ich bin einer der Streifenpolizisten, die mit der Dorfteichleiche beschäftigt sind«, hörte er den Polizisten am anderen Ende der Leitung sagen.

›Als wenn ich nicht wüsste, wer Schmidt ist. So groß ist die Dienststelle ja schließlich nicht.‹

»Was gibt es denn?«, antwortete er unwirsch.

»Ich war heute bei der Frau Zarnke ein paar Erkundigungen einziehen. Als ich sie befragte, ob ihr der Name Pawel Socha bekannt vorkommt, fing sie an zu zittern.«

»Hat Sie gesagt, dass Sie ihn kennt?«, fragte Breitenfels sachlich.

»Nein, das hat sie nicht. Es war nur so ein Gefühl und ich

dachte ich sage es Ihnen besser, bevor wir irgendetwas übersehen.«

»Ist in Ordnung«, schniefte der Kommissar. »Wie alt, meinen Sie, ist die Frau?«, bohrte er nach.

»Sie wird bald neunundsiebzig.«

»In diesem Alter ist Zittern sicher nichts Ungewöhnliches. Trotzdem danke, ich kümmere mich darum.«

»Ist gut«, entgegnete Schmidt und legte auf.

Breitenfels linker Ärmel war mittlerweile so von der Wäsche in der Herrentoilette durchnässt, dass er ihn nur noch auswringen konnte.

Küsse von damals

Ich wollte schnell auf einen Tee bei Oma Zarnke vorbeischauen. Immer wenn ich sie länger als eine Woche nicht sah, bekam ich ein schlechtes Gewissen. Aber schon als ich in ihr Haus eintrat, bemerkte ich etwas, ich konnte nur nicht sagen, was es war. Irgendwas war anders. Vielleicht hat es mit dem Brief vom Notar zu tun, dachte ich.

»Nimmst du einen Pfefferminztee?«, rief sie mir zu, während sie in der Küche das Wasser aufsetzte.

»Anni, mach dir keine Mühe, ich wollte nur mal auf'n Sprung vorbeischauen.«

»Du weißt, wie sehr ich deine Besuche genieße. Mach mir die Freude und trink einen Tee mit mir«, bat sie.

»Na gut«, sagte ich, irgendwie erleichtert. »Ich hab aber nicht viel Zeit.« Etwas leiser fügte ich hinzu: »Ich habe heute noch eine Verabredung.«

Oma Zarnke schlürfte von der Küche in die Wohnstube. »Habe ich da gerade richtig gehört, du hast eine Verabredung?« Sie kannte mich lange genug, dass sie anhand meines Tonfalls und wie ich die Worte wählte, wusste, ob es Ernst war. Schmunzelnd fragte sie mich, als wir beide den Tee tranken: »Möchtest du mir von ihm erzählen?«

»Ach Anni«, fing ich an zu schwärmen, »ich möchte dir so

viel erzählen. Ich weiß gar nicht, wo ich anfangen soll.«

»Am besten mit seinem Namen«, lächelte Anni spitzbübisch.

»Versprichst du mir, dass du es niemandem erzählst? Es ist alles noch ganz frisch. Eigentlich ist auch noch nichts passiert.«

»Außer?«, fragte Oma Zarnke.

Ich zögerte und nahm einen großen Schluck Tee. »Außer einem Kuss.«

»Mein Kind, es entscheidet sich immer beim ersten Kuss. Als mich der August zu ersten Mal küsste, wusste ich, dass er der Richtige ist.«

»Anni, versteh mich nicht falsch, aber heute ist das was anderes. Man muss viele Frösche küssen, bis man einen Prinzen findet.«

»Papperlapapp«, sagte Anni. »Die Küsse von damals haben dieselbe Bedeutung wie die Küsse von heute. Oder glaubst du, wir wussten damals unsere Lippen nicht einzusetzen.« Bei ihren Worten ereiferte sie sich heftig. So kannte ich sie gar nicht, dachte ich.

»Du konntest besonders gut küssen, Anni, das sehe ich dir an der Nasenspitze an.«

»Etwas mehr Respekt vor meinem Alter solltest du schon haben«, sagte sie und tat so, als schmolle sie.

Ich sprang auf und drückte Anni einen dicken Schmatzer auf die Wange und wir fingen beide schallend an zu lachen.

»Das habe ich die letzten Tage vermisst«, sagte sie kurzatmig, »obwohl mich deine Temperamentsausbrüche eines Tages bestimmt umbringen.«

»Das glaube ich nicht, du wirst einhundertacht, so wie dieser Schauspieler.«

Plötzlich wurde Anni ganz ernst und sagte: »Tu das, was dein Herz dir sagt.«

»Das ist nicht immer so leicht Anni.«

»Was ist schon leicht, das Leben ist es nicht.«

Ganz unvermittelt fragte sie mich: »Hast du mal wieder was von Pawel gehört?«

»Anni, ich hab so lange gebraucht, um über sein Verschwinden hinwegzukommen und jetzt, wo ich anfange zu leben, fragst du mich nach Pawel. Wie kommst du ausgerechnet heute auf ihn?«

»Entschuldige, Leonie, du hast recht, es ist nicht so wichtig. Die nächsten Tage muss ich mit dir über eine wichtige Sache sprechen. Aber nicht jetzt, du bist so ausgelassen.«

»Anni, du klingst plötzlich so ernst.«

»Das Leben ist manchmal auch schwer, besonders wenn man so alt ist, wie ich«, sagte sie nachdenklich. »Was macht dein Buch?«, fragte sie mich dann.

»Es geht allmählich vorwärts und nimmt Konturen an. Wie bei einem Kuchen, die Zutaten habe ich alle abgewogen, nun fange ich an, sie unterzurühren.«

»Dann wünsche ich dir, dass dir eine leckere Mischung gelingt.«

»Das wünsche ich mir auch.«

»Möchtest du noch einen Tee«

»Wie spät ist es?«, fragte ich, »immer wenn ich bei dir bin, vergesse ich die Zeit.«

»Das ist gut so. Ich will dich aber nicht länger von deiner

Verabredung fernhalten, schließlich geht es um Küsse.«

»Genau«, sagte ich lächelnd, während ich mein Halstuch umlegte und in den Mantel schlüpfte. Kurz bevor ich hinausging, drehte ich mich auf dem Hacken herum und stürmte in Oma Zarnkes Richtung, die sich mit einer Hand am Wohnzimmertisch festhielt, drückte ihr einen feuchten Kuss auf die Wange und wirbelte hinaus.

»Bis bald Anni, und wünsch mir Glück.«

»Bis bald meine Kleine, ich wünsch dir immer Glück!«, flüsterte sie. Das konnte ich aber schon nicht mehr hören.

Mittwoch um acht in der Polizeistation in Waren

Kommissar Breitenfels holte sich gerade einen Kaffee.

»Der wird auch immer dünner. Jetzt sparen die sogar schon am Kaffee«, nuschelte er vor sich hin, nachdem er die ersten Schlucke getrunken hatte. Müde setzte er sich wieder zurück an seinen Schreibtisch. Er ging die bisherigen Fakten durch, als es plötzlich leise an der Tür klopfte. Als es ein zweites Mal klopfte, schnaubte er: »Ja.«

Ein ihm unbekanntes Gesicht schob sich durch die Tür.

»Ich bin Horst Baumann«

»Ja und«, sagte Breitenfels nicht gerade freundlich.

»Sind Sie Kommissar Breitenfels?«, fragte der Kopf, der zwischen Tür und Furnier festzustecken schien.

»Ja, der bin ich«, antwortete der Kommissar immer noch unfreundlich.

»Ich sollte mich bei Ihnen melden, Ihre Karte klebte an meiner Tür. Ich komme aus Hinrichsberg. Sie wissen schon, der Tote im Teich.«

»Wie war noch gleich Ihr Name?«

»Baumann, Horst Baumann«, wiederholte der Mann, dessen Kopf nach wie vor zwischen Türrahmen und Furnier steckte, seinen Namen. Nun schien es beim Kommissar zu klingeln.

»Kommen Sie rein und nehmen Sie bitte Platz.«

Er räumte schnell ein paar Akten beiseite, die er gerade vor einigen Minuten auf dem Stuhl abgelegt hatte, den er nun anbot. Nachdem sein Besucher sich gesetzt hatte, schaute Breitenfels ihn zum ersten Mal genau an. Der Mann war akkurat im dunklen Anzug und mit Hut gekleidet, nur sein Gesicht stand dieser Noblesse ein wenig im Wege. Es waren die vielen Falten, die Breitenfels an ein Tier erinnerten, er wusste nur nicht an welches.

Zuerst musste er die Daten aufnehmen. Hatte er richtig verstanden? 13. März 1957. Der Mann war erst vierundfünfzig? Das hätte er nicht gedacht. Er hätte gut und gerne zehn Jahre draufgelegt. Nun fiel es ihm wieder ein, so ein Gefängnisaufenthalt geht wohl doch nicht spurlos an einem vorbei, zumindest schien er nicht spurlos an Baumann vorbei gegangen zu sein.

»Sie wissen, worum es sich handelt?«, begann Breitenfells seine Befragung.

»Ich hab von dem Toten gehört, eine schlimme Sache.« sagte der Mann betroffen. »Ich weiß nur nicht, was Sie da von mir wollen.« Nackte Angst war auf Baumanns Gesicht zu sehen. Vielleicht hatte er doch etwas zu verbergen? Dem musste er auf den Grund gehen, dachte Breitenfels.

»Sie saßen in der JVA Charlottenburg«, fragte der Kommissar und schaute in seine Unterlagen. Bevor er seinen Satz beenden konnte, sagte Baumann: »Ja, ich saß im Gefängnis, wegen Steuerhinteziehung, nicht wegen Mord. Ich habe meine Strafe bis auf den letzten Tag abgesessen«, sagte Baumann kleinlaut.

»Naja, nicht ganz bis auf den letzten Tag«, fasste Breitenfels zusammen und tat so, als schaue er in einem Notizbuch nach. »Man hat sie vorzeitig entlassen.«

»Ja, wegen guter Führung«, triumphierte Baumann. Mittlerweile sammelten sich dicke Schweißperlen auf seiner Stirn.

›Entweder der Täter sitzt vor mir oder ein gebrochener Mann.‹ dachte Breitenfels. Er tippte auf letzteres. Aber noch war es zu früh, sich festzulegen.

»Gut, Herr Baumann, was wissen Sie über den Toten?« fragte der Kommissar und ließ den vor ihm Sitzenden nicht aus den Augen.

»Was soll ich schon wissen. Ich kenne den Mann nicht.«

»Sie wissen also, dass es sich bei der Leiche um einen Mann handelt?«

»Ja, die Lina hat es mir gesagt.«

»Und woher weiß die Lina das?«, fragte der Kommissar interessiert dazwischen.

»Die Lina, die pflegt doch den Herrn Lüdke aus dem zweiten Stock. Ich hab sie vor ein paar Tagen auf dem Hausflur getroffen, dort hat sie es mir erzählt.«

›Das war schlüssig‹, überlegte Breitenfels. Ohne eine zeitliche Pause nahm er die Befragung wieder auf: »Erzählen Sie mir, seit wann leben Sie in Hinrichsberg.«

»Seit drei Jahren.«

Irgendwo hatte er das schon mal gehört. Lebte dieser Professor nicht auch seit drei Jahren in diesem Dorf?

»Kennen Sie die Menschen im Dorf näher, haben Sie Freunde dort?«

Baumann überlegte, so als wolle er nichts falsch machen.

»Nein, Freunde habe ich keine im Ort. Nachdem sich herumgesprochen hat, dass ich im Knast saß, wollte niemand was mit mir zu tun haben. Außer Lina, die hat für jeden ein nettes Wort. Das ist erstaunlich bei dem arbeitsscheuen Mann. Sie bringt praktisch die ganze Familie durch.«

»Gut, Herr Baumann, bleiben wir bei der Frau Serchenko. Kennen Sie die Lina näher? Sie wissen schon was ich meine.«

»Gott bewahre, der Georgi hätte mich erschlagen und ich läge anstelle des Toten im Teich. Außerdem, die Lina ist eine anständige Frau, die tut alles damit es ihrem Sohn, dem Halek, gutgeht.«

›Apropos Halek‹, dachte Breitenfels, ›ich muss Lehmann unbedingt fragen, ob der Junge schon wieder vernehmungsfähig ist.‹ »Das ist ja interessant. Sie halten den Herrn Serchenko also für gewalttätig«, fuhr er fort.

»Das habe ich nicht gesagt, aber die Frau lässt sich kein Mann gerne ausspannen.«

»Herr Baumann, fahren Sie manchmal nach Polen?«

Baumann fand die Frage merkwürdig, das konnte Breitenfels an seinem Gesichtsausdruck erkennen.

»Ich war noch nie in Polen und kenne auch keine Polen. Seitdem ich aus dem Gefängnis bin, lebe ich zurückgezogen. Mein Essen und Trinken habe ich, das reicht mir.« Er wirkte plötzlich sehr matt und ausgelaugt.

»Gut, Herr Baumann, fürs Erste habe ich keine weiteren Fragen. Sollten sich Ungereimtheiten ergeben, wissen wir ja, wo wir sie finden.«

»Ist gut«, erwiderte Baumann und tat Breitenfels in diesem Moment fast leid. Kurz bevor er das Büro verließ, sagte er: »Es lohnt sich bestimmt, bei Herrn Lüdke mal nachzufragen, der beobachtet gerne.« Dann schloss Baumann die Tür hinter sich.

›Es ist wie verhext‹, dachte Breitenfels, als er wieder allein war. ›Keinen einzigen Tatverdächtigen, soweit das Auge reicht.‹ Irgendwas schien er zu übersehen … Kurz darauf wollte er zur Toilette. Auf dem Weg dorthin traf er Lehmann, der gerade von dort kam.

»Haben Sie schon eine Info, ob wir den Jungen befragen dürfen«, fragte Breitenfels sachlich.

»Sie meinen den Kleinen, der die Leiche gefunden hat? Hatte der nicht einen Schock?«, fragte Lehmann zurück.

»Ja, den meine ich«, antwortete Breitenfels.

»Wie hieß er noch gleich?« fragte der Oberkommissar.

»Halek Serchenko.«

»Soweit ich weiß, ist der aus dem Krankenhaus raus«, sagte Lehmann. »Ich frage gleich nochmal bei der Psychologin nach und gebe Ihnen dann Bescheid.«

Lehmann tätigte einen kurzen Anruf, dann rief er zu Breitenfels rüber: »Soll ich das Übernehmen oder machen Sie das?«

»Ich übernehm das«, antwortete Breitenfels, »dann kann ich mir gleich ein Bild von der gesamten Familie verschaffen. Der Vater wird als arbeitsscheu beschrieben, vielleicht ist was dran und er macht Geschäfte in Polen.«

»Guter Ansatz. Sie meinen, es handelt sich um einen polnisch-russischen Konflikt, ausgetragen in einem friedlichen mecklenburgischen Dorf?«

»So oder so ähnlich«, antwortete Breitenfels. Er ignorierte Lehmanns Witze, die er wie gewöhnlich für zu derb hielt.

»So machen wir's«, sagte Lehmann. Er wirkte entspannt, zumindest nicht so angespannt, wie sonst. ›Das Ministerium scheint ihn momentan in Ruhe zu lassen‹, dachte Breitenfels, während Lehmann in sein Büro ging. Zwei Minuten später telefonierte er mit Lina Serchenko.

»Hier ist Kommissar Breitenfels vom Warener Kriminalkommissariat. Ich möchte gerne heute Nachmittag bei Ihnen vorbei schauen, ich hätte da ein paar Fragen an Sie und ihren Sohn. Es wäre gut, wenn ihr Mann dann auch zu Hause ist«, setzte er nach.

»Ist gut«, entgegnete Lina einsilbig, »ich werde es beiden ausrichten.«

»Bis heute Nachmittag!« Dann legte er auf. Breitenfels Magen machte sich bemerkbar. Ihm fiel ein, dass er den ganzen Tag bis auf einen Kaffee noch nichts zu sich genommen hatte. Deshalb entschied er sich, die verbleibende Zeit zu nutzen, um an den Hafen zu fahren und dort in aller Ruhe einen Döner zu essen.

Zehn Minuten später stand er vor dem Hafenbecken. Die stärker werdende Frühlingssonne spiegelte sich glitzernd in den seichten Wellen. Die Gaststätten waren vor Saisonbeginn noch geschlossen, bis auf das Lokal »Tutti Frutti.« Ein kurzer Blick zur Uhr, es war genügend Zeit für ein richtiges Essen.

Gesagt, getan. Kurz darauf saß er in dem modern eingerichteten Restaurant. Außer ihm waren noch zwei weitere Gäste dort. Der Hafen träumte vor sich hin, bevor die nächste Saison begann. Eine hübsche Kellnerin mit leicht tschechischem Akzent, der sie besonders liebenswert erscheinen ließ, fragte ihn höflich nach seinen Wünschen. Er entschied sich für ein

Wasser mit Sprudel und die Gnocchi in Tomatensauce. Das war Uschis Lieblingsgericht in dem einzigen Italienurlaub, den sie gemacht hatten. Damals waren sie beide sehr verliebt und er erinnerte sich gerne daran. Während er genüsslich aß, dachte er über sich nach und zum ersten Mal hatte er die Vermutung, dass es wieder aufwärtsging mit diesem Etwas, das er für sein Leben hielt. Er hatte den Kopf noch nicht ganz oben, aber er streckte ihn langsam heraus.

Nachdem er mit einem ordentlichen Trinkgeld bezahlt hatte, nahm er das zufriedene Lächeln der Kellnerin mit auf den Weg.

Nachmittags in Hinrichsberg

Bevor er an der Tür klopfen konnte, machte ihm jemand auf und bat ihn schüchtern herein. Die Frau mit den slawischen Gesichtszügen hatte anscheinend schon auf ihn gewartet. Trotz ihres großen, schlanken Körpers, wirkte sie schüchtern und verschlossen, als sie den Kommissar in eines der Zimmer führte. Aus den Räumen kam ihm eine wohlige Wärme entgegen, wie sie nur durch einen Kachelofen entstehen konnte.

›Es fehlen nur noch die Bratäpfel in der Röhre.‹, dachte der Kommissar.

»Möchten Sie einen Tee?«, fragte Frau Serchenko und unterbrach ihn beim Gedankenspiel. »Bitte nehmen Sie doch Platz.«

»Ja, gerne.« Nach ein paar Minuten vernahm er das Geräusch von kochendem Wassers. Es kam aus dem silberfarbenen Samowar, der hinter seinem Rücken auf einem hölzernen Beistelltisch stand.

»Möchten Sie dazu etwas selbstgebackenen Kuchen?«, fragte Frau Serchenko höflich.

»Nein, danke«, antwortete Breitenfels. »Ich habe gerade gegessen, Sie wissen schon.« Er zeigte auf seinen gefüllten Bauch.

»Ach«, sagte sie mit russischem Akzent, »ein Mann ohne Bauch ist doch kein Mann. Der kleinste Sturm bläst ihn um.«

Diese russische Betrachtungsweise seines Übergewichtes

gefiel ihm außerordentlich gut. Trotzdem lehnte er den Kuchen ab.

»Frau Serchenko, ich möchte gerne ein paar Worte mit ihrem Sohn reden.«

»Muss das sein«, fragte sie ängstlich. »Er hat so gelitten. Er ist viel zu jung, um dem Tod zu begegnen.«

Breitenfels kam nicht umhin, ihr Recht zu geben. »Ja, es muss leider sein«, beharrte er und betrachtete die Frau genauer. Lina Serchenko war keine auffallende Person. Ihre slawischen Gesichtszüge verrieten einen leicht mongolischen Einschlag. Dunkle, mandelförmige Augen ruhten gelassen in ihrem flächigen Gesicht. Wäre da nicht ihr Mund, der zu diesem mütterlich gewinnenden Lächeln fähig war. Lina Serchenko war im herkömmlichen Sinne keine Schönheit, aber sie war eine Frau, die man gerne betrachtete. Er nahm einen Schluck aus der goldgeblümten Tasse. Schwarzer, sehr starker Tee lief seine Kehle hinunter, als sich plötzlich sein Herzschlag um einige Schläge erhöhte.

»Verflixt starkes Zeug«, murmelte er vor sich hin, als er bemerkte, dass sich ein Kopf zögerlich durch die Tür schob.

»Sie wollen mich sprechen, Herr Kommissar?«, fragte ein Mann durch die leicht geöffnete Tür. Er musste Linas Ehemann sein, der arbeitsscheue Georgi.

»Georgi Serchenko, ich bin Haleks Vater«, stellte sich der gutaussehende Russe vor. Ein Mann wie aus einem Katalog. Groß, breitschultrig, mit einem gewinnenden Lächeln, das bis zu den Ohren reichte. Er hatte dunkelbraune, fast schwarze Augen, die von einer gewissen Wissbegierde zeugten. Sie passten gut zu den braunen, leicht lockigen Haaren, in denen sich ein paar graue Fäden versteckten. Breitenfels hatte ein komplett anderes Bild im Kopf, ein Bild, das anscheinend durch die Aussagen von Baumann und Lüdke bedingt war.

»Ich möchte gerne mit Ihrem Sohn sprechen, später habe ich auch Fragen an Sie.«

»Warum an mich?«, fragte Georgi ehrlich überrascht.

»Das ist reine Routine. Wir befragen alle Bewohner des Dorfes.«

»Ach so, dann ist es ja gut. Sie müssen wissen«, sagte Georgi Serchenko mit einem gewissen Nachdruck, »ich hab mir nichts zu Schulden kommen lassen.«

»Das glaube ich Ihnen gern.«

Just in diesem Moment stand Lina Serchenko mit ihrem Sohn in der Tür und schob kurzerhand ihren Mann beiseite.

»Du bist also der Halek«, sagte Breitenfels freundlich und erhob sich schwerfällig aus dem Sessel. Ein schlaksiger Bursche kam zögerlich auf ihn zu und gab ihm die Hand. Das Gesicht war von Pickeln übersät, sodass es dem Kommissar schwerfiel, sich einen ersten Eindruck zu verschaffen. Er vermutete, dass der Junge eine schlimme Form der jugendlichen Akne hatte und es war sicher schwer für ihn, damit umzugehen. Daher vielleicht auch die Vorliebe fürs Angeln. Am See war er allein und keiner ärgerte ihn. Der Junge schien sehr sensibel zu sein. Er musste behutsam vorgehen.

»Frau Serchenko, lassen Sie uns bitte einen Moment allein.«

»Das mache ich nicht gern«, entgegnete sie, wobei sich ihr Akzent verstärkte. »Mein Sohn ist noch nicht volljährig.«

»Frau Serchenko, der Halek wird in keinster Weise von mir verdächtigt. Sie können uns also beruhigt alleine lassen.«

Breitenfels spürte, dass sie nur ungern seiner Aufforderung folgte. Auch dem Jungen schien nicht ganz wohl bei der Vorstellung, mit ihm alleine zurückzubleiben. Noch immer stand Halek im Wohnzimmer, als kenne er sich nicht aus.

»Komm setz dich zu mir«, bat der Kommissar und zeigte auf die Couch neben sich. »Zuallererst möchte ich dir sagen, dass es mir leid tut, dass ich mit dir über ein so trauriges Thema wie den Tod sprechen muss. Es geht allerdings nicht anders, weil du den Mann im Teich gefunden hast.«

»Hm.« Halek setzte sich nur widerwillig. Das Gesehene hätte er am liebsten für immer verdrängt.

»In welche Klasse gehst du?«, begann Breitenfells das Gespräch so unverfänglich wie möglich.

»In die Siebte. Ich gehe auf das Gymnasium.«

»Sagst du mir, wie alt du bist?«

»Ich bin dreizehn.«

»Weißt du schon, was du mal werden willst?«, fragte Breitenfels weiter.

»Ich werde Agrarwirtschaft studieren«, sagte Halek schüchtern »Ich geh dann später wieder zurück nach Georgien.«

»Gefällt es dir denn nicht bei uns?«, fragte Breitenfels.

Der Junge senkte den Kopf. »Doch, doch«, lispelte er.

»Mutter meint auch immer, ich soll dankbar sein. Aber ich mag nicht immer dankbar sein.« Trotz machte sich in Haleks Stimme breit. »Vater hat keine Arbeit, obwohl er so viele Bewerbungen schreibt.«

»Das tut mir leid«, erwiderte Breitenfels. »Warum gefällt es dir denn nicht bei uns?«, hakte er noch einmal nach.

Stille.

»Die Kinder sind anders als bei uns zu Hause. Sie sind unfreundlich und sie mögen uns Russen nicht.«

»Wie kommst du darauf?«, fragte der Kommissar erstaunt.

»Sie ärgern mich in der Schule wegen meiner Pickel Sie sagen, ich bin das Russengeschwür und ich gehöre vergast.«

»Die Menschen, die so etwas zu dir sagen, sind sehr dumm und böse, vor allem aber sind sie dumm. Ich denke, dumme und böse Menschen gibt es überall auf der Welt, bei den Russen ebenso, wie unter den Deutschen, meinst du nicht auch?«

Halek schwieg für einen Moment.

»Weißt du Halek«, führte Breitenfels die Unterhaltung fort, »es gehört viel Mut dazu, sich diesen Menschen zu stellen. Wenn du das tust, wirst du die Klugen und Liebenswerten erkennen.« Zum ersten Mal schaute Halek dem Kommissar in die Augen, so als wolle er den Wahrheitsgehalt der Worte überprüfen. »Apropos böse Menschen, wegen genau so einem bin ich hier.«

»Wieso«, schoss es aus Halek heraus, »war der Tote auch ein böser Mensch?«

»Das kann ich dir leider nicht sagen«, antwortete Breitenfels. »Was ich aber weiß ist, dass der, der ihn getötet hat, so ein Mensch ist und damit das nicht wieder geschieht, musst du mir helfen.«

Wieder Stille. Er merkte, wie sich der Junge quälte.

»Wie soll ich Ihnen denn helfen? Ich kenn den Mörder doch gar nicht.«

»Das kann ich mir denken, aber du hast vielleicht etwas beobachtet, was uns weiterhilft.«

»Hm ... Die meiste Zeit gehe ich nicht am Dorfteich angeln.

Das habe ich nur gemacht, weil wir so einen strengen Winter hatten. Im Dorf hat einer erzählt, ich glaube es war Andreas, dass es im Teich Karpfen gibt. Mama isst sie so gerne, da wollte ich ihr eine Freude machen. Sie arbeitet doch so viel. Mögen Sie auch Karpfen?«, fragte Halek den Kommissar.

Breitenfels überlegte kurz, entschied sich dann aber für eine ehrliche Antwort: »Nein, wohl eher nicht. Meine Mutter hatte ihn früher in Essigwasser gekocht. Man nannte das bei uns ›Karpfen blau‹, weil der Fisch beim Kochen so eine bläuliche Färbung annimmt. Ich fand das eklig.«

Halek musste plötzlich lachen. »Meine Mutter backt ihn in der Ofenröhre, da schmeckt er sehr gut.«

»Da hast du es eindeutig besser als ich.«

Das Eis schien gebrochen. So allmählich öffnete sich der Junge. »Sag mal, der Andreas hat dir von den Karpfen erzählt?«, hakte Breitenfels nach. »Wer ist denn der Andreas?«

»Andreas ist cool, der hat eine eigene Gang und eine kleine Werkstatt.«

»Was meinst du mit Gang?«

»Na sowas wie die ›Bandidos‹, kennen Sie die nicht?«, fragte Halek, während sich ein gewisses Unverständnis in seinem Gesicht zeigte.

»Doch, die Bandidos kenne ich. Ich wusste nur nicht dass es die bei euch im Dorf gibt.«

»Naja«, sagte Halek etwas kleinlauter, »genau weiß ich es auch nicht. Der Andreas hat Kumpels, die haben alle diese Motorräder, diese Harleys, Sie wissen schon.« Breitenfels musste schmunzeln.

»Sagen Sie bitte nicht, dass Sie das von mir wissen«, fügte

Halek schnell hinzu, »die Lisa ist immer so gut zu mir. Lisa ist Andreas Frau und eine ganz Hübsche. Sie arbeitet in einer Boutique. Ich glaube, in Neubrandenburg.«

»Ah«, sagte Breitenfels, »dann werde ich mir die Lisa später mal anschauen.« Er zwinkerte dem Jungen zu. Der wurde mit einem Mal todernst.

»Meinen Sie, dass es gar keine Karpfen im Teich gibt?«, fragte Halek.

»Die Frage kann ich dir nicht beantworten, ich weiß nur, dass es dort einen Toten gab.«

Plötzlich war Halek wieder ganz still.

»Es war schrecklich«, fing er an zu erzählen. »Ich hatte ein Loch in das Eis gebohrt, dann habe ich meine Angel fertiggemacht, den Teig an den Haken getan und sie in das Wasser gehalten. Es war kalt und ich wollte bald gehen.«

»Als du am Teich standest, hast du da jemanden gesehen?«, fragte Breitenfels.

»Nein«, Halek schien zu überlegen, »ach doch, Frau Farbe kam vorbei. Sie grüßte freundlich und fragte mich, warum ich am Dorfteich angle. Sie ging dann schnell weiter, ich glaube zu Oma Zarnke, ihr war wohl auch kalt. Frau Farbe soll Bücher schreiben. Ich hab aber noch keins gelesen. Mama meint, das ist nichts für mich, so'n Frauenkram halt.«

»Verstehe«, sagte Breitenfels und schaute verschwörerisch.

»Ich wollte gerade gehen, es war wirklich kalt, als plötzlich etwas ganz Schweres an der Angel hing. Erst dachte ich, vielleicht ist es ein Fahrrad, dann aber, als ich mit aller Kraft zog, platzte das Eis auf und ich sah, dass es ein Arm war. Ich war sehr erschrocken und rannte sofort nach Hause Dort habe ich Vater Bescheid gesagt. Mutter war zur Arbeit in Waren. Papa ist mit mir zum Teich gerannt, dort hat er gesehen, um was es sich handelt. Er hat die Polizei verständigt. Als ich wieder etwas von dem Toten sah, wurde mir schlecht«, sprudelte es aus Halek schuldbewusst heraus. »Ich bin einfach umgefallen und erst im Krankenauto wieder aufgewacht.«

»Du must dich dafür nicht schämen. Als ich das erste Mal einen Toten sah, musste ich mich dreimal übergeben bis praktisch nichts mehr in meinem Magen war. Und ich war damals um einige Jahre älter als du.«

Halek schien etwas beruhigt und sagte: »Er sah gar nicht mehr wie ein Mensch aus, es war sehr eklig.«

»Das kam durch die Zeit, die er im Wasser gelegen hat«, erklärte Breitenfels sachkundig.

»Meinen Sie, der Mörder wollte, dass ich ihn finde?«, fragte Halek ängstlich.

»Das denke ich nicht«, antwortete der Kommissar. »Du sagst ja selbst, normalerweise angelt niemand dort an dem Teich.«

»Seitdem war ich nicht mehr angeln, hab keine Freude mehr daran«, sagte Halek traurig.

»Wenn du magst, gehen wir mal zusammen. Ich hab noch eine alte Angel im Keller stehen.«

»Müssen Sie nicht den Mörder fangen?«

»Das muss ich schon, aber ab und zu habe ich auch mal frei. Also wenn du Lust hast, sag mir Bescheid.« Breitenfels gab ihm eine Karte mit seiner Telefonnummer darauf. Haleks Augen leuchteten auf, als plötzlich Lina Serchenko ins Wohnzimmer trat.

»Finden Sie nicht, dass es reicht?«, fragte sie Breitenfels zugewandt.

»Ja, es ist schon gut. Der Halek war sehr tapfer, ich habe erst einmal keine Fragen mehr.«

Halek grinste übers ganze Gesicht.

»Hat Ihr Mann Zeit? Ich würde gerne auch noch mit ihm reden«, sagte der Kommissar.

»Er sitzt vor dem Computer, ich sage es ihm.« Lina ging aus dem Zimmer. Gleich darauf kam sie mit ihrem Mann Georgi zur Tür herein.

»Halek, du sagst mir, wenn du wieder Lust hast, zu angeln, ja?« Breitenfels reichte Halek die Hand, die der Junge kräftig schüttelte. Dann verschwand er leise durch die Tür. Lina und Georgi Serchenko nahmen auf der Couch Platz. Während sich ihr Mann in die weichen Kissen fallen ließ, fragte Frau Serchenko gastfreundlich:

»Möchten Sie noch einen Tee, Herr Kommissar?«

»Ja«, sagte der, »und wenn das Angebot von vorhin noch gilt, nehme ich auch gerne ein Stück Kuchen dazu.«

Lina strahlte über das ganze Gesicht. Sie mochte es nicht, wenn man ihre mit Liebe zubereiteten Speisen ablehnte. Für sie war das unhöflich und erzeugte eine schlechte Stimmung am Tisch. Aber so war das hier. Die Menschen verstanden nicht zu Essen und zu genießen. Sie fand, sie sparten am falschen Ende. Behutsam legte sie dem Kommissar ein Stück auf den Teller, dessen goldiges Blumenmuster die Süßigkeit zu verschlingen drohte. »Watruschki«, erklärte sie, »das ist ein Gebäck aus meiner Heimat. Ich hoffe es schmeckt Ihnen.«

»Vielen Dank«, freute sich Breitenfels, dem schon bei dem

Anblick des Kuchens das Wasser im Munde zusammenlief. »Es sieht köstlich aus«, sagte er höflich und meinte es noch ehrlicher.

»Es ist so einfach herzustellen, ein bisschen Quark, Milch, Hefe und Butter, schon ist es fertig. Ich habe sie mit Marmelade gefüllt, man kann aber auch Schokoladencreme nehmen.«

Georgi hatte das Watruschka bereits halbiert. Abermals fiel dem Kommissar auf, wie gut der Mann aussah. Ebenmäßige, männliche Gesichtszüge strahlten etwas Unverwundbares aus. Ihm kam der Film Dr. Schiwago in den Sinn. Naja, vielleicht war das doch etwas weit hergeholt. Während der Kommissar den Watruschki vollkommen zu erliegen schien, regte sich bei Frau Serchenko ein stiller Protest.

»Warum kommen sie ausgerechnet zu uns?«, fragte sie den Kommissar unvermittelt. »Wir haben nichts mit dem Tod des Mannes zu schaffen.«

»Das glaube ich gern«, keuchte Breitenfels, weil er sich fast verschluckt hätte. ›Ein, zwei Schlucke Tee helfen, die Krümel hinunter zu spülen‹, dachte er und griff nach seiner Tasse. »Herr Serchenko, wo waren Sie, als Ihr Sohn zu Ihnen kam?«

»Ich war zu Hause, wie immer«, antwortete Georgi. Eine gewisse Lethargie machte sich in seiner Stimme breit.

»Hatten Sie frei?«, fragte Breitenfels so harmlos wie möglich.

»Ich habe immer frei.« Georgi starrte finster auf den leeren Kuchenteller.

»Sie haben keine Arbeit«, hakte Breitenfels nach. »Das stell ich mir schwierig vor. Wovon leben Sie? Das eine oder andere kleine Geschäft?«

»Ich sorge für uns«, fuhr Lina Serchenko wütend dazwischen. Breitenfels wusste, er war zu weit gegangen.

»Ich war in Russland Maschinenbauingenieur, vierzig Mann habe ich angeleitet. Hier in Deutschland glaubt man mir nicht, dass ich das kann. Als Leiharbeiter auf dem Bau soll ich arbeiten.«

Fahrig goss Lina Serchenko sich einen Tee ein, als es plötzlich aus ihr herausschoss: »So oft habe ich den Georgi gebeten sich eine Anstellung auf dem Bau zu suchen, aber er ist einfach zu stolz.«

»Hm, schwierig«, sagte Breitenfels, »von irgendetwas muss man schließlich leben.«

»Das sage ich auch immer wieder, aber der Georgi bleibt stur.«

Verachtung war das richtige Wort, es schien förmlich aus ihm herauszuexplodieren.

»Ich kann das nicht, so wie meine Frau. Bei uns in Tiflis war sie eine leitende OP-Schwester, die rechte Hand von Professor Bolgarow. Er hat schwierige Operationen am Herzen durchgeführt. Einmal waren der Professor und meine Frau sogar im georgischen Fernsehen zu sehen. Man hat sie geschätzt und geachtet und was macht sie hier?« Er schoss die Worte, wie giftige Pfeile in den Raum. »Hier ist sie eine billige Pflegekraft in einem mobilen Pflegedienst. Man behandelt sie schlecht und bezahlt sie noch schlechter. Gestern gerade hat sie eine Abmahnung bekommen, weil sie zu lange mit Herrn Lüdke geredet hat. Dabei hat der doch niemanden außer meiner Frau.«

»Lass, Georgi, das interessiert den Kommissar nicht«, versuchte Lina Serchenko ihren Mann zu beruhigen.

»Du bist viel zu gut, irgendwann muss man das mal sagen.

Die Lina kümmert sich um den alten Mann, bringt ihm Suppe, alles außerhalb ihrer Arbeitszeit. Meine Frau wollte nach Deutschland, nicht ich. Hier sind alle reich, hat sie gesagt und Halek geht es besser als bei uns. Meinem Sohn geht es gar nicht gut, man hänselt ihn wegen der vielen Pickel.«

Georgis Enttäuschung fiel dem Kommissar wie frisch gefallener Schnee an einem Wintertag vor die Füße. Breitenfels wusste nicht, was er darauf antworten sollte, gab er Georgi doch insgeheim Recht. Wenn er so weiter ermittelte, bekäme er den Mörder von Pawel Socha nie zu fassen. Der FAll würde unter gehen, für immer in der Registratur zu den Akten gelegt, einer unter vielen unaufgeklärten Morden, die in der Versenkung verschwinden.

»Herr Serchenko«, sagte Breitenfels, ohne auf das eben Gesprochene einzugehen, »was haben Sie gemacht, als der Halek zu Ihnen kam?«

»Ich saß am Computer und verfolgte die Nachrichten. Es war noch früh, als Halek plötzlich kreidebleich und ganz außer Puste in die Wohnung stürzte. Er sagte: »Papa komm schnell, im Teich ist ein toter Arm.« Zuerst dachte ich, der Junge spinnt, weil er noch nie am Dorfteich angeln war. Dann aber, als ich sah, wie weiß er aussah, wusste ich, er spricht die Wahrheit. Ich zog mir meine Kutte über und bin dann mitgegangen. Halek war außer sich. Er rannte vorneweg und rief immer wieder: »Papa, beeil dich doch.« Ich dachte noch, wenn da jemand schon tot ist, brauch ich mich nicht mehr zu beeilen. Noch immer wollte ich nicht glauben, was Halek gesagt hat. Einige Minuten später standen wir beide am Teich. Das Dorf war still, nicht einmal ein paar Vögelchen zwitscherten. Wir gingen auf die Stelle zu, wo Halek den Arm gesehen hatte. Ich konnte keinen Toten sehen, er hatte sich wieder etwas abgesenkt. Ich war froh, der Halek hat einfach zu viel Phantasie. Ich rief: »Junge, lass uns nach Hause gehen, es ist kalt!«, als es urplötzlich ein Blubbern gab und sich uns eine Hand entgegenstreckte. Es war furchtbar! Wie ein, wie sagt man in Deutschland, wie ein schlechtes Omen. Ich bat Halek, näherzukommen. Ich weiß, das hätte ich nicht tun dürfen.« Georgi fuhr sich mit beiden Händen durchs Haar. »Das Eis brach auf und wir sahen die Leiche. Mein Halek fiel plötzlich nach hintenüber. Er war kreidebleich und sprach kein Wort. Ich wollte schnell nach Hause laufen, um den Notarzt zu rufen, da schoss mir der Gedanke in den Kopf, dass der Halek ein Kartenhandy hat. Sie müssen wissen, ich besitze keins. Am Anfang war ich dagegen, aber Lina hat darauf bestanden. An dem Tag dachte ich, wie recht sie hatte. Erst rief ich den Notarzt, dann die Polizei. Ich machte mir große Sorgen um meinen Jungen, der nicht zu sich kam. Die Polizei kam schneller als der Rettungswagen. Der kam aber auch bald. Die freundliche Ärztin nahm mich und Halek mit ins Krankenhaus. Im Auto ist er dann aufgewacht. Aus dem Krankenhaus rief ich meine Frau an, die sehr verzweifelt war.«

»War an diesem Tag etwas anders? Ist Ihnen irgendetwas aufgefallen? Versuchen Sie sich bitte zu erinnern.«

Herr Serchenko schien zu überlegen.

»Es war wie immer, das Dorf lag da und sagte nichts.«

›Eine prosaische Formulierung, für einen Mann vom Bau.‹ dachte Breitenfels anerkennend.

»Als der Halek und ich losliefen, sah ich aus den Augenwinkeln etwas aufblitzen. Keine Ahnung, was das war.«

Der Kommissar notierte sich alles auf einem Zettel. Der alte Lüdke hatte anscheinend doch mehr gesehen als er zugab. Die nächsten Tage musste er ihn unbedingt noch einmal befragen.

»Ach ja, ein paar Minuten später kam der Professor vorbei. Er war auch geschockt, als er sah, was da aus dem Teich guckte. Nachdem die Polizei eingetroffen war, kamen weitere Leute aus dem Dorf. Die Sirene hatte sie wohl angelockt.« fügte Georgi hinzu.

»Eine Frage noch«, Breitenfels richtete sie an beide. »kennen Sie einen Mann mit Namen Pawel Socha?«

»Nein«, antwortete Georgi Serchenko und Lina pflichtete ihm bei. »Es war kein Deutscher, der Tote im Teich?«, fragte Georgi nach.

»Nein«, erwiderte Breitenfels, »er war kein Deutscher.«

»Tut mir leid, wir können Ihnen da nicht weiterhelfen.«

»Ich danke Ihnen für den leckeren Kuchen«, wandte Breitenfels sich nun an Frau Serchenko. »Vielleicht ergeben sich später noch einmal Fragen. Dann komme ich erneut auf Sie zu. Falls Ihnen noch etwas einfällt, rufen Sie mich bitte an.« Breitenfels drückte Georgi Serchenko eine Karte in die Hand. Bevor er die Wohnung verließ, schaute er bei Halek, der gerade seine Hausaufgaben machte, vorbei.

»Ich möchte mich von dir verabschieden. Übrigens, die Guten gibt es überall«, sagte er, »auch bei uns, du musst nur nach ihnen suchen. Wir sehen uns!« Dann reichte er dem Schüler zum Abschied die Hand.

Manchmal müssen es Zwerge sein

Seit den unvergleichlichen Küssen von Arne Müller hatte sich mein Lebensgefühl deutlich verbessert. Ich fühlte mich leicht und beschwingt, erahnte quasi die Sonne hinter den Wolken, so wie man den Regenbogen schon am Horizont sah, ohne dass ein Tropfen fiel. Ich lebte wieder. Eine gute Zeit, um für ein paar Tage zu meinem Eltern zu fahren. Zwar hatte ich noch immer keine großen Erfolge bezüglich meines Buches vorzuweisen, aber alles schien plötzlich wieder im Fluss. Ich fühlte mich ein bisschen so, wie nach einer überstandenen Grippe und hatte Sehnsucht nach dem vertrauten Geruch, den das Zuhause verströmt. Ein Duft, der einem ein Leben lang in Erinnerung bleibt. Wie ein wohltuendes Pflaster, das sich auf die Wunden legt, wirkte die wohlschmeckende Küche meiner Mutter, die meinen Vater zu einem gelassenen, wenn auch um den Bauch etwas fülligen Mann werden ließ.

Zu viele Monate hatte ich mich von den Eltern ferngehalten, wollte sie nicht mit der Trauer um Pawel belasten. Das war einzig und allein meine Sache. Ich gab meinen Eltern keine Gelegenheit, ihn kennenzulernen. Im Nachhinein war ich froh darüber. Ich kannte meinen Vater nur zu gut. Bei jedem Typen, der sich mir ansatzweise näherte, sei es auch nur für eine Nacht, bekam mein Vater gleich diesen eigenwilligen Schwiegervaterblick. Manchmal tat es mir regelrecht leid, wenn ich Papas Illusion von der perfekten Familie zerstören musste und ich seine Heile-Welt-Vorstellung mit Füssen trat.

Es gab Momente, da überlegte ich, einfach irgendjemanden zu heiraten, nur um ihn glücklich zu sehen. Diesen absurden Gedanken verwarf ich meist sehr schnell. Nur in Augenblicken, in denen mein Vater mich so hoffnungsvoll anschaute und ich seine tschechische Seele in den Augen schimmern sah, dachte ich, dass er es wirklich verdient hätte.

Im Buddhismus heißt es, dass die Kinder die Eltern erwählen. Ich hatte schon immer die Vermutung, dass ich bei meiner Wahl äußerst klug vorgegangen war.

»Hallo ihr Zwei«, sagte ich. Meine Mutter lehnte am Gartenzaun, mein Vater stand dicht daneben. Sie empfingen mich mit offenen Armen. Und ich dachte, es fehlen nur noch die Zwerge.

Wieder zu Hause

Die paar Tage bei meinem Eltern vergingen wie im Fluge. Am Ende brachte ich es auf eine Woche. Meine Mutter stellte ganz nebenbei fest, dass ich im Gesicht etwas zugenommen hätte. Mein Vater nahm mich tröstend in den Arm und sagte: »Du siehst gut aus, früher warst du immer viel zu dünn!«
Insgeheim befürchtete ich, dass meine Mutter recht hatte. Hatte mein Vater doch schon immer eine Vorliebe für üppige Frauen. Das gute Essen meiner Mutter trug dazu bei, dass ich nicht mehr in meine Liu Jo-Jeans passte. Ich musste auf jeden Fall die nächsten Tage Diät halten. Ich wollte ja schließlich nicht wie ein Hefekloß aussehen, wenn ich mit Arne das erste Mal schlief. Dass ich mit ihm schlief, war so gut wie sicher. Ich zog es zumindest in Betracht. Mittlerweile telefonierten wir mehrmals täglich miteinander, was mich sehr freute. Ein paar Mal ertappte ich mich dabei, das Gespräch mit Stefan abzuwürgen, nur weil ich eine SMS von Arne auf meinem Handy sah. Stefan schien die Veränderung zu bemerken. Doch er fragte und sagte nichts und ich fand, es war noch zu früh, um ihm selbst etwas von Arne zu erzählen.

Kurz nachdem ich wieder zu Hause angekommen war, hörte ich meinen Anrufbeantworter ab. Stefan hatte draufgesprochen. Er fragte wann unsere nächste ›Therapiestunde‹ stattfinden würde. Ich hatte keine Lust, mich mit diesem unleidlichen Thema zu befassen und auch Stefans Leckereien bekamen mir nicht mehr so gut wie früher, also rief ich nicht zurück. Ich verspürte in letzter Zeit einen unbändigen Appetit auf Deftiges. Scheinschwanger hin, scheinschwanger her, das vergeht wieder. Stefan selbst sagte doch, es spiele sich alles nur in meinem Kopf ab.

›Wie hieß der Titel von Andreas Bourani noch gleich? ›Nur in meinem Kopf‹? Ich werde den Song zu meinem Lieblingstitel erklären …‹, dachte ich und fand das irgendwie erleichternd.

Dann war noch eine Ansage von einem Kommissar Breitenfels, der ein paar Fragen hatte. ›Ach ja, es gab ja diesen Toten im Teich, den hätte ich fast vergessen. Wahrscheinlich war es am Schluss doch nur jemand, der zu tief in die Flasche geschaut hat und hineingefallen ist. Ich werde den Kommissar in den kommenden Tagen anrufen. Heute geh ich erst einmal zu Anni und erzähl ihr von Arne.‹

Ich klopfte kurz, dann schaute ich durch die ungeputzte Scheibe und bekam gleich ein schlechtes Gewissen. Vor Wochen hatt ich Anni schon versprochen, die Fenster zu putzen. Nun war es Frühling und sie konnte nicht mehr hinausschauen. Plötzlich hörte ich ihre brüchige Stimme aus dem Haus klingen: »Leonie, bist du es?«, rief sie zaghaft.

»Nein, es ist nur mein Geist«, rief ich gutgelaunt durch die Scheibe zurück.

Es dauerte immer länger bis Oma Zarnke an die Tür kam. Eine kräftige Umarmung und schon saß ich auf dem Sofa, auf dem es wieder vor lauter Kissen keinen Platz mehr gab. Ich schaufelte mir eine Kuhle und Oma Zarnke lächelte.

»Wo warst du denn so lange, ich habe mir schon ernsthaft Sorgen um dich gemacht«, fragte sie mich fürsorglich.

»Anfänglich wollte ich nur für zwei Tage bleiben, aber die Zeit bei meinen Eltern verging so schnell. Entschuldige, ich hätte dich anrufen sollen.«

»Nein, nein, ich bin nur eine närrische alte Frau, die sich zu viele Sorgen macht.«

»Das mag ich so an dir!« Bevor ich sie umarmen konnte, fragte sie mich schnell:

»Möchtest du einen Tee?«

»Gerne«, antworte ich. In diesem Moment fiel mir auf, wie sehr sie in den vergangenen Wochen abgebaut hatte. Ich nahm mir fest vor, sie öfter zu besuchen. Der Blick ihrer eingefallenen Äuglein in ihrem gütigen Gesicht ruhte auf mir, als sie plötzlich sehr ernst wurde. »Leonie, es ist in letzter Zeit viel passiert.«

»Meinst du den Toten im Teich?«, fragte ich unsicher. Ich begann, mit meinen langen Haaren zu spielen, wie ich es immer tat, wenn etwas in der Luft lag. Und hier lag was in der Luft, das spürte ich nur zu gut.

»Ich weiß nicht, wie ich anfangen soll«, sagte sie vorsichtig, so als hätte sie Angst, sie könnte Porzellan zerschlagen. Langsam reihten sich die Worte aneinander. »Ich habe Geld geerbt. Ich möchte, dass du die Hälfte nach meinem Tod erhältst.«

Nun war ich aber wirklich sprachlos. Ich rechnete mit allem Schlechten, nur nicht damit, dass Oma Zarnke mir etwas vererben wollte.

»Anni bist du sicher, du hast doch eine Tochter.«

»Luisa habe ich auch bedacht, sie erhält die andere Hälfte. Sicher erinnerst du dich noch an den Brief vom Notar. Ein paar Tage danach kamen zwei Männer aus Berlin. Sie teilten mir mit, dass der August mir ein kleines Vermögen vererbt hat, ich habe dir von ihm erzählt. Anscheinend war er nicht nur meine große Liebe, sondern auch er liebte mich, sonst hätte er sicher nicht bis ans Lebensende an mich gedacht.

Ich bin eine alte Frau, ich hab alles, was ich brauche. Du aber bist jung und mit dem Geld kannst du schreiben, ohne Sorgen haben zu müssen. Eines Tages, wenn du eine berühmte Schriftstellerin bist, wirst du all das Gute tun, von dem wir gesprochen haben.«

»Anni, und wenn ich keine gutbezahlte Autorin werde«, sagte ich kleinlaut.

»Dann hast du es auf jeden Fall versucht. Du darfst einfach nicht aufgeben, so wie ich es damals bei dem August getan habe. Glaub einer alten Frau. Um alles im Leben muss man kämpfen, um die Liebe wie um den beruflichen Erfolg. Man bekommt nichts geschenkt.«

»Anni, ich mag jetzt nicht mit dir über deinen Tod sprechen, sicher wirst du weit über hundert.«

»Gott bewahre«, sagte sie, »meine Tage sind gezählt. Ich hatte alles in meinem Leben, was mir etwas bedeutete. Der August wartet sicher schon ungeduldig auf mich, ich freue mich, ihn wiederzusehen.«

Nun war meine Laune auf dem Tiefpunkt angelangt. Wenn ich eines verabscheute, dann waren es Abschiede und die Worte aus Annis Mund hörten sich verdammt nach Abschied an.

»Nun wollen wir aber wieder fröhlicher sein, noch lebe ich ja«, sagte sie mit fester Stimme.

Ich konnte noch immer nicht glauben was ich da gerade gehört hatte.

»Anni, ich danke dir, egal ob ich erbe oder nicht, ich danke dir dafür, dass es dich gibt. Du bedeutest mir viel, versprich mir, dass du mich nicht so bald alleine lässt.«

Annis gütige Augen füllten sich mit Tränen. »Siehst du, nun bringst du mich zum Weinen«, näselte sie und schnäuzte in ihr Stofftaschentuch.

»Wenn du auch über so traurige Sachen sprichst«, erwiderte ich, während auch mir ein paar Tränen über die Wangen kullerten.

»Nun ist es aber gut, sonst vererbe ich dir nichts«, sagte Anni und schnäuzte sich erneut.

Irgendwie war das Weinen befreiend. Plötzlich lachten wir beide.

»Du sahst glücklich aus, als du in die Tür kamst, verrätst du mir den Grund?«, fragte Anni, nachdem wir uns wieder beruhigt hatten.

Ich schaute vielbedeutend. »Ich habe dir auch was zu erzählen, nein eigentlich habe ich dir noch immer nichts zu erzählen.«

»Kannst du dich bitte entscheiden, ob du mir etwas sagen möchtest oder nicht«, entgegnete Anni mit leicht schnippischem Unterton in der Stimme. Da war er zurückgekehrt, Annis alter Humor. »Ich denke«, sagte Anni, »ohne dir den Spaß zu verderben, du bist verliebt in den Arzt. Das warst du schon bei deinem letzten Besuch.«

»Dir kann man aber auch nichts vormachen«, entgegenete ich verblüfft.

»Meine Leonie, dafür hast du ein viel zu offenes Gesicht«, sagte Oma Zarnke.

»Okay, ich gebe ja zu, ich bin verliebt.«

»Die Liebe scheint dir gutzutun. Du hast etwas zugenommen, es steht dir. Früher warst du viel zu dünn«, stellte Anni pragmatisch fest.

»Du hörst dich schon an wie mein Vater«, protestierte ich.

»Ein kluger Mann, dein Vater«, antworte Oma Zarnke bestimmt.

Während wir unseren Tee tranken, der mittlerweile lauwarm war, lächelten wir uns über die Teetassen hinweg an.

»Erzähl, wer ist der Glückliche?«, forderte Anni neugierig.

»Er arbeitet als Urlaubsvertretung in der Praxis von Dr. Raps. Anni, du glaubst nicht, wie gut er aussieht«, schwärmte ich. »Er hat dunkles, sehr dichtes, welliges Haar und dunkelbraune Augen. Eigentlich ist er zu schön, um als Arzt zu arbeiten.«

»Du meinst, es wäre leichter für die Patienten, wenn die Ärzte alle hässlich wären.«

»Nicht gerade hässlich, aber nicht so schön wie Arne«, verbesserte ich Oma Zarnkes Aussage.

»Er heißt also Arne«, sagte Anni bedeutungsschwer.

»Ja, Dr. Arne Müller.«

»Ah.«

»Seit unserem ersten Kuss im Wald ruft er mich jeden Tag an. Wir führen unendlich lange Gespräche, es ist, als kenne ich ihn schon mein ganzes Leben.«

»Und wie macht er Liebe?«, fragte Anni kokett.

»Anni!«, erhob ich meine Stimme gespielt entpört. »Wir haben uns noch nicht geliebt.«

»Das solltest du vorher wenigstens einmal probieren, bevor du den Herrn Müller heiratest. Übrigens kein schöner Nachname.«

»Die Gefahr besteht nicht«, sagte ich forsch. »Du weißt wie ich zum Thema heiraten stehe.«

»Ja, ja, kleine Leonie, Vorsätze sind für Frauen nur dafür da, dass sie sie jederzeit über Bord werfen.

»Vielleicht tanzen wir beide mal auf meiner Hochzeit«, sagte ich träumerisch.

»Das mit der Hochzeit finde ich gut«, sagte Anni belustigt, »nur beim Tanzen sehe ich Schwierigkeiten bei mir.«

»Hab ich dir jemals gesagt, wie sehr ich deinen Humor mag.«

»Ja, schon oft« antwortete die alte Dame und schmunzelte.

Ich prustete los. Meine neu erworbene Lebensfreude schien förmlich aus mir herauszuplatzen. Als ich mich wieder beruhigt hatte, sagte ich: »Du wolltest mir noch was erzählen?«

»Ach, das ist nicht so wichtig, du bist glücklich, nur das zählt«, und leise flüsterte sie, »die Vergangenheit soll man ruhen lassen. Genieße dein Glück, manchmal vergeht es sehr schnell ...« Ein Anflug von Wehmut kehrte in ihre Stimme zurück.

»Das mache ich.« Ich schaute auf die Kuckucksuhr an der Wand. »So spät schon? Anni ich geh jetzt, ich hab heute noch kein Wort geschrieben.«

»Ich sollte mir nochmal überlegen, ob ich einer so faulen Person etwas vererbe«, sagte Anni verschmitzt und lächelte.

»Gerade so einer faulen Person«, erwiderte ich, »die Fleißigen kommen alleine zurecht. Danke Anni.«

Dann drückte ich Oma Zarnke, die mittlerweile auf Einsfünfundfünfzig zusammengeschrumpft war, einen dicken Kuss auf die Wange. Im rausgehen rief ich noch ein kurzes »Bis bald!«, und schlenderte davon.

Irgendetwas kommt dem Glück dazwischen

Ich war auf dem Weg von Oma Zarnke zu mir nach Hause und durchdachte dabei verschiedenste Konstellationen, die in meinem neuen Buch zur Anwendung kommen sollten. In Gedanken so sehr mit meiner Hauptfigur beschäftigt, lief ich fast in Stefan hinein.

»Hoppla, junge Frau«, sagte er galant.

»Stefan, entschuldige. Ich hab dich gar nicht gesehen.«

»Das habe ich bemerkt«, antwortete er belustigt. »Tja, diese Schriftsteller sind immer mit den Gedanken bei ihren Büchern, da reicht die Zeit kaum für einen Latte Macchiato, oder?«

»Tut mir leid, Stefan«, entschuldigte ich mich abermals, »Ich hab heute noch kein einziges Wort geschrieben, die Zeit läuft mir davon.« Als ich seine Enttäuschung sah, brachte ich es mal wieder nicht übers Herz, ihm abzusagen. »Für einen Cappuccino bei dir gebe ich sonst was, da kann der Grimme Preis ruhig noch ein wenig warten.«

»Das ist die richtige Einstellung!«, sagte Stefan und ich sah, wie er sich freute. »Nach einem guten Kaffee geht alles gleich leichter.«

Nach weiteren fünfzehn Minuten schlürfte ich den Milchschaum aus der Tasse und aß eine Pralinenpastete.

»Aus Brüssel«, betonte er und zwinkerte. »Ist vor ein paar Stunden mit der Post gekommen. Ich wollte dir welche vorbeibringen, aber du warst nicht zu Hause.«

»Ja, ich hätte es dir sagen sollen. Ich war für einige Tage bei meinen Eltern. Du weißt schon, leckeres Essen, vertraute Gespräche, ich hab das einfach gebraucht.«

»Das kannst du auch bei mir bekommen.«

›Höre ich da gerade Eifersucht?‹ Schnell verwarf ich den Gedanken. »Unsere Gespräche, lieber Stefan, sind die allerbesten.«

»Du weißt, ich mag es, wenn du so unverschämt lügst«, erwiderte Stefan. »Wolltest du nicht eine Therapie bei mir machen oder hab ich da was Falsches in Erinnerung?«, fragte er unverblümt.

›Irgendwie ist er heute nicht gut drauf‹, dachte ich, ›so kenne ich ihn gar nicht.‹

»Ich denke, ich benötige keine Therapie mehr. Ich kann mir vorstellen, dass hinter den merkwürdigen Symptomen doch ein unbewusster Kinderwunsch steckt.«

»Woher die plötzliche Erkenntnis?« Stefans Tonfall veränderte sich. Er klang fast schon bissig. Was war heute nur los mit ihm, ich hatte nicht die geringste Erklärung dafür. Also überhörte ich den Tonfall und antwortete: »Also wenn du mich schon fragst, ich habe gestern meine Menstruation bekommen. Wie kann ich da schwanger sein?« ›Jetzt können wir beide wieder über alles mögliche plaudern, das Thema Scheinschwangerschaft hat sich damit erledigt.‹, dachte ich bei mir.

»Das freut mich für dich. Dann brauche ich mir keine Sorgen mehr zu machen«, sagte er wieder etwas freundlicher.

»Das ist nett, dass du dich so rührend um mich sorgst«, sagte ich und gab ihm einen flüchtigen Kuss auf die Wange. Dieser Kuss schien ihn endgültig zu versöhnen, was auch immer ihn verstimmt hatte. Ich war froh darüber, beschloss aber gleichzeitig, dass heute kein guter Zeitpunkt war, um ihm von Arne zu erzählen.

»Magst du noch einen Kaffee?« Er hielt eine goldfarbene Verpackung hoch. »Ich probiere eine neue Sorte aus. Arabica mit einer fruchtig, weinigen Note, einem Hauch von Heidelbeere und schwarzer Johannisbeere. Ich habe ihn selbst noch nicht gekostet.«

»Ein andernmal gern«, antwortete ich, »aber mein Buch …«

»Ich verstehe«, sagte er und begleitete mich zur Tür.

Als ich zu Hause ankam, war ich erleichtert. Das heutige Gespräch mit Stefan war irgendwie anstrengend gewesen. Es war bestimmt das Wetter. Manche Wetterlagen machten die Menschen reizbar.

Plötzlich fiel mir ein, dass ich mich noch bei dem Kommissar melden sollte. ›Wie hieß er noch? Breitenheld?‹ Ich hörte den Anrufbeantworter erneut ab. Nicht Breitenheld, sondern Breitenfels hörte ich eine sympathische Männerstimme sagen. Einen Augenblick später wählte ich die Nummer des Warener Polizeireviers.

»Ja, Breitenfels.«

»Leonie Farbe, Sie haben auf meinen Anrufbeantworter gesprochen. Ich solle mich bei Ihnen melden.«

Kurze Stille.

»Die Schriftstellerin, stimmt's? Sie waren für ein paar Tage verreist? Schön, dass Sie sich melden. Ich hätte da einige Fragen an Sie. Es geht um den Toten im Dorfteich. Passt es Ihnen morgen gegen elf?«

»Lassen Sie mich nachdenken«, sagte ich geschäftig, »da habe ich keinen anderen Termin.«

»Gut, dann bis morgen um elf«, erwiderte der Kommissar und legte auf.

Der Himmel war bedeckt, es gab Tage, da kam die Sonne einfach nicht durch die Wolken. Müde rekelte ich mich in meinem Bett. Ich hatte gestern bis kurz nach drei geschrieben. In den verbliebenen Stunden hatte ich schlecht geträumt, wieder einmal seit langer Zeit. Ich schaute zur Uhr auf dem Nachtisch, kurz nach sieben. In vier Stunden kommt dieser Kommissar. Bis dahin wollte ich noch einen Blick auf mein Manuskript werfen. So schüttelte ich meine Müdigkeit ab und sprang mit einem Satz aus dem Bett. Als ich auf der Toilette saß, musste ich feststellen, dass sich meine Menstruation anscheinend schon wieder verabschiedete. Kein Grund zur Besorgnis, versuchte ich mich zu beruhigen. Es gibt ja immer mal Schwankungen.

Ich machte mir ein Honigbrötchen, setzte mich an meinen Schreibtisch und las das in der Nacht Geschriebene durch. Erneut stellte ich fest, dass ich eine Nachtarbeiterin war, mein Gehirn funktionierte zu dieser Zeit anscheinend am besten. Ich war zufrieden. Die Figuren nahmen Gestalt an, endlich konnte ich sie spüren.

Die vier Stunden waren wie im Fluge vergangen, als es an der Haustür klingelte.

In der Zwischenzeit hatte ich mich angezogen und dezent geschminkt.

»Kommissar Breitenfels«, sagte der untersetzte Mann vor meiner Tür und hielt mir einen Ausweis entgegen. »Darf ich eintreten?«

»Leonie Farbe«, antwortete ich freundlich und reichte dem Mann die Hand. Er hatte einen offenen Blick und einen kräftigen Händedruck, das fand ich sehr angenehm. Menschen, die mir nicht in die Augen schauen können, sind mir von je her suspekt. »Kommen Sie«, bat ich ihn höflich herein.

Er schaute sich um.

»Sehr geschmackvoll haben Sie es hier«, sagte er. »Ich mag helle Möbel, sie verströmen eine Leichtigkeit, in der man sich gleich zu Hause fühlt.«

»Danke«, erwiderte ich und ließ ihn kurz allein.

Mit ein paar geschulten Blicken versuchte Kommissar Breitenfels sich einen vorläufigen Eindruck zu verschaffen. Alles war übersichtlich und aufgeräumt, ohne dabei steril zu wirken. Persönliche Dinge schienen eine große Bedeutung in ihrem Leben zu spielen. Vieles wirkte wie zufällig hingestellt, keine stereotypen Muster. Die vielen Bücher verrieten, dass es sich um eine wissbegierige, junge Frau handelte. Breitenfels setzte sich in einen geräumigen weißen Leinensessel, der wie für ihn gemacht schien.

»Tee oder Kaffee«, rief ich ihm aus der Küche zu.

»Wenn Sie einen einfachen Kaffee hätten«, antwortete er, »bitte schwarz, wäre ich Ihnen sehr verbunden.«

»Nichts leichter als das«, antwortete ich. Während ich die

Kapseln in den Automat legte, beobachtete er jede meiner Bewegungen. Breitenfels war unterdessen nur froh, dass man ihn nicht nach tausenden Kaffeesorten befragte.

»Herr Kommissar, wie kann ich Ihnen weiterhelfen?«, fragte ich und setzte mich ihm gegenüber auf die Couch.

»Sie haben ja von dem Mord gehört. Wir befragen alle Anwohner, ob sie etwas gehört oder gesehen haben, das uns bei der Aufklärung weiterhilft. Jedes noch so kleine Detail ist wichtig.«

»Mit Details kenne ich mich aus«, sagte ich fröhlich.

»Sie sind Autorin?«

»Sagen wir mal so: Ich versuche vom Schreiben zu Leben. Das gelingt mir mal besser und mal schlechter.«

Kommissar Breitenfels konnte sich ein Lächeln nicht verkneifen. Er spürte, wie diese Frau ihn mit ihrer unbeschwerten offenen Art in ihren Bann zog. Er musste unweigerlich auf ihre vollen Lippen schauen. Ein kleiner Leberfleck kurz darüber hielt seinen Blick gefangen und lenkte ihn immer wieder zurück auf ihre Lippen. Für einen Moment regte sich etwas in ihm, das er schon längst verschüttet glaubte. Schnell entschuldigte er sich gedanklich bei Uschi und führte die Befragung fort: »Können Sie sich erinnern, wie Sie von der Leiche erfahren haben?«

»Ich saß beim Stadtbäcker in Waren«, antwortete ich wahrheitsgemäß. Lina Serchenko kam dorthin und erzählte mir und einer älteren Dame, ich glaube, sie hieß Frau Siek, von dem Toten. Ihr Sohn Halek hatte ihn gefunden. Ihr Mann, der Georgi, verständigte dann die Polizei, weil der Halek zu diesem Zeitpunkt schon ohnmächtig war. Sie brachten Halek dann ins Krankenhaus. Ich hoffe, dass mich meine Erinnerung nicht trügt.«

»Nein, nein«, sagte Kommissar Breitenfels, »Sie haben ein ausgezeichnetes Gedächtnis. Ihre Angaben decken sich eindeutig mit den Aussagen der Serchenkos.«

»Das freut mich«, erwiderte ich.

»Sagen Sie, ist Ihnen ein halbes Jahr vorher etwas Verdächtiges aufgefallen? Sahen Sie vielleicht Unbekannte im Dorf, Menschen, die sich auffällig verhielten?«

»Tut mir leid, Herr Kommissar, ich lebe zurückgezogen. Die meiste Zeit verbrachte ich damit, den Anfang meines neuen Buches zu schreiben und wieder zu verwerfen.«

»Das ist sicher auch nicht einfach.«

»Nein, ist es nicht, die Selbstzweifel sind ein ständiger Gast«, sagte ich nachdenklich.

»Hm, haben Sie näheren Kontakt zu den Dorfbewohnern, wenn ja, zu wem?«

»Da gibt es eigentlich nur zwei, den Professor Hansen und Oma Zarnke. Sie heißt natürlich nicht Oma, sondern Anni Zarnke.«

»Ah, die ältere Frau am anderen Ende des Dorfes«, stellte Breitenfels fest. »Leben Sie allein?«, fragte mich der Kommissar ganz unverblümt.«

»Ja, ich lebe allein«, sagte ich.

»Komisch, eine so attraktive Frau müsste sich doch vor Verehrern nicht retten können.«

»Herr Kommissar, was hat mein Liebesleben mit dem Toten zu tun?«

»Eigentlich nichts, das sind alles Routinefragen, ich muss

das tun. Apropos Alleinleben«, sagte Breitenfels, »lebt der Professor Hansen auch allein?«

»Ja, auch er lebt allein.«

»Finden Sie das nicht ungewöhnlich?«, fragte er mich und versuchte dabei unschuldig zu wirken.

»Nein«, antworte ich. »Für meinen Roman recherchierte ich, dass allein in Berlin 972.000 Singles leben. Das sind bei 3,4 Millionen Einwohnern, schlappe 28,6% und Sie fragen mich allen Ernstes, ob ich das ungewöhnlich finde.«

»Stimmt«, sagte der Kommissar und weckte kurz den Anschein, als ließe er locker. »Sie haben wirklich ein ausgezeichnetes Gedächtnis.«

»Das Kompliment machten Sie mir bereits«, erwiderte ich.

Plötzlich fasste er nach. »Der Professor, wie viele Jahre lebt er schon hier?«

»Drei, glaube ich. Wieso fragen Sie?«

»Reines Interesse«, schniefte Breitenfels. »Er ist doch ein attraktiver und interessanter Mann, finden Sie nicht auch?« Die Augen des Kommissars schienen sich regelrecht in mir festzubeißen. Es war mir unangenehm, auf diese Frage zu antworten. Aber ich antwortete wahrheitsgetreu: »Professor Hansen ist ein sehr guter Freund, mit dem ich in den letzten Jahren so mach inspirierendes Gespräch geführt habe. Es gibt viele aktuelle politische und philosophische Themen, die uns beide bewegen. Die Welt befindet sich im Umbruch«, sagte ich.

»Das ist ja nicht neu«, erwiderte er darauf. Skepsis blitzte in seinen Augen.

»Ich jedenfalls bin für den geistigen Austausch sehr dankbar«, beharrte ich trotzig.

»Wenn Sie so gut miteinander befreundet sind, können Sie mir sicher sagen, ob der Professor eine Geliebte hat oder einen Geliebten?«

»Herr Kommissar, das fragen Sie ihn am besten selbst. In den drei Jahren, die ich ihn kenne, habe ich nichts von alledem mitbekommen. Es ist einzig und allein seine Sache, finden Sie nicht auch?«

»Ja, natürlich. Verstehen Sie mich nicht falsch, ich muss diese Fragen stellen«, erwiderte Breitennfels fast entschuldigend.

»Das sagten Sie bereits. Wenn Sie keine weiteren Fragen haben«, hörte ich mich plötzlich sagen, »möchte ich jetzt gerne weiterarbeiten.«

»Ja, fürs Erste war's das.« Breitenfels schloss den Anorak, den er während des gesamten Gesprächs anbehalten hatte. »Nur noch eine klitzekleine Frage zum Abschluss. Kennen Sie rein zufällig einen Mann mit dem Namen Pawel Socha?«

Mir gefror das Blut in den Adern, ich versuchte, mir aber nichts anmerken zu lassen.

»Heißt so der Tote aus dem Teich?«, fragte ich tonlos.

»Ja, Frau Farbe«, antwortete er, während er mich genau beobachtete.

»Nein, ich kenne keinen Pawel Socha«, hörte ich mich wie ferngesteuert erwidern.

»Ist gut«, sagte Kommissar Breitenfels, »dann wünsche ich Ihnen noch einen erfolgreichen Tag.«

»Ja, danke.« Ich fühlte mich plötzlich sehr schwach.

Als der Kommissar im Auto saß, ging er das eben geführte Gespräch gedanklich noch einmal durch. Die Reaktion der Frau machte ihm Sorgen. Hatte sie etwa doch etwas mit dem

Mord zu tun? Er durfte sich nicht von ihrer Erscheinung ablenken lassen. Mit der letzten Aussage stimmte etwas nicht. Breitenfels glaubte ihr nicht, dass sie Pawel Socha nicht kannte. Sie hatte ein Geheimnis, das spürte er.

Er fuhr zurück ins Revier, dort wollte er in der Registratur vorbeischauen. ›Irgendwas müssen die Kollegen bei den Beweismitteln übersehen haben.‹ dachte er. Schnell lief er die Treppe hinunter, in den Keller, in dem alle Beweismittel fein säuberlich aufbewahrt waren. Jedes hatte eine eigene Nummer und befand sich in einer verschlossenen Tüte. Er ging alle Sachen noch einmal akribisch durch. ›Ich übersehe etwas. Aber was?‹ dachte er. Im Gegensatz zu Lehmann glaubte Breitenfels nicht an eine Tat aus wirtschaftlichen Motiven. Plötzlich entdeckte er etwas. Es war eine Kette mit einem goldenen Herzanhänger und einem kleinen Diamantsplitter in der Mitte. In dem Herzen stand etwas eingraviert. Die Kette war in einem relativ guten Zustand. Leider hatte er die Lesebrille nicht dabei. Als er ein Auge zukniff, konnte er die Gravur lesen: ›Für die Richtige, die Liebe meines Lebens‹. Zu pathetisch für Breitenfels Geschmack. Sicher war die Kette nur das zurückgelassene Pfand einer verschmähten Liebe. Er sichtete die anderen Beweismittel und wollte gerade wieder gehen, als ihm schlagartig Frau Neumanns Worte aus dem Rostocker Verlag in den Sinn kamen. Hatte sie ihm nicht erzählt, dass Pawel zu ihr gesagt hatte ›Für die Richtige sollte einem nichts zu teuer sein und sie ist die Richtige.‹ Die Wortfetzen der netten Dame hallten in ihm nach. »Nichts zu teuer … die Richtige«, flüsterte er.

Bis jetzt gingen die Kollegen und er davon aus, dass die Kette nichts mit dem Mord zu tun hatte. Er wollte sie von einem Juwelier prüfen lassen. Vielleicht konnte der ihm Genaueres sagen. Wenige Minuten später rief er in einer Schmuck-Filiale in Rostock an. Er befragte eine Angestellte, ob ihm jemand bei der Begutachtung der Kette behilflich sein könnte. Nachdem man ihn gebeten hatte, vorbeizukommen, machte sich Breitenfels auf den Weg.

»Wohin wollen Sie?«, fragte Oberkommissar Lehmann, der Breitenfels aus der Tür huschen sah.

»Ich hab da eine Spur. Ich denke, dass die Kette etwas mit dem Mord zu tun hat.«

»Welche Kette?« Lehmann schien zu überlegen. Breitenfels musste achtgeben, dass er nicht die Augen verdrehte.

»Die Kette, die die Kollegen im Teich gefunden haben.«

»Mensch Breitenfels, verzetteln Sie sich nur nicht in den Details.«

»Für das große Ganze habe ich ja Sie«, erwiderte der Kommissar schnippisch, drehte sich auf dem Haken herum und ging Richtung Ausgang. »Ignorantes Arschloch«, knurrte Breitenfels auf dem Weg zu seinem Auto.

Pawel

Die Gedanken kreisten in meinem Kopf und schienen sich in einer Endlosschleife aufzuhängen. Pawel war tot. Nur langsam erhielten die Worte Gewissheit. Mein Pawel hatte mich nicht einfach verlassen, nein, er war tot. Bewegungslos saß ich nun schon seit Stunden in dem Sessel, in dem der Kommissar saß, als er mich vormittags befragt hatte. Überfallartig kam mir die Erkenntnis, dass es keinen Neuanfang mit Arne gab, es gab nur eine dunkle Vergangenheit, von der ich bis heute nicht wusste, dass sie existierte. Ich hatte keine Ahnung, was ich tun sollte, fühlte mich hilflos und schutzlos zugleich. Pawel war tot, hämmerte es in meinem Kopf. Mir blieb nur die Erinnerung an unseren letzten gemeinsamen Abend. Ich hatte für uns beide gekocht, Kalbsgulasch war sein Lieblingsgericht. Kerzen standen auf dem Tisch. Ich trug ein langes, türkisfarbenes Kleid mit dunkelroten Hibiskusblüten darauf. Er sagte zu mir: ›Du siehst wunderschön aus, wie eine Geisha, eine deutsche Geisha.‹ Nach diesen Worten küsste er mich leidenschaftlich und wir liebten uns bis in die Morgenstunden. Es war noch unausgesprochen, aber so wie wir uns liebten, wussten wir, dass wir zusammen gehörten. Ich machte mich schön für ihn, nicht nur an diesem Abend. Die Zweifel darüber, dass ich älter war, genau genommen sieben Jahre, hatte ich längst über Bord geworfen. Ich wollte weder Zweifel haben, noch irgendwelche Fragen stellen. Ich wollte im Glück baden. Es schien mir nicht gegönnt.

Allmählich wich mein Unverständnis einer tiefen Trauer und ich setzte mich an meinen Schreibtisch. Ich versuchte, alles aufzuschreiben, alles, woran ich mich erinnerte. Ich hatte Angst, das mir das Vergessen Pawel für immer nehmen würde. Nach vielen Stunden, es war draußen bereits dunkel, legte ich den Stift aus der Hand. Jede kleine Geste, jedes noch so unwichtige Detail hatte ich mich festzuhalten bemüht. Ich versuchte, Pawel und das, was in meiner Erinnerung von ihm übrigblieb zu konservieren, quasi für die Ewigkeit einzuwecken wie die Frühkirschen meiner Mutter.

Gerade als ich den letzten Satz aufs Papier gebracht hatte, klingelte mein Handy. Ich schaute auf das Display. Es war Arne. Ich wartete bis das Lied ›You know I'm no good‹, verstummt war. So schnell gab Arne aber nicht auf, er versuchte es weitere dreimal an diesem Abend. Weil ich auch diese Anrufe ignorierte, schickte er mir spät in der Nacht eine SMS mit folgendem Text:

›Liebe Leonie, ich versuche dich die ganze Zeit zu erreichen, leider vergeblich. Habe große Sehnsucht, möchte dich wiedersehen. Bitte ruf mich an, dein Arne.‹

»Wie kommt er nur darauf, ›dein Arne‹ zu schreiben? Du bist nicht ›mein Arne‹«, flüsterte ich trotzig.

Plötzlich überkam mich eine bleierne Müdigkeit. ›Wahrscheinlich war das heute alles zu viel‹ dachte ich und legte mich angezogen ins Bett.

Ein paar Stunden später weckte mich ein Geräusch. Im Halbschlaf glaubt ich ein Rascheln zu hören, oder waren es Stimmen? Ob es im Haus oder außerhalb war, konnte ich nicht unterscheiden. Ganz ruhig blieb ich liegen. Vielleicht träumte ich nur. Ich war zu traurig und zu erschöpft, um der Sache auf den Grund zu gehen. Nach einigen Minuten verstummten die Geräusche, ich hörte weder ein Rascheln noch irgendwelche Stimmen. Nur das Klopfen meines Herzens, das sich allmählich wieder beruhigte. Kurz bevor der Schlaf mich übermannte, dachte ich: ›Morgen gehe ich zu Anni und erzähle ihr alles.‹.

Kein Täter in Sicht

»Mensch, Breitenfels, wo stecken Sie denn?« fragte Oberkommissar Lehmann genervt ins Telefon.

»Was gibst denn so Wichtiges?«, erwiderte Breitenfels mit eine Gegenfrage.

»Sie glauben nicht, was ich Ihnen gleich erzähle.« Die Resignation in Lehmanns Stimme war nicht zu überhören.

»Sie machen es aber spannend«, witzelte der Kommissar.

»Es gibt schon wieder eine Leiche in Hinrichsberg«, sagte Lehmann sachlich.

»Wie bitte?«, fragte Breitenfels und glaubte sich verhört zu haben.

»Die alte Frau Zarnke ist tot«, antwortete Lehmann kurz.

»Naja, in dem Alter ist das nichts Ungewöhnliches.«

»Da gebe ich Ihnen recht, nur hat die nette Dame ein unschönes Loch am Hinterkopf.«

»Sie wurde erschlagen?«

»Ja genau. Wo sind Sie jetzt?«, fragte Lehmann.

»Ich bin auf dem Weg nach Hause«, antwortete Breitenfels.

»Tja, heute wird es nichts mit dem Feierabendbier«, spöttelte Lehmann. »Am besten, Sie kommen gleich zum Tatort, Sie wissen ja, wo die Frau wohnte.«

»Hm«, grummelte Breitenfels. Er hatte den ganzen Tag

noch nichts Richtiges gegessen, immer kam etwas dazwischen. Und nun auch noch ein weiterer Mord. ›Was zum Henker ist denn nur los in diesem Nest? Da sterben die Leute wie die Fliegen …‹, dachte er.

Auch wenn er keine große Lust verspürte, er musste wenden und in Richtung Hinrichsberg fahren. An der Shelltankstelle hielt er kurz an und holte sich ein belegtes Eierbrötchen. Es war das letzte, das es um diese Zeit dort noch gab. Er liebte Eierbrötchen, aber er mochte nicht die Mayonnaise, die man obenauf strich. An der Kasse entschied er sich für ein weiteres halbes Brötchen, diesmal mit Salami. Man packte ihm beide gut ein und schon war er auf dem Weg zum Tatort. Unterwegs schlang er die Brötchen in sich hinein, wobei ihm die Mayonnaise auf den Anorak lief. Er hatte so etwas bereits beim Kauf befürchtet. Zumindest hatte er erst einmal was im Magen. Er wollte ja schließlich nicht die dritte Leiche sein.

Nach weiteren zehn Minuten befand er sich vor dem Haus der alten Frau. Polizeiwagen standen ringsherum. Der Pathologe Dr. Arno Becker war auch schon vor Ort.

»Harry, du siehst«, begrüßte ihn der Kollege, »wir sind aus Greifswald schneller hier als du aus Waren«

»Sehr witzig.«

»Nun beruhige dich mal, wir waren in der Gegend«, sagte Arno versöhnlich.

Kommissar Breitenfels war nicht zu Späßen aufgelegt. Die Brötchen begannen, ein unangenehmes Eigenleben zu entwickeln. Er hatte gleich mehrere Probleme. Es gab die Tote vor seinen Füßen, das viele Blut, das überall verspritzt war und es gab die Gase in seinem Bauch. Er empfände es als äußerst pietätlos, wenn er hier am Tatort einen Furz fahren lassen würde. Also entschuldigte er sich kurz bei den Kollegen und tat so, als suchte er draußen nach verwertbaren Spuren. Nebenbei ließ er einen Riesenfurz fahren, als Oberkommissar Lehmann ihn entdeckte und praktisch in seinen Dunstkreis trat.

»Puh«, sagte Lehmann, »auf dem Dorf riecht es doch immer ein wenig verfault.«

Breitenfels räusperte sich und kniff seinen Po so gut es ging zusammen.

»Na, was sagen Sie, haben Sie eine erste Theorie?«, fragte Lehmann den älteren Kollegen. Lehmanns stahlblaue Augen schienen länger in Breitenfels Gesicht verweilen zu wollen.

»Nein, ich bin gerade angekommen«, sagte der, während sich seine Bauchdecke langsam entspannte.

Plötzlich trat Arno Becker zu den beiden. Er hatte wie immer einen Mundschutz um, wodurch es manchmal schwerfiel, ihn zu verstehen.

»Was wollt ihr wissen?«, fragte Arno und signalisierte, dass das hier eine eindeutige Sache war. »Die alte Dame ist erschlagen worden, von hinten, mit einem metallenen Gegenstand. Mehrere Schläge, auf Grund der fast quadratischen, ganz typischen Wunde tippe ich auf einen Hammer. Näheres sage ich euch nach der Obduktion. Ich denke, dass schon der erste Schlag tödlich war. Da war jemand sehr wütend.«

»Können Sie etwas zum Todeszeitpunkt sagen?«, fragte Oberkommissar Lehmann den Pathologen.

»Erst einmal zum Leichenfundort. Er ist gleichzeitig der Tatort. Die Anordnung der Blutflecke spricht eine eindeutige Sprache«, sagte Arno Becker. »Nun zu Ihrer Frage.« Er schaute Oberkommissar Lehmann durch seine halbe Brille an. »Nach Ausbildung der Livores und der Leichenstarre denke ich, dass die Frau vor circa sechs bis acht Stunden starb.«

»Sie meinen die Ausbildung der Totenflecke, habe ich Sie da richtig verstanden?«, fragte Lehmann spitz.

»Genau, die meine ich«, sagte der Pathologe und tat so, als sei er von den Lateinkenntnisse des Kollegen überrascht.

Breitenfels schaute auf die Uhr. »Es ist kurz nach einundzwanzig Uhr, also so gegen Mittag.«

»Das ist nicht möglich«, empörte sich Lehmann, »das müsste doch jemandem auffallen, in so einem kleinen Ort. Wer bringt denn mitten am helllichten Tag einen Menschen um, ohne dass einer was bemerkt. Sagen Sie den Polizisten«, sagte er nun zu Breitenfels gewandt, »sie sollen die Dorfbewohner befragen, ob sie irgendetwas Verdächtiges gesehen haben. Irgendwer muss was gesehen haben! Und die Kollegen möchten diesmal bitte gründlicher vorgehen! Ich mag gar nicht daran denken, bei dem Polen sind wir noch keinen Schritt weiter.« Lehmanns Erregung war nicht zu überhören.

Breitenfels antwortete darauf mit einem Augenrollen. Als Erstes wollte er sich nun aber ein Bild von der Tat und dem Tatort machen. Frau Zarnke lag auf dem Bauch, ihr Hinterkopf war durch mehrere Schläge zu einer breiigen, blutroten Masse zerquetscht. Ihr silbernes Haar war nur noch bei genauem Betrachten zu erkennen. Ihr Kopf war seitlich gedreht. Der Ausdruck auf ihrem Gesicht verriet keinen Schrecken. ›Komisch‹ dachte Kommissar Breitenfels. Er hatte viele Tote gesehen. Manchen war der Todeskampf regelrecht ins Gesicht gemeißelt. Nicht so bei Frau Zarnke. Ihr Ausdruck zeigte keine Spur von Schrecken, eher ein Erstaunen. Ja, der Gesichtsausdruck der alten Dame wirkte erstaunt, so als wäre sie einerseits vorbereitet und dennoch überrascht, so zu sterben. Sie trug eine mit Blumenmuster bestickte, schon oft gewaschene Kittelschürze. Unter dem dunklen Kleid kamen ihre Füße zum Vorschein, kleine, zierliche Füße in festen, schwarzen orthopädischen Schuhen. Ihre Beine lagen verdreht, das kam sicher durch den Sturz nach dem ersten Schlag. Ihre rechte Hand sah aus, als würde sie den Finger erheben, als wolle sie dem Betrachter ein letztes Mal etwas sagen. Sie lag zwischen Couch und Sessel, das Blut hatte sich im Zimmer verteilt, in kleinen, roten Spritzern. Er schaute sich weiter um. Es waren einige Schubladen aus dem Schrank gezogen, der Inhalt lag auf dem Boden verteilt. Ebenso ein paar Töpfe und Teller. Einige Teller waren zerschlagen. ›Es könnte sich um Raubmord handeln … jemand wollte zumindest diesen Anschein erwecken.‹ Er sah auf eine geöffnete leere Kaffeedose. ›Viele ältere Leute bewahren ihr Geld in solch Behlätnissen auf.‹ überlegte er.

Oberkommissar Lehmann stellte sich an Breitenfells Seite.

»Für mich sieht das eindeutig nach Raubmord aus«, sagte er. »In der Dose könnten sich gut und gerne fünftausend Euro befunden haben. Sie wissen selbst«, sprach Lehmann ernst, »Menschen wurden schon für zwanzig Euro umgebracht. Wie sehen Sie das?«, befragte er den Kollegen.

»Ich meine, dass wir die ganze Zeit etwas übersehen.«

»Und was, wenn ich fragen darf«, erwiderte Lehmann genervt.

»Das weiß ich nicht. Ich habe aber die Vermutung, dass beide Morde zusammenhängen.«

»Der Pole und die Oma?« Lehmann schaute ungläubig. »Wie kommen Sie denn auf diese Theorie?«

»Ich habe eine Spur in dem Rostocker Verlag entdeckt. Ich denke, der Tote aus dem Teich hat nichts mit der organisierten Kriminalität zu tun. Es gibt nicht einen einzigen Hinweis. Ich glaube auch nicht, dass er mit den Diebstählen der Agrarmaschinen zu tun hatte. Wir haben uns da von einem Vorurteil leiten lassen.«

»Hm.« Oberkommissar Lehmann dachte nach. »Warum erfahre ich das erst heute?«

»Weil ich selbst gerade erst darauf gestoßen bin. Ich lasse die Kette untersuchen, die die Kollegen im Teich gefunden haben. Übrigens, ich hatte ihnen bereits davon erzählt«, argumentierte Breitenfels und versuchte nicht belehrend zu klingen.

»Ach ja, ich erinnere mich«, hüstelte Lehmann kleinlaut. »Dieser Fall macht mir ganz schön zu schaffen«, fügte er noch leiser hinzu. ›Der gut gestylte Oberkommissar ist auch nur ein Mensch‹ dachte Breitenfels und empfand zum ersten Mal so etwas wie Sympathie für seinen Vorgesetzten.

»Wir kriegen ihn oder sie«, setzte er selbstbewusst nach und Oberkommissar Lehmann nickte ihm zu.

Ein Streifenpolizist kam geradewegs auf die Kommissare zu: »Hier ist ein Bewohner aus dem Dorf, soll ich ihn wegschicken?«

»Wer ist es denn?«, fragte Oberkommissar Lehmann.

»Er heißt Andreas Wolf.«

»Der schon wieder …«, sagte Lehmann zu Breitenfels gewandt, »war der nicht bei dem ersten Toten auch vor Ort?«

»Da waren einige von den Anwohnern vor Ort, das ist in dieser Situation nicht ungewöhnlich«, erwiderte Breitenfels.

»Sie haben recht. Sagen Sie ihm«, wandte sich Lehmann wieder an den Streifenpolizisten, »ich möchte Herrn Wolf gerne sprechen. So in etwa zehn Minuten, wenn das geht.«

»Ist gut«, antwortete der Polizist und verließ den Tatort.

»Nichts ist so anziehend wie ein Verbrechen«, philosophierte Lehmann.

»Ich muss sagen, für mich hat es über die Jahre an Reiz verloren«, antwortete Breitenfels nüchtern. »Als ich in Ihrem Alter war, da war jeder Mörder für mich eine Herausforderung, der ich mich Tag und Nacht voller Energie stellte. Das Gute sollte über das Böse siegen. Nach den vielen Dienstjahren sehe ich manches etwas realistischer. Das Älterwerden fordert seinen Tribut.« Er wirkte sehr abgeklärt, als er das sagte.

»Ich sag Ihnen mal was, Breitenfels«, holte Kommissar Lehmann weitschweifig aus, »nachdem mich meine Freundin von einem auf den anderen Tag abgeschossen hatte und für mich feststand, dass ich auf unbestimmte Zeit in diesem Revier festhänge, konnte ich nächtelang nicht schlafen. Ich fühlte mich wie ein Ertrinkender mitten im Ozean, der sich nur an ein dünnes Brett klammert.«

»Das kenne ich gut«, antwortete Breitenfels fast flüsternd. »So ging es, mir kurz nachdem meine Frau verstorben war. Sie können sich nicht vorstellen, wie viele Gespräche ich mit ihr geführt habe«, sagte Breitenfels traurig.

»Doch, das kann ich gut«, erwiderte Lehmann während er sich mit der rechten Hand durchs Haar fuhr. Beide Männer schauten in diesem Moment, als wären sie ein klein wenig erschrocken über die Offenheit ihrer eigenen Worte. Sie war längst da, die Brücke, selbstgestrickt aus Empathie. Zwar noch etwas wackelig, aber es war ein Beginn.

Dr. Arno Becker unterbrach ihr Gespräch: »Na meine Herren, ein kleines Pläuschchen gemacht«, amüsierte sich der Pathologe.

Diesmal war es Breitenfels, der Becker schlagfertig fragte: »Höre ich da ein wenig Eifersucht aus deiner Stimme?«

»Ja, ganz recht«, antwortete der Pathologe ebenso spontan und schmunzelte unter der Atemschutzmaske. »Schließlich bist du mir unser gemeinsames Bier noch schuldig geblieben.«

»Dann sollten wir zwei gleich einen Termin machen«, sagte Breitenfels, »bevor etwas Schlimmeres passiert.«

»Du rechnest mit einem weiteren Mord in diesem Dorf«, frotzelte Becker.

»Gott bewahre«, antwortete Breitenfels, »wir kommen ja jetzt schon nicht mehr nach.«

»Was hältst du von kommendem Donnerstag um acht, in Rostock im ›B sieben‹?«, fragte Arno kurz darauf.

»B sieben?« Fragend schaute Harry den Pathologen an. »Ich kenne den Laden nicht.«

»Du warst halt eine Weile nicht mehr unterwegs.« Grinsend zupfte der Pathologe an seiner Atemschutzmaske.

»Stimmt«, gab Breitenfels zu.

»Es gibt die Bar seit 2008, nette Atmosphäre. Man kann dort gemütlich ein Bier trinken.«

»Gemütlich Bier trinken? Das hört sich gut an«, Harry nickte. »Dann quatschen wir mal wieder so richtig über alte Zeiten.«

»So machen wir's«, sagte der Pathologe und fügte hinzu: »Oberkommissar Lehmann, haben Sie noch Fragen, ansonsten würde ich mich gern verabschieden. Die Toten und ihre Geheimnisse lassen mir einfach keine Ruhe.« Er zwinkerte vielsagend. Dann war er auch schon fort.

»Komischer Kauz«, lästerte Lehmann.

»Prima Kerl«, erwiderte Breitenfels. »Sie kennen ihn nur nicht so, wie ich ihn kenne.«

»Hm, das mag sein«, antwortete Lehmann. »Sie meinen also, dass die Kette im Teich ein wichtiges Indiz ist«, griff er das Thema noch einmal auf.

»Hoffentlich.« Besorgnis spiegelte sich auf Breitenfels Gesicht. »Ich halte es zumindest für eine Spur.«

»Gut, Sie verfolgen Ihre Spur, und ich unterhalte mich mit dem Herrn Wolf. Vielleicht gibt es da einen Ansatz.«

»Ist gut«, sagte Breitenfels und schaute sich weiter am Tatort um.

»Und wer genau sind Sie?«, begann Oberkommissar Lehmann unwillig mit Andreas Wolfs Befragung, nachdem er ihn eindringlich betrachte hatte. Er mochte diese langhaarigen Motorradtypen nicht. Es kostete ihn viel Überwindung, das zu überspielen.

»Mein Name ist Andreas Wolf, Sie können aber einfach Andreas zu mir sagen, das machen alle im Dorf. Wir hatten ja schon bei der ersten Leiche das Vergnügen«, lärmte der junge Mann salopp.

»Als Vergnügen würde ich einen Mordfall nicht bezeichnen«, äußerte sich Lehmann streng.

»So habe ich das nicht gemeint«, sagte Andreas schnell. Er

wollte unbedingt einen falschen Eindruck vermeiden.

»Herr Wolf.« Der Oberkommissar betonte den Namen um eine deutliche Distanz herzustellen. »Es fällt auf, dass Sie jedes Mal recht zeitnah am Tatort beziehungsweise am Leichenfundort sind. Haben Sie eine Erklärung dafür?«

Andreas Wolf schluckte. »Herr Kommissar, Sie verdächtigen mich doch nicht etwa?«

Oberkommissar Lehmann fixierte ihn mit den Augen. »Bei zwei Morden, so aufeinanderfolgend und in einem unscheinbaren Dorf, wie dem ihren, verdächtigen wir erst einmal jeden. Das verstehen Sie doch? Übrigens beantworten Sie bitte meine Frage.«

»Reiner Zufall, wirklich reiner Zufall, ich wohne doch dort drüben.«

»Ich glaube nicht an Zufälle, außerdem sagen Sie ja selbst«, er zeigte hinüber Andreas Haus, »Sie wohnen dort drüben und Sie haben nichts bemerkt, mitten am Tag? Wo waren Sie denn heute zwischen elf und zwei Uhr?«, fragte Lehmann kühl.

»Heute Mittag«, wiederholte der Befragte ängstlich, »war ich in meiner Werkstatt, die befindet sich am Haus. Ich hab Furnierholz geschnitten. Ich baue nebenbei Kleinstmöbel und verdiene mir was dazu.«

»Sicher alles schwarz, oder?« Lehmanns Augen wurden schmal.

»Keine Angst, ich bin nicht vom Finanzamt. Mich interessiert nur, ob Sie etwas mit dem Tod der alten Frau zu tun haben.«

Andreas Wolf wurde kreidebleich.

»Haben Sie?«, fragte Oberkommissar Lehmann nach.

»Nein, natürlich nicht«, entrüstete sich Andreas Wolf.

»Im Dorf mochten alle Oma Zarnke. Ich kenne niemanden, der zu so etwas fähig wäre.«

»Einer war es aber doch«, sagte Lehmann scharf.

»Aber sicher keiner von uns«, entgegnete Wolf leise.

»Ah, Sie können für alle Dorfbewohner sprechen?«

»Vor kurzem hatte Oma Zarnke Besuch von zwei Männern aus Berlin, so 'ne Anzugträger.« Andreas vermied es, Lehmann anzusehen. »Vielleicht haben die ja was damit zu tun.«

»Was für Anzugträger?«, fragte Lehmann nach.

»Ich weiß da auch nichts Genaues, nur was man so erzählt.«

»Und was hat man sich so im Dorf erzählt?«, hakte Lehmann nach und schaute so, als wollte er Andreas Wolf mit seinen Blicken aufspießen.

»Wie gesagt, alles nur Gerüchte.«

»Spucken Sie es schon aus!«, forderte Lehmann genervt.

»Naja, ich habe gehört, dass Frau Zarnke viel Geld geerbt haben soll«, flüsterte Wolf bedeutungsschwer.

»Viel Geld?«, fragte der Kommissar nach. »Was ist für Sie viel Geld?«

»Genaues weiß ich nicht«, antwortete Andreas Wolf, »nur so ein Gerücht … Sie wissen doch, wie das auf dem Dorf ist.«

»Nein, das weiß ich nicht«, antwortete Oberkommissar Lehmann. »Ich komme aus Hannover.«

»Ach so«, stammelte Andreas Wolf.

Es war mittlerweile spät geworden und Oberkommissar Lehmann war müde. Die Befragung weiterzuführen, machte für ihn keinen Sinn.

»Für heute war's das«, sagte er deshalb zu Wolf. »Ich besuche Sie in den nächsten Tagen noch einmal.«

Andreas Wolf machte sich sogleich auf den Weg nach Hause. Als er dort ankam, wartete Lisa bereits ungeduldig mit dem Abendessen.

»Warum hat die Polizei dich befragt?«, fragte sie forsch.

»Die verhören jeden«, entgegnete er unwirsch und legte sich ohne Abendmahlzeit schlafen. Lisa dagegen blieb noch lange in der Küche vor den geschmierten Broten sitzen.

»Zwei Tote«, flüsterte sie »und wer ist der nächste?«

Nächster Tag im Kriminalkommissariat

Kommissar Breitenfels hatte nur drei Stunden geschlafen. Zu wenig, um ausgeschlafen zu sein. Auch Oberkommissar Lehmann sah zerknirscht aus. Er erschien zum ersten Mal in einem schlecht gebügeltem Hemd zum Dienst.

»Wollen Sie ein Brötchen?«, fragte er Breitenfels.

»Gern«, antwortete dieser unerwartet freundlich, wie Lehmann bemerkte.

»Käse oder Schinken?«, fragte er erneut.

»Sie hören sich an wie eine dieser näselnden Stewardessen auf einem Inlandflug«, schmunzelte Breitenfels. Auch Lehmann musste lachen. Nach ihrer zaghaften Annäherung am gestrigen Abend bemühten sich beide Männer, den Kontakt zu halten.

»Schinken wäre gut.« Nachdem er zweimal herzhaft in das Vollkornbrötchen, welches Lehmann ihm gereicht, gebissen und einen großen Schluck schwarzen Kaffee getrunken hatte, ging es ihm besser. Er wollte gerade wieder abbeißen, als sein Telefon klingelte. »Warener Polizeirevier, Kommissar Breitenfels am Apparat.«

»Spreche ich dort mit dem leitenden Kommissar, der in dem Mordfall in Hinrichsberg ermittelt?«, fragte eine ruhige Männerstimme am anderen Ende.

»Nein, Sie sprechen mit Kommissar Breitenfels, ich ermittle aber in dem von Ihnen angeführten Mordfall.«

Stille, dann sagte die Stimme: »Mein Name ist Sager, ich bin Filialleiter der Schmuckfiliale, die die von Ihnen abgegebene Kette untersuchen sollte.«

»Ah, schön, dass Sie anrufen, gestern habe ich Sie leider nicht angetroffen.«

»Das tut mir leid. Ich kümmerte mich sofort um den Fall, nachdem ich davon erfahren hatte. Ich möchte Ihnen gerne mein Ergebnis mitteilen.«

»Da bin ich gespannt.«

»Nach sorgfältigem Betrachten der Kette kann ich versichern, dass es sich um eine Goldkette mit einem kleinen Herzen handelt. Das Material ist aus 585er Gold. Das Herz ist eingefasst mit winzigen Diamantsplittern. Dieses Schmuckstück wurde in unserer Filiale verkauft. Frau Seidel, eine Mitarbeiterin, konnte sich bestens an den Kunden erinnern. Es war ein junger Mann, so um die Mitte, Ende zwanzig. Eine ältere, sehr freundliche Dame begleitete ihn. Er soll mit starkem polnischem Akzent gesprochen haben. Meine Kollegin weiß das so genau, da sie eine Schwester hat, die nach Polen geheiratet hat. Auch an die Gravur erinnerte sie sich. Sie sagte mir, dass sie die Gravur sehr schön fand und dass der junge Mann so sicher wirkte, die Frau fürs Leben gefunden zu haben.«

»Sie haben uns sehr geholfen«, bedankte sich Breitenfels. »Allerdings muss ich Ihre Kollegin, die Frau Seidel, bitten, ins Warener Polizeirevier zu kommen, damit wir ihre Aussage protokollieren können.«

»Ich werde es Frau Seidel ausrichten, sie wird die von mir gemachten Angaben jederzeit bei Ihnen wiederholen.«

»Danke schön Herr Sager! Wenn ich noch Fragen habe, melde ich mich bei Ihnen.« Dann legte Breitenfels auf.

Oberkommissar Lehmann las die letzten Krümel des Käsebrötchens zusammen. »Ihr Verdacht hat sich bestätigt?«, fragte er seinen Kollegen.

»Ja wir haben eine erste Spur«, antwortete Breitenfels. Dann erzählte er Lehmann von Frau Neumann aus dem Rostocker Verlag und der Kette. Plötzlich hielt er inne. Was hatte sie gesagt? Er versuchte, sich so genau wie möglich, an die Worte der sympathischen Sekretärin zu erinnern: ›Sie wär die Richtige und eines Tages wird sie berühmt sein, sie ist sehr talentiert.‹ ›Wer ist diese Unbekannte? Ist sie der Schlüssel zur Auflösung dieses Falls?‹ überlegte er. »Berühmt …«, sprach er vor sich hin und schrieb es an die Tafel im Büro. Dann fragte er in den Raum hinein: »Wie wird man heute berühmt?«

»Da fallen mir spontan diese Castingshows ein«, sagte Oberkommissar Lehmann, »die sind zurzeit sehr beliebt. Ich persönlich finde diesen Allerweltsexhibitionismus eher abschreckend.«

Breitenfels stimmte Lehmann zu. »Die Freundin unseres toten Polen war wahrscheinlich eine Schauspielerin oder eine Sängerin«, sprach er vor sich hin. Und zu Lehmann gewandt: »Ich fahre heute noch mal zu Heinz Lüdke. Vielleicht weiß der doch mehr als er zugibt. Ich hab ihn für einen einsamen, alten Mann gehalten, der sich nur wichtig machen will. Eventuell habe ich mich geirrt«, sagte Breitenfels nachdenklich. »Außerdem, wenn er etwas weiß, ist er in Gefahr.«

»Tun Sie das.« Während er mit Breitenfels sprach, öffnete Lehmann den obersten Knopf seines Hemdes. »Übrigens unsere polnischen Kollegen haben uns eine Mail geschickt«, sagte Lehmann und zeigte auf ein Schriftstück. »Soweit ich weiß, ergibt sich nichts Neues daraus. Pawel Socha war der Zweitgeborene von drei Geschwistern. Vater Lehrer, Mutter Krankenschwester. Die Kollegen haben die Eltern befragt. Das dazugehörige Protokoll lege ich Ihnen auf Ihren Schreibtisch.«

»Gut«, antwortete Breitenfels, »ich denke die ganze Zeit, dass wir etwas Entscheidendes übersehen.«

»Tja, aber was«, stellte Lehmann die Frage in den Raum.

»Was ist mit dieser Erbschaft der Frau Zarnke?«, fragte Breitenfels.

»Die Kollegen sind dran«, erwiderte Lehmann, »heute Abend wissen wir mehr. Wenn es sich bei der Frau Zarnke um Raubmord handelt«, sprach Lehmann laut vor sich hin, »haben wir es höchstwahrscheinlich mit zwei Tätern zu tun.«

»Tja, wenn«, sagte Breitenfels.

»Bisher gibt es keinen einzigen Anhaltspunkt, dass die Morde zusammenhängen, hab ich recht?«, hakte Lehmann nach, wie um sich selbst zu vergewissern.

»Kann ich nicht mit Gewissheit sagen, nur so ein Gefühl.«

»Bevor wir uns komplett in Gefühlsduseleien verlieren, machen wir uns lieber wieder an die Fakten.«

»Ja, wie gesagt, ich fahre nochmal zu dem Lüdke«, sagte Breitenfels, während er sich seine Jacke überzog.

»Übrigens, was ist mit dieser Frau Farbe, haben Sie die schon befragt?«, wollte Lehmann wissen.

Er öffnete einen weiteren Hemdknopf.

»Ja, aber nicht zu dem Tod der alten Frau«, erklärte Breitenfels, der noch mit dem Ärmel seines Anoraks kämpfte.

»Ist ja klar«, brummte Lehmann. »Dann fahren Sie am besten, nachdem Sie bei Herrn Lüdke waren, gleich bei der Autorin vorbei.«

»Mach ich.«

»Wie ist Ihr Eindruck von der Frau?«, fragte er sachlich.

»Eine interessante Person, nur hatte ich bei unserem letzten Gespräch das Gefühl, dass sie nicht ganz die Wahrheit sagte.«

»Sie lügt?« Lehmann schien überrascht.

»Ja, ich vermute, sie kannte Pawel Socha.«

»Bleiben Sie dran«, sagte Lehmann. »Ach so, und ihre Bücher, hat die schon jemand gelesen?«

»Ich nicht«, gähnte Breitenfels.

»Okay, dann kümmere ich mich darum«, sagte Lehmann und es sah aus, als öffnete er noch weitere Knöpfe seines Hemdes. Breitenfels befürchtete, wenn er ins Büro zurückkäme, stünde sein Vorgesetzter in Unterhosen vor ihm.

»Na dann viel Glück!«, wünschte Lehmann und verließ das Zimmer.

Breitenfels packte das Aufnahmegerät in die Aktentasche und machte sich auf den Weg nach Hinrichsberg.

**Wenn man denkt, es kommt schlimm,
kommt es schlimmer**

Als ich an diesem Morgen erwachte, hatte ich die unbestimmte Vorahnung, dass ein Unglück auf mich zurollt wie eine Schneelawine. Ich versuchte, die Gedanken abzuschütteln wie lästige Fliegen, aber die Angst hatte sich längst in mein Fleisch gebohrt. Selbst der Blick aus dem Fenster stimmte mich nicht heiterer. Kraftvolle Sonnenstrahlen legten sich weich auf das spärliche Grün. Mein Garten war unbemerkt erwacht, ganz leise nahm sich die Natur ihr Recht.

Rasch zog ich mir eine Jeans, dazu einen dünnen Rollkragenpullover an und trat vors Haus. Ich benötigte unbedingt Sauerstoff, darum atmete ich tief ein, als ich plötzlich bemerkte, dass das ganze Dorf auf den Beinen war. ›Woher kommen nur all die Menschen?‹, fragte ich mich. Schnell wollte ich zu Oma Zarnke gehen. Ich brauchte jemanden, mit dem ich über Pawels Tod sprechen konnte, das hätte ich schon gestern machen sollen. Ihre gütige Art würde sicher mein Gemüt beruhigen. Die Polizei hatte wahrscheinlich Pawels Mörder gefasst, warum sonst waren all die Leute unterwegs. Schritt für Schritt näherte ich mich Oma Zarnkes Haus. Die meisten Leute, denen ich begegnete, kannte ich nicht. Nur ein Stück weiter standen ein paar Dorfbewohner zusammen. Ich ging auf die Gruppe zu, die wild durcheinanderredete. Ich erkannte Andreas Wolf, Lina Serchenko, ihren Mann Georgi und Herrn Baumann, dessen angespanntes Gesicht an diesem Morgen auf mich noch faltiger wirkte.

»Hallo«, flüsterte ich zaghaft, so als ahnte ich, dass die hier versammelten Menschen mir gleich etwas Ungeheuerliches erzählen würden.

»Morgen«, sagte Andreas kurzangebunden und zog den Zopfgummi seines Pferdeschwanzes um einen Zentimeter fester. Eine blöde Geste dachte ich, als Lina mich mit großen Augen ansah.

»Du weißt es noch nicht, oder?«, fragte sie mich. Entsetzen machte sich auf ihrem Gesicht breit.

»Was weiß ich nicht?«, fragte ich ängstlich.

»Sie weiß es wirklich nicht …«, sprach Lina erneut und schaute in die Runde.

Andreas kürzte Linas Frage und Antwortspiel ab, indem er sich zu mir herumdrehte und mir unverblümt ins Gesicht sagte: »Oma Zarnke lebt nicht mehr.«

»Du lügst«, schrie ich ihn an und sackte zusammen. Zum Glück stand Horst Baumann dicht neben mir und fing mich auf. Vorsichtig legten sie mich auf den feuchten Boden. Lina beklopfte meine Wangen. Ich bekam alles mit, konnte mich jedoch nicht rühren. Gerade in dem Moment, als Lina anfangen wollte, mich zu beatmen schlug ich die Augen auf.

»Gott sei Dank«, rief Linas Mann Georgi.

»Tote gibt es hier ja wahrlich genug«, spöttelte Herr Baumann. Er entschuldigte sich aber sofort, nachdem er die vorwurfvollen Gesichter der Anwesenden gesehen hatte.

»Mein Gott, Leonie, wir wollten dich nicht so erschrecken«, sagte Andreas, ehrlich um Anteilnahme bemüht. »Ich habe es schon gestern am späten Abend erfahren.«

»Gestern?«, fragte ich zaghaft. Langsam richtete ich mich auf. Georgi und Lina halfen mir dabei. Meine Knie zitterten. Allmählich drang die Gewissheit in mein Bewusstsein. Oma Zarnke war tot. ›Nein‹, hämmerte es in meinem Kopf. Spontan riss ich mich von Lina los, die mich gestützt hatte. »Lina, lass mich los, ich kann das nicht glauben.« Noch bevor einer aus der Gruppe reagieren konnte, war ich auf direktem Kurs zu Oma Zarnkes Haus. Die Polizei hatte alles weiträumig abgesperrt, aber das interessierte mich nicht. Ich rannte unter dem rot-weiß gespannten Band hindurch und dann geradewegs auf die Haustür zu.

»Hallo!«, rief mir ein Polizist hinterher. »Hallo, junge Frau, warten Sie bitte«, rief er erneut.

Ich war wie im Rausch. Hörte die Worte zwar, aber verstand ihre Bedeutung nicht. Plötzlich hielt mich jemand am Arm fest. Es war der junge Streifenpolizist Berger.

»Sie dürfen hier nicht rein«, sagte er bestimmt, »das ist ein Tatort.«

Ich reagierte nicht, bis der Druck an meinem rechten Arm derart zunahm, dass er mich am Weitergehen hinderte.

»Sie sind doch die Schriftstellerin«, fragte mich der junge Mann.

Ich antwortete nicht, sondern stammelte nur: »Ich will sie sehen.«

»Sind Sie eine Verwandte?«, fragte der Polizist.

»Ja, ich bin eine Verwandte, eine Seelenverwandte, wenn Sie

wissen was ich meine«, stammelte ich und fing an zu weinen.

»Was ist denn da los?«, rief Kommissar Breitenfels, der zufällig in der Nähe stand, dem jungen Polizeibeamten zu. Er war kurz zuvor nochmals zum Tatort gefahren, um sich dort umschauen, bevor er den alten Lüdke befragte. Als Breitenfels mich sah, schob er den Polizisten beiseite. »Warten Sie bitte hier.« Dann ging er zum Auto und holte einen Klappstuhl aus dem Kofferraum. Er bat mich darauf, Platz zunehmen. »Nicht sehr bequem, aber besser als stehen.«

Ich schluchzte laut.

»Beruhigen Sie sich doch bitte, Sie können für die alte Dame nichts mehr tun«, sagte er.

»Ich will Sie sehen«, erwiderte ich bockig.

»Sie ist nicht hier«, sprach Breitenfels mit gedämpfter Stimme. »Außerdem war es kein schöner Anblick. Behalten Sie sie in Erinnerung, wie Sie sie kannten.«

»Ich muss!«, beharrte ich. »Sonst kann ich es nicht glauben.«

»Schauen Sie mich an«, sagte der Kommissar, »denken Sie ich lüge Sie in dieser Situation an?«

Ich versuchte, dem Kommissar in die Augen zu schauen, was angesichts meiner vielen Tränen nicht leicht war.

»Sie ist also wirklich tot«, stammelte ich. Allmählich begann mein Gehirn diese Worte zu begreifen.

»Ja, leider ist es so«, sprach Breitenfels leise.

In diesem Moment kam ihm wohl die Idee, mich gleich hier zu befragen. Menschlich nicht ganz sauber, aber aus kriminalistischer Sicht in Ordnung. Ich hatte mich etwas beruhigt.

»Geht es Ihnen besser?«, fragte er mich.

Ich nickte.

»Sehen Sie sich in der Lage ein paar Fragen zu beantworten?«
Ich nickte erneut. Anscheinend sah ich sehr hilfebedürftig aus auf diesem Klappstuhl. Breitenfels jedenfalls wirkte so, als pendle er zwischen Beschützen und Ausfragen. Da passierte es. Ein großer, kräftiger Mann zwängte sich durch die Absperrung. Sichtbar erregt ging er mit schnellen Schritten auf den Kommissar zu, stoppte kurz, um mich sogleich heftig in die Arme zu schließen.

Breitenfels erkannte ihn. ›Dieser Kaffeeexperte‹ dachte er. »Entschuldigen Sie, Professor Hansen, ich bin mitten in einer Befragung. Ich bitte Sie, zu gehen.«

»Das ist doch nicht Ihr Ernst«, echauffierte sich der Professor laut.«

»Ich bin Psychiater und Psychologe. Ich verbiete Ihnen, die Befragung fortzusetzen. Sehen Sie denn nicht, wie schlecht es Frau Farbe geht?«

Er war so wütend, dass es für mich fast körperlich spürbar war. ›Diese Neigung zur Affektion hätte ich ihm nicht zugetraut‹, dachte ich verwirrt.

Breitenfels schien ebenso verwundert.

»Ich nehme Sie jetzt mit. Ich lasse nicht zu, dass Sie sie in diesem Zustand befragen. Ansonsten hören Sie von meinem Anwalt, Herr … Herr …«

»Kommissar Breitenfels«, antwortete der Komissar ruhig und sachlich. »Frau Farbe versicherte mir, dass Sie in der Lage ist, einige Fragen zu beantworten.«

Ich nickte müde. Im Nicken hatte ich mittlerweile einige Übung.

»Sieht so etwa eine Frau aus, die in der Lage ist, Fragen der

Polizei zu beantworten?« Stefan zeigte auf mich.

In diesem Moment sah ich wohl besonders elend aus. Er hielt den Arm schützend um mich gelegt, als er mir leise ins Ohr flüsterte: »Komm, Leonie, wir gehen.«

Willenlos ließ ich es geschehen und mich langsam vom Tatort wegführen.

»Die nächsten Tage hören Sie von mir beziehungsweise von meinem Anwalt«, drohte Stefan noch einmal mit Nachdruck.

Breitenfels unterdessen wusste nicht, was er von diesem Auftritt halten sollte. Er klappte die Stühle ein.

Auch der Streifenpolizist wirkte irritiert. »Was war denn das für ein Auftritt?«, fragte er den verblüfften Kommissar.

»Keine Ahnung«, gab der Breitenfels zurück und schaute den beiden davongehenden nachdenklich hinterher.

Er war gerade dabei, ein paar Schubladen in Frau Zarnkes Schrank näher zu untersuchen, als er erneut gestört wurde.

Wieder war es Streifenpolizist Berger: »Kommissar Breitenfels, hier ist ein Mann, der möchte Sie unbedingt sprechen!«

Langsam ging ihm dieser Berger gehörig auf die Nerven. ›Man kommt nicht dazu, in Ruhe seine Arbeit zu verrichten, weil dieser Berger irgendwelche Leute anschleppt‹, dachte er. »Was ist denn schon wieder?« Breitenfels klang genervt. Er hatte noch nicht zu Ende gesprochen, da schob sich ein Mann um die Vierzig durch die Polizeiabsperrung.

»Dr. Arne Müller, ich bin Arzt«, sagte der gutaussehende Mann zu Breitenfels.

»Für Frau Zarnke können Sie nichts mehr tun«, erwiderte der Kommissar spitz.

»Ich habe davon gehört, aber deshalb bin ich nicht hier.«

Breitenfels fand, sein Gegenüber sah aus wie ein Schauspieler. Wie einer aus Uschis Nachmittagssoaps.

»Was kann ich für Sie tun? Ich ermittle gerade.«

»Entschuldigen Sie die Störung. Ich suche Frau Farbe, der Polizist meinte, sie wird gerade von Ihnen befragt.«

›Berger schon wieder‹, überkam es Breitenfels. »In welcher Beziehung stehen Sie zu Frau Farbe?«

»Wir sind befreundet, noch nicht sehr lange, aber ich kann sagen, wir sind befreundet.«

Es hörte sich für Breitenfels wie nächtliches Singen im dunklen Wald an, so als müsste sich der Arzt selbst Mut machen.

»Rein platonisch, wenn ich fragen darf?«

»Dazu möchte ich nichts sagen, das ist zu privat«, entgegnete Dr. Müller.

»Bei Mord ist nichts privat«, blaffte Breitenfels scharf.

»Laden Sie mich bitte vor, dann stehe ich Ihnen Rede und Antwort. Wo sagten Sie, ist Frau Farbe?«, hakte er nach.

»Frau Farbe wurde vor circa zehn Minuten von einem Professor Hansen abgeholt. Sie kommen etwas zu spät, er hatte vor Ihnen seinen großen Auftritt«, entgegnete Breitenfels und ließ den verblüfften Arzt einfach stehen. »Die Leute werden auch immer arroganter«, sinnierte er vor sich hin, »macht keinen Spaß mehr.«

Dr. Arne Müller war unterdessen auf dem Weg zum Haus von Professor Hansen.

»Komm setz dich, du siehst blass aus«, sagte Stefan zu mir.

Ich ließ mich schwerfällig in den Sessel unweit vom Kamin fallen. Es lag verbrannte Asche darin.

»Möchtest du einen Kaffee?«, fragte er und beantwortete sich in dem Moment die Frage selbst. »Nein, ich glaube du brauchst jetzt einen guten Ginseng-Tee mit einem Schuss Rum darin. Der wärmt durch und weckt die Lebensgeister.«

Ich war unsagbar müde, meine Beine taten mir weh und auch sonst fühlte ich mich, als hätte mich gerade ein Bus überrollt. Erst Pawel, nun Oma Zarnke, das war zu viel für mein weiches Gemüt. »Warum trifft uns der Tod so unvorbereitet?«, stellte ich die Frage in den Raum.

»Kleine Leonie, wie willst du dich denn auf den Tod vorbereiten? Indem du ihm auf dem Friedhof auflauerst oder heimlich Nächte in der Pathologie verbringst?«

»Du hast recht, es war eine dumme Frage«, sagte ich.

»Nicht, wenn du sie stellst«, antwortete Stefan. Er schaute mich liebevoll an, während er mir die Hand reichte. Stefans Hand war kraftvoll und warm, sie strahlte Geborgenheit aus, ganz im Gegensatz zu meinen kalten, feingliedrigen Fingern.

»Ich denke, dass man sich manchmal rückwärts bewegen muss, um vorwärtszukommen«, sagte ich.

»Du bist ja eine richtige Philosophin«, versuchte er etwas Leichtigkeit in unser Gespräch zu bringen. Vergeblich.

»Ich ahnte nicht, wie eng dein Kontakt zu der alten Frau war, dass dir ihr Tod so sehr zu schaffen macht. Tut mir sehr leid. Ich dachte, ihr kanntet euch nur flüchtig, wie man sich halt auf einem Dorf kennt, wenn man fast Tür an Tür wohnt.«

»Sie war ein liebevoller Mensch und wir hatten eine besondere Verbindung. Sie fehlt mir schon jetzt.«

»Leonie, ich bin für dich da.« Er hielt noch immer meine Hand, die sich allmählich seiner Körpertemperatur anpasste.

»Ich weiß«, antwortete ich, »dafür danke ich dir.«

»Wie geht es deinem Bauch?«, fragte Stefan überraschend nach.

»Entschuldige, aber ich mag jetzt nicht über meine Gesundheit reden«, erwiderte ich matt.

»Ich verstehe«, sagte Stefan, »dann bereite ich mal schnell den Tee.« Und schon befand er sich auf dem Weg in die Küche.

Ich saß noch immer völlig erledigt im Sessel und döste vor mich hin, als es an der Haustür klingelte. Ich wartete. Sicher ging Stefan gleich an die Tür. Es läutete ein weiteres Mal. Anscheinend hörte er nichts.

»Stefan, es klingelt.«

Als ich keine Antwort bekam, ging ich selbst zur Tür und machte sie auf. Vor Staunen blieb mir fast der Mund offen stehen. Es war Arne, der mich anlächelte.

»Verzeih, dass ich so unangemeldet hereinplatze, ich hab mir Sorgen gemacht. Ich hatte es heute Morgen in der Arztpraxis gehört. Es gab schon wieder eine Tote in diesem Nest, ich dachte du brauchst vielleicht meine Unterstützung.«

»Arne, das ist nett von dir«, stammelte ich, »aber ich komm zurecht.«

»Frauen wie du kommen immer zurecht, aber Männer wie ich möchten das gerne verhindern.«

Ich lächelte. Es war dieser charmante Humor, der mich seit unserer ersten Begegnung vollkommen vereinnahmte. Arne versuchte meine Hand zu nehmen, als Stefan plötzlich hinter uns stand.

»Darf ich fragen, wer Sie sind und was Sie vor meiner Tür machen?« Sein Tonfall war ungewöhnlich scharf.

»Darf ich vorstellen«, sagte ich eilig, »Professor Stefan Hansen, Dr. Arne Müller.«

»Ah«, hüstelte Stefan, »der Arzt mit den umstrittenen Diagnosen.«

»Wie meinen Sie das?«, fragte Arne.

»Nichts, nichts«, konstatierte Stefan. »Sollte nur ein Scherz sein.«

»Komischer Scherz«, erwiderte Arne Müller und war sichtlich irritiert.

»Sie sind Arzt, da haben Sie sicher viel zu tun«, sagte Stefan.

»Ich war gerade auf dem Weg zu einem Hausbesuch.«

»Dann lassen Sie sich durch uns bitte nicht aufhalten.«

Ich wusste nicht, was ich darauf erwidern sollte, so spröde kannte ich Stefan nicht. Wahrscheinlich nahm der Tod von Oma Zarnke auch ihn mehr mit, als ich vermutete.

»Ich möchte auch nicht weiter stören, du weißt, ja wo du mich findest«, sagte Arne zu mir gewandt. Unterkühlt verabschiedete er sich von Stefan.

»Auf Wiedersehen Herr Dr. Müller«, erwiderte der Professor »und einen schönen Tag.«

»Danke, Arne«, flüsterte ich noch zaghaft und schon hatte Stefan die Tür hinter mir geschlossen und schob mich wieder Richtung Couch. »Du brauchst wirklich Ruhe«, sagte er streng, als er mir ein weiches Kissen in den Rücken schob. »Die Aufregung und der Tod um diese Frau Zarnke tun dir alles andere als gut. Du kannst diese Nacht gern hier bleiben. Ich übernachte im Wohnzimmer, das macht mir nichts aus.«

Stefans Angebot tat mir gut. Ich hatte Angst vor der Leere in meinem Haus.

»Wenn es dir nichts ausmacht, schlafe ich auf der Couch«, erwiderte ich dankbar.

»Nach dem Tee geht es dir viel besser, wirst sehen.«

»Ich bin froh, dass es dich gibt«, sagte ich zu ihm.

»Schon gut, Leonie«, antwortete er und schaute plötzlich sehr ernst.

Mittlerweile war es früher Abend. Wir hatten einige Stunden miteinander redend, aber auch lange Zeit schweigend verbracht. Ich spürte überhaupt nichts mehr, außer, dass ich mich noch nie so unglücklich gefühlt hatte. Nach Pawels Verschwinden ging es mir ähnlich, damals fiel ich in ein schwarzes Loch, in dem ich viele Monate glaubte, ertrinken zu müssen. Annis leise Töne waren mein Strohhalm. Sie hatte mir ihre Hand gereicht, indem sie mir von ihrem Leben erzählte. Von Otto und August und der Zeit der Entbehrungen. Aber auch von ihrer Liebe, den kleinen Freuden, die in jener Zeit ihr Dasein lebenswert machten. Anni war im Gegensatz zu mir eine starke Frau. Ich kam mir regelrecht wie eine Weichwurst vor, wie jemand der vor dem realen Leben flieht. Zum Glück bohrte Stefan nicht nach, als ich in meine Gedanken versank und lange still neben ihm saß. Er tischte weder französische Petit Four, noch handgeschöpften Weichkäse auf. Er machte uns ein paar Schmalzstullen und servierte einen trockenen Rotwein dazu. Das war seine Art, mir zu sagen, dass das Leben irgendwann wieder weitergeht. Vielleicht nicht heute, vielleicht noch nicht morgen, aber übermorgen ganz bestimmt und dafür war ich ihm dankbar.

Wir aßen die Schmalzstullen und bald danach schlief ich auf der Couch ein. So gegen halb zwei Uhr nachts erwachte ich schweißgebadet. Ich war eingerollt wie ein Igel. Stefan musste mich in der Zwischenzeit zugedeckt haben, ich erinnerte mich nicht daran. Kalter, feuchter Schweiß bedeckte meine Stirn, mein Herzschlag war unregelmäßig. Ich empfand ihn auf jeden Fall als viel zu schnell. Auch meine Beine fühlten sich an, als könnte ich sie nicht mehr bewegen. Behutsam schlug ich die dicke Wolldecke zurück. Der Mond schien silbern durchs Wohnzimmerfenster. Ich versuchte mich in der Dunkelheit zu orientieren. Ab und zu drangen Wortfetzen in mein Bewusstsein, zu denen es aber keine Erinnerung gab oder nur vage Fragmente. Ich glaubte, von Pawel geträumt zu haben. Ich rief im Traum nach ihm. Hatte ich auch in Wirklichkeit geschrien? Ich wusste es nicht.

Im Haus war es mucksmäuschenstill. Die Stille lag schwer wie ein Stein auf meiner Brust. Stefan schlief seelenruhig im Zimmer nebenan, zumindest vermutete ich das. Ich atmete gleichmäßig, langsam beruhigte ich mich. Anscheinend hatte ich nicht geschrien, sonst hätte ich ihn sicher geweckt.Langsam stand ich auf und legte die Decke zusammen. Ich wollte auf einmal nur noch in mein eigenes Bett. Als ich meine Handtasche nahm, merkte ich, dass mein Handy fehlte. Es lag auf dem Tisch. Ich konnte mich beim besten Willen nicht entsinnen, dass ich gestern Abend telefoniert hatte. Doch wahrscheinlich war ich nur zu traurig und zu erschöpft, um mich daran zu erinnern. Ich steckte es in die Tasche und schlich zur Garderobe, um meinen Mantel vom Haken zu nehmen. Beim Anziehen schaute ich auf die Uhr, es war kurz nach halb zwei. Fast geräuschlos öffnete ich die Tür und ebenso leise schloss ich sie. Zum Glück war Stefan nicht aufgewacht.

Vor der Tür empfing mich ein eisiger Wind, draußen herrschten Minusgrade. Die Kälte fuhr in meine Glieder und ließ mich frösteln. Für einen kurzen Moment sah ich etwas und hielt inne. Der nächtliche Frost hatte das Dorf mit einem Film aus weißem Raureif überzogen. Dadurch wirkte es verschlafen, fast ein wenig verträumt, so, als hätte es nie einen Mord gegeben. Die Natur hatte ihre eigene, sanfte Weise, die Tragik des Lebens zu betrachten. Bevor sich meine Gedanken aufreihten wie die Perlen einer Gebetskette, fing ich an zu laufen. Noch ein paar Schritte, dann hatte ich es geschafft. Ich suchte in meiner Handtasche nach meinem Hausschlüssel, als mich etwas ablenkte. Es war ein kleines, flackerndes Licht, das sich unruhig in meinem Haus hin und her bewegte. Zuerst dachte ich an eine Täuschung, bis ich es abermals sah. Es sah aus, als stamme es vom Lichtkegel einer Taschenlampe.

»Oh, mein Gott«, entfuhr es mir. »Oh, mein Gott, der Mörder ist bei mir zuhause.« Meine Gedanken überschlugen sich. Der Täter ist sicher ein Psychopath, der die gesamte Dorfbevölkerung auslöschen will … und ich bin die Nächste! ›Was soll ich nur tun? Am besten fliehen, zurück zu Stefan. Nein nicht zurück. Weg, weit weg vom Dorf.‹ überschlugen sich meine Gedanken. Ich musste nur unbemerkt zum Auto gelangen. Meine Autoschlüssel hatte ich zum Glück immer in der Handtasche bei mir. Meine Hände zitterten, als ich auf allen Vieren bis zum Carport schlich, der sich direkt neben dem Haus befand. Immer wieder tauchte der kleine Lichtkegel auf, der sich tänzelnd durch die Räume bewegte. Keuchend kroch ich weiter zu meinem Auto, schloss es auf und setzte mich hinein. Mein Herz drohte zu zerspringen, meine Finger flatterten derart, dass ich kaum den Schlüssel ins Zündschloss bekam. ›Leonie, du musst ruhig bleiben‹, versuchte ich mir selbst Mut zuzusprechen. Nach einem Fehlversuch sprang mein alter Golf an und ich rollte ohne Licht weg vom Haus. ›Nur weit weg‹, dachte ich.

Rasch war ich in Sietow, die B 192 Richtung Waren war gespenstisch leer. Kein einziges Fahrzeug war zu dieser Zeit unterwegs. Ich hatte immer noch fürchterliche Angst. Als ich mich einer Tankstelle näherte, entschied ich mich dort anzuhalten. Ich fuhr durch die Ausfahrt auf den freien Platz neben den Tanksäulen. Das Durchfahrverbotsschild war mir in diesem Moment egal. Ich wollte mich nur in Sicherheit bringen. Zum Glück war mir kein Fahrzeug gefolgt. Da stand ich nun vor dem spärlich beleuchteten Nachschalter und wusste nicht wohin.

»Kann ich Ihnen helfen?«, fragte ein junger Mann mit rotblonden Haaren durch einen Lautsprecher hinter dem Sicherheitsglas.

»Ein Wasser, ich möchte ein Wasser«, stammelte ich. »Still, ganz still, also ohne Kohlensäure«, fügte ich hastig hinzu.

Der Rotschopf beäugte mich neugierig. Ich sah wohl nicht aus wie die Typen, die um die Zeit Zigaretten holen. Ich sah aus wie jemand, der um diese Zeit normalerweise im Bett lag und schlief.

»Hier, Ihr Wasser«, sagte der Kassierer freundlich, »es ist still, so still wie diese Nacht«, dabei lächelte er vielsagend.

Ich schaute ihn zornig an und der junge Mann unterließ jeden weiteren Versuch der Annnäherung. Nachdem ich das Geld in die Schublade des Nachtschalters gelegt hatte, gab er mir das Wasser. »Danke«, sagte ich und hielt mich kaum auf den Beinen. Mühsam schleppte ich mich zurück zu meinem Wagen und setzte mich hinein. Ich überlegte, ob ich gleich zur Polizei fahren sollte. Aber was sollte ich den Polizisten sagen, sicher war der Täter, nachdem er mein Auto gehört hatte, längst verschwunden. Diese Stunden musste ich einfach überstehen. Schließlich hatte Anni einen Krieg überstanden, Bombenhagel, Hungersnot, da werde ich wohl eine Nacht an der Tankstelle überleben. Der junge Kassierer reckte noch immer den rotblonden Schopf in meine Richtung und betrachtete mich mittlerweile argwöhnisch. Anscheinend hatte er in dieser Nacht nichts Besseres zu tun. Außerdem gab ich wohl eine merkwürdige Figur ab, um diese Zeit, kurz vor zwei an der menschenleeren Tankstelle in Waren.

Ich wusste nicht, wie lange ich in meinem Golf gehockt hatte, als plötzlich jemand an die Seitenscheibe meines Autos klopfte. Ich schreckte hoch und war aufs äußerste beunruhigt, bis ich sah, wer mitten in der Nacht durch die Autoscheibe schaute. Arnes schöne Gesichtszüge lächelten mich fragend an. Vorsichtig ließ ich die Scheibe einen Spalt herunter, nur soviel, dass es möglich war, miteinander zu reden. Die Überraschung stand Arne immer noch ins Gesicht geschrieben, als er mich fragte: »Was machst du denn um diese Zeit hier?«
»Dasselbe könnte ich dich auch fragen«, antwortete ich spitz.
»Ich komme gerade vom Bereitschaftsdienst«, erwiderte Arne, der sich unübersehbar freute, mich zu sehen.
»Und ich brauchte dringend Wasser«, entgegnete ich und

nuckelte, um meine Worte zu bestätigen, an der halbvollen Flasche. Die Plastiktrinkverschlüsse eigneten sich zum Glück hervorragend dazu.

»Ah, ich verstehe«, er war sichtlich belustigt, »du trinkst das Wasser gleich hier aus, damit sparst du dir die sinnlose Schlepperei. Das muss ich mir unbedingt merken«, amüsierte er sich und zog die Stirn in schräge Falten.

Ich musste mir eingestehen, dass meine Ausrede einfach nur blöd klang. Aber was sollte ich ihm sagen? ›Alles, nur nicht die Wahrheit‹, dachte ich.

»Ich hab eine Idee«, meinte Arne spontan. »Bei mir zu Hause steht noch ein voller Kasten Wasser herum. Meinetwegen können wir den heute Nacht beide austrinken. Natürlich nur, wenn du magst«, fügte Arne unschuldig hinzu. »Außerdem brauchst du dann nicht mehr so alleine hier herumzuhocken«, flüsterte er schmunzelnd.

Nun musste auch ich lachen. ›Was soll's‹, dachte ich, ›es ist doch ein Glücksfall, das ich ihn ausgerechnet in dieser Nacht treffe‹. »Ich bin einverstanden«, sagte ich, während ich die Scheibe ein weiteres Stück herunterließ. »Aber nur wegen des Wassers.«

»Warum sonst solltest du mich mitten in der Nacht besuchen? Fahr mir einfach hinterher!« Und schon stieg er in einen dunkelfarbenen Audi.

Nach zehn Minuten kamen wir in der Müritzstraße 5 an, wo Arne das Auto auf einem für ihn reservierten Parkplatz abstellte. Ich parkte meinen Golf etwas an der Seite, so dass er niemanden störte. Dann gingen wir die kurze Stahltreppe hinauf zur Eingangstür. Nach einer weiteren Treppe standen wir beide vor einer blauen Wohnungstür, an der sich kein Namensschild befand.

»Komm rein«, bat er mich kumpelhaft, nachdem er mit nur einem Griff den Wohnungsschlüssel parat hatte. ›Wie machen die Männer das nur?‹, fragte ich mich, ›ich selbst brauche meist Stunden, bis ich meinen Schlüssel in meiner Handtasche finde …‹.

Es war eine Etagenwohnung mit direktem Blick auf den Warener Hafen. Im unteren Bereich befand sich eine funktionale offene Küche, die gemütlich ausgestattet war. Ich vermutete, dass sich hinter zwei weiteren Türen das Schlafzimmer und das Bad verbargen. Eine massive Holztreppe führte hinauf in die zweite Etage zum Wohnzimmer. Die Wohnung, wenn ich sie mit meinem Haus verglich, war winzig. Aber sie war stilvoll und modern eingerichtet. Die Möbel sahen hochwertig aus, das meiste war italienisches Design. Arne hatte genau wie ich eine Unmenge an Büchern, die sich in endlos scheinenden Bücherregalen aneinander reihten.

»Setz dich doch«, sagte er höflich, als er sah, dass ich immer noch stand.

»Ja, danke«, antwortete ich fast schüchtern. Ich setzte mich auf eine graue Leinencouch, die sehr edel wirkte. Von dort aus hatte man durch großflächige Dachfenster einen schönen Blick auf den idyllischen Hafen, zumindest am Tag.

»Ich bin gleich wieder da«, sagte er zu mir und lief hinunter in die Küche. Er holte zwei Gläser, die er mit stillem Wasser füllte. In der Zwischenzeit ging ich ans Fenster und schaute hinab auf das Wasser, dessen Oberfläche seidenschwarz schimmernd vor mir lag und mich an einen dunkel, glänzenden Hämatiten erinnerte. Das gelbe Licht der Straßenlaternen am Rande des Hafenbeckens passte gut dazu. Es beleuchtete schwermütig den menschenleeren Fußgängerweg. Nur ein paar Enten dümpelten auf der spiegelglatten Wasseroberfläche, und hatten ihre Köpfe in ihr Gefieder gesteckt. Ich fand, es ging ein großer Frieden von diesem Bild aus.

Arne kam die Treppe herauf, in der Hand hielt er die Gläser. Er reichte mir eins und sagte: »Prost Leonie! Du kannst in Ruhe austrinken, wie gesagt, ich hab noch einen ganzen Kasten von dem Gänsewein.«

›Eins zu null für ihn‹, dachte ich, so schnell lässt er sich nicht entmutigen. Ich mochte Menschen, die Mut und Geduld hatten, hinter die Fassade zu schauen. Wie weit ich ihn schauen lassen würde, wusste ich zu dem Zeitpunkt noch nicht, aber eines wusste ich genau, als er so vor mir stand. Ich wollte mit ihm schlafen.

Seit Stunden fühlte ich mich zum ersten Mal sicher, ja fast schon geborgen. Ich hatte keine Eile mehr, mit ihm zu reden. Wörter waren überflüssig. Ich wollte nur noch eines, ihn spüren, wie ich Pawel gespürt hatte. Die gleiche Intensität. Gab es sie ein zweites Mal?

Ich trank einen Schluck Wasser, dann schloss ich die Augen. In diesem Moment roch ich ihn. Ich konnte ihn schon schmecken, noch bevor sich unsere Körper aneinander rieben. Als ich meine Augen wieder öffnete, spürte ich seine Lippen auf meinem Mund. Volle italienische Lippen küssten mich zurück ins Leben. Sie hatten meine Gedanken erraten. Dann ging alles ganz schnell. Die Leidenschaft riss uns die Kleider vom Leib. Er bedeckte meinen nackten Körper mit unzähligen Küssen. Seine Lippen schienen sich förmlich an mir festbeißen zu wollen. Um mich herum wurde es bunt. Es gab keinen Mord und keine Toten. Ich taumelte vor Gier und konnte es nicht erwarten, das er in mich eindrang. Dann spürte ich ihn. Seinen großen, schlanken Schwanz, wie er schutzlos in meiner Hand hin und her vibrierte. Ich streichelte ihn sanft. Plötzlich schaute Arne mich mit fragenden Augen an. Er flüsterte leise: »Ho paura di voi.«

Es hörte sich italienisch an und es klang nach Schmerz. Ich verstand kein italienisch, aber ich verstand etwas vom Schmerz und ich verstand etwas von Arnes Schwanz, den ich ganz behutsam in meine Scheide einführte. So wie ein Lotse das Schiff in den sicheren Hafen bringt, manövrierte ich ihn an die richtige Stelle. Er war gierig und vorsichtig zugleich. So wie die Stöße schnell und auch wieder langsam waren. Geradezu virtuos steigerte er meine Lust, die sich in einer Heftigkeit entlud, die selbst für einen Halbitaliener wie Arne überraschend kam. Keuchend und feucht kauerten wir dicht nebeneinander. Überall um uns herum lagen unsere Sachen verteilt.

Von draußen schien hell die Sonne herein. Die ersten Sonnenstrahlen spiegelten sich im Fenster. Die Nacht war dem Tag gewichen und mit ihr die Leidenschaft. Ich wagte nicht, ihn anzuschauen. Auch Arne war befangen. Es stellte sich zwischen uns eine Fremdheit ein, die unsere Körper noch vor ein paar Stunden nicht kannte. Woher kam sie nur?

Er versuchte, sie als Erster zu durchbrechen, indem er sich auf seinen rechten Ellenbogen stützte und mich streichelte.

»Bist du enttäuscht?«, fragte er.

›Wie kommt er nur auf diese dumme Idee?‹, dachte ich, sagte aber nichts. Wie immer in entscheidenden Momenten sagte ich nichts.

Arne wartete eine Weile, dann nahm er die herumliegenden Sachen auf und zog sich an. Vor ihm habe ich noch keinen Menschen gesehen, der sich so schnell anzog wie Arne. Bevor ich ihm oder zumindest mir alles erklären konnte, war er vollständig bekleidet.

»Leonie, ich muss in die Praxis«, sagte er, »zieh einfach die Tür hinter dir zu.«

»Arne« erhob ich gequält meine Stimme.

»Ja?«, fragend und irgendwie hoffend drehte er sich zu mir herum.

»Ach nichts, machs gut«, hörte ich mich antworten.

Die Enttäuschung spiegelte sich nun fest in Arnes Gesicht wieder.

Nach fünf Minuten hörte ich auch schon wie Arne die Wohnung verließ. Noch immer lag ich bewegungslos da, so als hätte man mich mit Gift betäubt. Allmählich zog ich meine Unterwäsche an und stellte mich ans Fenster. Das Wasser war himmelblau und die Enten schnatterten vergnügt auf den kleinen, kurzen Wellen im Hafen. Zwei Erpel schienen miteinander zu flirten. Wahrscheinlich waren sie schwul und es war ihnen nicht bewusst. Sie folgten ihrer Natur, ohne sie zu hinterfragen. Vielleicht war das eine Antwort darauf, warum ich im Leben so vieles falsch machte.

Mit dem Verdacht ist das so eine Sache

Es war gegen sechs Uhr morgens und der Fernseher lief. Harry schmierte sich gerade ein paar Brötchen. Die ersten Vögel zwitscherten durchs offene Fenster. Einem schönen Tag stand nichts im Wege, wären da nur nicht die Toten, die sich auf seinem Schreibtisch stapelten.

»Mensch, Uschi«, sagte er und nahm ihr Foto in die Hand, »ich brauch dich.« In diesem Augenblick fiel ihm auf, dass er schon ein paar Tage nicht mit ihr gesprochen hatte. ›Es war im Büro einfach zu viel los‹, versuchte er sich zu beruhigen. Seit einer Woche schlief er wieder durch. Die erste Nacht hielt er für puren Zufall, weil er so übermüdet war. Als er in den darauffolgenden Nächten immer noch durchschlief, war er nur froh. Der Spuk war anscheinend vorbei. Die Gespräche mit Uschi, so tröstete er sich, musste er halt auf den Tag verlegen. Die Folge des ausgiebigen Nachtschlafes war, dass er sich am Tage besser konzentrieren konnte. Er spürte, dass die Lebensgeister langsam wiederkamen. Und er war heilfroh, dass er nicht in die Frühpensionierung gegangen war. Die Arbeit in dem kleinen Revier machte ihm Spaß, selbst das Verhältnis zu Lehmann gestaltete sich entspannter. Ihr privates Gespräch unter Männern hatte ihnen gutgetan. Er musste nur diese vertrackten Mordfälle aufklären.

Für einen klitzekleinen Moment dachte er an die hübsche Frau auf der Treppe im Rostocker Hof. ›Was soll's, wahrscheinlich sehe ich sie nie wieder‹, dachte er. Im selben Augenblick schämte er sich dafür, besonders als ihm bewusst wurde, dass er immer noch Uschis Foto in den Händen hielt. Es war das einzige, größere Porträt, das er von ihr hatte und er mochte es sehr, weil auf dem Bild jene zwei Grübchen herausstachen, die er so an ihr geliebt hatte.

Im Fernsehen hörte er die Nachrichten, dann war es schon sieben Uhr. Er musste sich beeilen, soviel stand fest. Da klingelte sein Handy. Es war Arno Becker.

»Na, Arno, hast du was Neues für uns?«

»Nee, eigentlich nicht. Hab euch schon alles aufgeschrieben. Der Bericht liegt auf deinem Schreibtisch. Bei der alten Dame war es so, wie ich vermutet habe. Sie wurde mit der stumpfen Seite eines Zimmermannshammers erschlagen. Bei dem Tatwerkzeug handelt es sich um einen sogenannten Lattenhammer, aus einem Block geschmiedet. Du kennst so ein Teil?«, fragte Dr. Becker ins Telefon.

»Ich denke schon«, sagte Breitenfels, dem dieses Detail vor dem Frühstück nicht schmeckte.

»Der Täter führte den ersten Schlag mit einer solchen Wucht aus, dass sie sofort tot war. Er hat aber noch ein zweites Mal zugeschlagen, wollte wohl ganz sicher gehen. Ach, und die alte Dame hatte Gebärmutterhalskrebs im Endstadium. Sie war anscheinend seit Jahren nicht mehr beim Frauenarzt. Der Mörder hätte nur noch ein paar Monate warten brauchen, dann hätte es sich von selbst erledigt.«

»Hm, gibt es irgendwelche verwertbaren Spuren?«, fragte Breitenfels.

»Nein, nichts Erwähnenswertes. Keine Fremd-DNA oder ähnliches. Der Täter war sehr vorsichtig.«

»Das schließt eine Affekttat aus«, warf Breitenfels ein.

»Das Spekulieren ist nicht mein Metier, ich halte mich lieber an die Fakten. Aber wenn du mich schon fragst, der Mörder handelte überlegt.«

»Das erklärt auch Frau Zarnkes gütigen Gesichtsausdruck als sie starb«, resümierte Breitenfels. »Sie wusste intuitiv um ihre Erkrankung. Sie war dem Täter fast dankbar, weil er sie erlöste.«

»Reine Spekulation«, sagte Arno Becker, »du kannst sie ja nicht mehr fragen.«

»Du kannst sie aber für mich fragen«, stichelte Breitenfels.

»Sie erzählt mir nichts mehr. Ich finde, die alte Dame hat jetzt auch ihre Ruhe verdient.«

»Na gut.«

»Der eigentliche Grund, weswegen ich dich anrufe, ist: Ich wollte wissen, ob es bei heute Abend bleibt.«

»Heute Abend?«, hakte Harry nach.

»Mensch, Harry.«

»Ja, klar bleibt es bei unserem Abend«, sagte Breitenfels zügig, dem zum Glück ihre Verabredung im Pub wieder einfiel.

»Gut, Harry, dann such mal schön deine Mörder. Bis heute Abend, ich freu mich.«

»Bis dann, Arno«, sagte Harry und legte auf.

Kurz darauf rief Lehmann an. »Ich hab 'ne gute Nachricht. Wir haben ihn.«

»Wen haben wir?«, fragte Breitenfels erstaunt.

»Na, den Mörder von Frau Zarnke.«

»Da bin ich aber mal gespannt.«

»Dr. Becker hat einen Zimmermannshammer als Tatwaffe identifiziert. Was liegt da näher als ein Schreiner mit einem Zimmermannshammer? Ich spreche von diesem Andreas Wolf, der kam mir gleich suspekt vor«, sagte Lehmann.

»Weil er Harleyfahrer ist oder warum?«, fragte Breitenfels ärgerlich.

Lehmann räusperte sich. »Man, Breitenfels, der Fall ist so gut wie aufgeklärt.

»Was ist mit dieser Erbschaft der Frau Zarnke, wissen wir da schon mehr?«

»Ja, Berger hat sich darum gekümmert.«

»Macht der eigentlich alles alleine? Immer höre ich Herr Berger, Herr Berger.«

»Er ist halt ein tüchtiger Bursche. Einer unserer besten Polizisten«, meinte Lehmann. »Um den Kollegen Berger geht es hier auch nicht«, sagte er jetzt leicht gereizt.

»Ein Zimmermannshammer, ist das nicht ein bisschen dünn?«, fragte Breitenfels nach. Dem Kommissar schmeckte der Verlauf der Geschichte ganz und gar nicht.

»Nein, finde ich nicht. Ich habe übrigens die Hausdurchsuchung bei der Staatsanwaltschaft beantragt. In einer halben Stunde geht es los, wäre gut, wenn Sie dabei sind.«

»Ist in Ordnung«, erwiderte Breitenfels, »in zehn Minuten bin ich im Büro.«

»Bis gleich«, sagte Lehmann und legte auf.

Andreas stand an der Küchenzeile, umfasste Lisa von hinten und küsste sie. Sie schmeckte nach Erdbeermarmelade, weil sie gerade von ihrem Brötchen abgebissen hatte. Er ahnte nicht, dass es vorerst sein letzter Kuss sein würde, zumindest wenn es nach Oberkommissar Lehmann ging. Aus den Augenwinkeln sah er drei Polizeiwagen vor seinem Fenster vorfahren.

»Wollen die etwa zu uns?«, schrie Lisa erschrocken auf. Sie schaute zu ihrem Mann, als es auch schon an der Tür klingelte.

»Oberkommissar Lehmann, Kommissar Breitenfels«, stellten sich beide vor.

»Wollen Sie zu uns?«, fragte Lisa noch ängstlicher. Hinter ihr stand Andreas.

»Dürfen wir hereinkommen?«, fragte der Oberkommissar ohne den geringsten Zweifel aufkommen zu lassen, dass er eintreten würde, egal wie die Antwort ausfiel.

»Bitte kommen Sie herein«, antwortete Lisa zögernd. Ein derartiges Aufgebot an Polizisten erschreckte sie.

»Setzen Sie sich doch«, sagte Oberkommissar Lehmann. Er wollte die Situation ein wenig entspannen. Außerdem, falls es zu einer Verhaftung kam, wovon er ausging, war es ihm lieber, wenn der kräftige Mann saß und nicht stand.

Breitenfels quälten unterdessen ganz andere Probleme. Er konnte einfach nicht glauben, dass Andreas Wolf der Mörder der alten Frau war.

»Herr Wolf, hier habe ich einen Durchsuchungsbeschluss der Staatsanwaltschaft.« Er hielt Andreas ein Schriftstück hin.

Der nahm es, war aber viel zu aufgeregt, um erfassen zu können, was gerade geschah. Lisa hielt sich die Hand vor den

Mund. Man sah, dass ihr sofort ein paar Tränen in die Augen schossen.

»Oh mein Gott, Andreas, was wollen die von dir?«, fragte sie ihren Mann furchtsam.

»Ich weiß es doch auch nicht«, antwortete Andreas ebenso ängstlich. »Das ist bestimmt ein Missverständnis.«

Breitenfels war die Situation unangenehm. Zum Glück übernahm Oberkommissar Lehmann das Verhör. Als erste Amtshandlung bat er Lisa Wolf, zu gehen. Sie kam der Aufforderung nur ungern nach, fügte sich aber und verließ das Zimmer.

»Herr Wolf«, begann Oberkommissar Lehmann das Verhör, »wo waren Sie am 20. März zwischen elf und vierzehn Uhr?«

»Wieso fragen Sie das?« Andreas war die Aufregung wegen dunkelroter Flecken am Hals anzusehen.

»Herr Wolf, ich stelle hier die Fragen. Sie müssen sie nur wahrheitsgemäß beantworten.«

»Warten Sie«, überlegte er, »der 20. März, war das nicht der Tag, an dem die alte Frau Zarnke umgebracht wurde?«

»Herr Wolf, beantworten Sie bitte meine Frage«, sagte Lehmann streng.

»Sie verdächtigen mich doch nicht etwa?« Hilfesuchend schaute er in die Runde.

»Beantworten Sie bitte meinem Kollegen die Frage«, sagte Breitenfels.

Wie ein verwundetes Tier sackte Andreas Wolf auf seinem Stuhl zusammen.

»Was war das für ein Wochentag?«, fragte er.

»Donnerstag«, sagte Lehmann.

»Am Donnerstag, da war ich gegen Mittag eine Kommode ausliefern. Es war eine Spezialanfertigung.«

»Eine Spezialanfertigung«, wiederholte Lehmann die Worte und zog die Buchstaben in die Länge. »Jemand kann das sicher bezeugen.«

»Ja, klar«, sagte Wolf, »Frau Heise, für die ich die Kommode angefertigt habe, bezeugt das bestimmt.«

»Wann waren Sie bei dieser Frau Heise?«

»So gegen halb zwölf.«

»Und danach, was haben Sie dann gemacht?«, fragte der Oberkommissar weiter.

»Ich war Mittagessen im ÜAZ, Überregionales Ausbildungszentrum. Da schmeckt's und ist nicht überteuert. Ich gehe öfter dorthin. Lisa arbeitet in Neubrandenburg, da kommt sie erst spät abends nach Hause.«

»Zu Ihrer Frau kommen wir nachher«, sagte Lehmann sachlich.

»Lassen Sie die Lisa aus dem Spiel!«, rief Andreas aufs Äußerste erregt. »Sie ist ein herzensguter Mensch, die kann keiner Fliege was zu Leide tun.«

Die Kommissare schauten einander an. »Hat Sie dort jemand gesehen, haben Sie mit jemandem gesprochen?«, mischte sich Breitenfels in das Verhör ein.

»Die Frau bei der Essensausgabe. Brauche ich denn ein Alibi?«, fragte er ängstlich.

Keiner antwortete ihm.

»Kennen Sie ihren Namen?«, fuhr Oberkommissar Lehmann fort.

»Nein, den kenne ich nicht«, grummelte Wolf und fügte

bockig hinzu: »Wissen Sie etwa den Namen jeder Kellnerin, die sie bedient?«

›Gut gekontert‹ dachte Breitenfels.

Plötzlich fuhr der Oberkommissar hoch, als schnelle er wie eine Schlange aus dem Gebüsch. »Sie sind wohl ein ganz Schlauer, was? Können Sie nun jemanden nennen, der Sie dort gesehen hat oder nicht?« Er setzte sich wieder.

Andreas Wolf überlegte, als er plötzlich sagte: »Der Egon hat mir erzählt, dass er Opa geworden ist.«

»Egon und wie weiter?«, fragte Oberkommissar Lehmann. »Lassen Sie sich doch nicht jedes Wort aus der Nase ziehen.«

»Ich glaube Egon Hübner oder Hüttner.«

»Das ist aber ein bisschen vage«, sagte Lehmann spitz.

»Wenn ich gewusst hätte, dass Sie mich heute befragen, hätte ich mich besser vorbereitet.«

Oberkommissar Lehmann überhörte den Sarkasmus. Breitenfels wollte gerade in das Verhör eingreifen, als der Streifenpolizist Berger ins Zimmer trat.

»Darf ich kurz stören?«, fragte er unsicher. »Wir haben etwas gefunden.« Berger war sich anscheinend der Bedeutung seiner Worte vollkommen bewusst. Die beiden Kommissare verließen den Raum.

»Wir haben einen Zimmermannshammer gefunden, es könnte sich um die Tatwaffe handeln«, teilte Schmidt, ein weiterer Streifenpolizist, sachlich mit.

»Hab ich's doch gewusst«, triumphierte Lehmann siegessicher. »Geben Sie die vermeintliche Tatwaffe zur Spurensicherung. Mal sehen ob es irgendwelche Blut- oder Haarreste gibt. Damit kriegen wir ihn.«

»Nun mal langsam«, erwiderte Breitenfels. »Was für ein Motiv soll er denn haben? Außerdem wissen wir doch gar nicht, ob der hier gefundene Zimmermannshammer die Tatwaffe ist. Ich finde es nicht außergewöhnlich, dass ein Zimmermann einen Zimmermannshammer besitzt.«

Berger wollte nicht unbedingt zwischen die Fronten geraten, darum wandte er sich Lehmann zu. »Ich werde mal nachsehen, ob wir noch andere Beweise finden.«

»Wonach suchen Sie denn konkret, Herr Berger?«, fragte Breitenfels.

»Sehr gute Arbeit, sehr gute Arbeit«, lobte Oberkommissar Lehmann unterdessen.

Breitenfels konnte den Namen Berger nicht mehr hören, anscheinend hatten sich die übrigen Kollegen bereits aufs Ohr gelegt, nur dieser Berger hatte immer was auf dem Faden.

»Ich bin dafür, dass wir ihn festnehmen«, erklärte Lehmann. »Geben Sie mir ein paar Stunden und er gesteht den Mord.«

»Ja sicher, der gesteht unter Stress alles, nur damit er wieder nach Hause kommt. Aber haben wir deshalb auch unseren Mörder?«, zweifelnd sah Breitenfels den Oberkommissar an. »Fragen Sie mal nach, ob die Wolfs überhaupt eine große Tiefkühltruhe besitzen.«

»Man, Breitenfels, jetzt sehen Sie das mal nicht so negativ. Der Tote kann überall eingefroren gewesen sein«, entgegnete Lehmann und klopfte seinem Kollegen auf die Schulter. Breitenfels schaute skeptisch. Dann gingen beide Kommissare zurück in das Zimmer, in dem Andreas Wolf von zwei weiteren Polizisten bewacht wurde.

»Herr Wolf, Sie sind vorläufig festgenommen. Sie können

von Ihrem Zeugnisverweigerungsrecht Gebrauch machen. Sie haben das Recht auf einen Anwalt ...«

›Bla, Bla, Bla‹, dachte Breitenfels. Wie er diesen Text mittlerweile verabscheute.

»Darf ich mich wenigstens noch von meiner Frau verabschieden?«, fragte Andreas Wolf. Die Verzweiflung in seiner Stimme war nicht zu überhören.

»Ja natürlich«, erwiederte der Kommissar. »Sie brauchen auch ein paar Sachen für das Untersuchungsgefängnis. Vielleicht kann Ihnen Ihre Frau eine Tasche packen.«

Ein kurzer Aufschrei war aus dem Nebenzimmer zu hören. Oberkommissar Lehmann hatte Lisa Wolf soeben mitgeteilt, dass er ihren Mann mitnehmen werde. Breitenfels ging zu den beiden. Die adrette Frau mit ihren weit aufgerissenen Augen tat ihm leid.

»Packen Sie bitte ein paar Sachen für Ihren Mann ein.«

»Mein Mann ist doch kein Mörder«, sagte sie tonlos. »Er könnte nie jemandem etwas zuleide tun, mein Mann doch nicht«, stammelte sie. »Andreas!«, schrie sie plötzlich, »Andreas!«

»Lassen Sie mich zu meiner Frau!«, rief dieser aus dem Nebenzimmer zurück, doch die Polizisten hielten ihn fest.

Breitenfels nickte den Kollegen zu. »Lassen Sie den Mann sich verabschieden.«

Es war ein klägliches Bild. Wie zwei Ertrinkende hielten sich die Eheleute aneinander fest, als befürchteten sie, sich nicht wiederzusehen.

»Sehen Sie Breitenfels, die verabschieden sich, als hätten sie

Angst, die nächsten Jahre getrennt voneinander verbringen zu müssen«, spottete Lehmann.

»Die lieben sich«, raunte Breitenfels und ließ den verblüfft schauenden Kollegen einfach stehen.

»Mh, das Verhör führe ich besser ohne Sie durch«, trotzte der Oberkommissar. »Sie brauchen wohl mal ein bisschen andere Luft um die Nase.«

»Das passt mir gut«, erwiderte Breitenfels. »Ich habe heute Abend eine Verabredung mit Arno Becker.«

»Dem Pathologen?«,

»Ja genau, mit dem.«

»Na dann viel Spaß.«

»Legen Sie Wolf bitte nicht auf die Folterbank«, lästerte Breitenfels zum Abschied. »Sie wissen, das Gericht erkennt das nicht an.«

»Sehr witzig«, näselte der Oberkommissar, »aber so langsam gewöhne ich mich an ihren Humor.«

»Na also, geht doch«, sagte Breitenfels und schmunzelte.

Er wollte gerade in seinen alten Peugeot steigen, als er sah, dass das halbe Dorf auf den Beinen war. Die Leute erzählten alle aufgeregt miteinander. Breitenfels murmelte vor sich hin: »Egal wie das hier ausgeht, ein Zweifel bleibt immer.«

Mit dem Verdacht ist das so eine Sache, genau wie mit den Diagnosen

»Farbe mein Name«, krächzte ich ins Handy. »Ich brauche einen Termin.«

»Ich habe erst wieder was in vierzehn Tagen«, sagte die Arzthelferin am anderen Ende der Leitung, wobei sich ihre Stimme anhörte, als hätte sie etwas Besonderes mitzuteilen.

»Geht es nicht eher?«, fragte ich ungeduldig.

»Ist es denn dringend?«, hörte ich sie darauf fragen.

»Ja, es ist dringend.«

»Dann können Sie sich morgen früh in die Praxis setzen und wir schauen, dass Frau Dr. Schneider kurz Zeit findet. Es kann aber dauern.«

»Ist gut, ich komme dann morgen so gegen acht.«

»Aber wie gesagt, es kann dauern«, wiederholte die Arzthelferin erneut und hörte sich dabei an wie eine Schallplatte die an einer Stelle einen Kratzer abbekommen hat.

»Ja, das sagten Sie bereits«, erwiderte ich nervös. »Dann bis morgen.«

Kurz vor sieben Uhr war ich aufgestanden und nun, gegen acht, in der Langen Straße, wo sich die Arztpraxis befand. Anscheinend war es bei den meisten Frauen dringend an diesem

Tag. Die Praxis war brechend voll. ›Keine Ahnung, wie viel Zeit sie für jeden Patienten einplant, aber mehr als eineinhalb Minuten können es nicht sein‹, dachte ich. Ich nahm mir eine der Frauenzeitschriften und begann darin zu blättern. Selbst die Vorzeigeehen in den Hochglanzmagazinen hielten nicht das, was sie versprachen. Wo man hinsah nur Menschen, die sich trennten. Da passte es doch gut, dass ich gar nicht erst eine neue Beziehung einging.

Es dauerte anderthalb Stunden, bis ich meinen Namen erstmalig hörte.

»Frau Farbe?« Eine freundliche Frau mit kurzen, blonden Haaren wies mir den Weg in das Behandlungszimmer. »Nehmen Sie bitte Platz. Wo drückt denn der Schuh?«, erkundigte sich die mütterlich wirkende Ärztin.

›Am Fuß drückt erst mal nichts‹, wollte ich schon antworten, verkniff mir aber den Scherz.

»Es ist mal wieder Zeit für eine Untersuchung. Ich war schon eine Weile nicht mehr hier«, sagte ich, ohne die Ärztin direkt anzuschauen.

»Haben Sie irgendwelche Beschwerden?«, fragte sie mich.

»Nein, Beschwerden nicht. Ich hab zugenommen und meine Brüste sind … sagen wir, etwas angespannt.«

»Was verstehen Sie unter angespannten Brüsten?«, fragte die Ärztin, immer noch freundlich lächelnd.

»Tja.« Ich zuckte mit den Schultern.

»Na, dann schauen wir mal, ob alles in Ordnung ist.«

»Ja, schauen wir mal«, sagte ich.

Nachdem ich es mir auf dem Stuhl bequem gemacht hatte, begann Frau Dr. Schneider mit ihrer Untersuchung.

»Tut das hier weh?« Sie drückte auf meinen rechten Unterbauch. Die beflissene Schwester an ihrer Seite hielt ein paar Instrumente in der Hand, die aussahen wie ausrangierte Küchenutensilien. »Hm«, hauchte die Ärztin.

»Ist es was Schlimmes?«, fragte ich besorgt.

»Ich denke nicht«, antwortete sie, um mich zu beruhigen. »Ich möchte gerne noch einen Ultraschall machen, um ganz sicher zu gehen.«

›Sichergehen?‹, hallte es in meinen Ohren. ›Wieso wollte die Ärztin sichergehen? Sie vermutete also etwas Ernstes‹, dachte ich. Meine Gedanken begannen, sich zu überschlagen. Ich lag auf der Behandlungsliege und spreizte die Beine, um das kalte Metall in meinen Körper hineinzulassen. Ein, zwei geschickte Manöver und sie hatte ihr Ergebnis, mit dem sie anscheinend sehr zufrieden war. ›Doch kein Krebs‹ beruhigte ich mich langsam. Die Ärztin lächelte mich an, als hätte sie eine Schlacht gewonnen.

»Herzlichen Glückwunsch, Frau Farbe«, gratulierte sie mir übers ganze Gesicht strahlend. »Sie bekommen ein Kind.«

»Wie bitte?«, keuchte ich entsetzt und tat so, als hätte ich mich verhört.

»Ja, Sie sind schwanger. Anfang vierter Monat.« Die Ärztin wischte den Untersuchungsstab sorgfältig ab und schmiss den Zellstoff mit den Resten des Übertragungsgels in den Müll.

Ich richtete mich auf. Mir wurde plötzlich übel.

»Ich möchte mir jetzt gerne noch ihre Brüste ansehen. Machen Sie sich bitte obenherum frei.« Frau Dr. Schneider tastete feinfühlig über meine prallen Äpfel und sagte zufrieden: »Alles so wie es sein soll.«

Von jetzt auf gleich wich mir das Blut aus dem Gesicht.

»Frau Farbe«, fragte die Ärztin, »ist Ihnen nicht gut?«

»Das kann man wohl sagen«, antwortete ich.

»Kommen Sie, ziehen Sie sich an. Ich erwarte Sie in meinem Sprechzimmer. Ich denke, wir sollten reden.«

Im Zeitlupentempo zog ich meinen Schlüpfer und meinen BH wieder an. Dann ging ich in das Zimmer nebenan, wo die Ärztin bereits, hinter Ihrem Schreibtisch sitzend, auf mich wartete.

»Setzen Sie sich doch bitte«, bat sie freundlich.

Die unerwartete Nachricht presste mich förmlich in den Sessel.

»Wie gesagt, Sie sind schwanger«, sagte die Ärztin erneut. »Ich habe den Eindruck, dass das für Sie ein Problem ist. Sehe ich das richtig?«, fragte sie einfühlsam.

»Das können Sie aber glauben«, erwiderte ich aufgeregt.

»Fühlen Sie sich etwa noch zu jung?« Sie schaute in den Computer. »Sie werden bald sechsunddreißig. Ein schönes Alter um Kinder zu bekommen, finden Sie nicht?«

»Ich kann mir zurzeit kein Kind leisten. Ich bin Schriftstellerin. Nicht sehr erfolgreich«, entschuldigte ich mich und senkte die Augen.

»Wenn es danach geht«, sagte sie sanftmütig, »können wir sie uns nie leisten. Es gibt keinen richtigen Zeitpunkt. Denken Sie nur an die Kriegskinder«, erzählte sie.

»Das ist es nicht allein«, stammelte ich. Auf einmal schien mein Kummer aus mir herauszubrechen. »Ich kann nicht schwanger sein, weil ich vor über einem Jahr das letzte

Mal Geschlechtsverkehr hatte. Naja, stimmt nicht ganz, vor zwei Tagen hatte ich auch wieder Sex. Aber dazwischen war nichts!«

»Das ist mal ein schwieriger Fall«, sagte die Ärztin. »Was glauben Sie, was ich hier alles höre. Sie hatten auch kein Petting oder andere Praktiken, bei denen es zur Übertragung von Sperma gekommen sein könnte?«, bohrte sie nach.

»Nein, nichts dergleichen«, antwortete ich verzweifelt. »Nicht einmal ein Kuss, bis vor ein paar Tagen.«

»So schnell geht's dann auch nicht. Sie sind Anfang vierter Monat.«

»Eben«, sagte ich. »Haben Sie eine Erklärung dafür?« Ich stellte ihr quasi die Gretchenfrage.

»Eine plausible Erklärung wäre eine psychische Erkrankung oder aber ein Trauma, bei dem ihr Erinnerungsvermögen gelitten hat. Sind Sie vergewaltigt worden?«, fragte mich die Ärztin unvermittelt ernst.

»Nein, das bin ich nicht.«

»Können Sie sich an irgendetwas erinnern, das vor vier Monaten anders war als sonst?«

Ich überlegte kurz. »Mir fällt nichts ein«, antwortete ich.

»Ich überweise Sie zu einem Kollegen nach Rostock, an die Uniklinik. Ich möchte, dass er ein paar Tests macht. Sollten die positiv sein, rate ich Ihnen zu einer Abtreibung. Aber soweit sind wir noch nicht. Meinen Sie, Sie kommen die nächsten Tage alleine zurecht?«

»Ich denke schon«, erwiderte ich. Mein Gesichtsausdruck ließ sicher einen anderen Schluss zu.

»Ich mache einen Termin für kommenden Freitag«, sagte

Frau Dr. Schneider und griff zum Hörer. »Schwester Bärbel nimmt Ihnen gleich noch ein bisschen Blut ab.«

»Ist gut«, antwortete ich matt und machte mich auf den Weg zurück ins Wartezimmer. Die eifrige Schwester fing mich auf halber Strecke ab.

»Ich messe mal den Blutdruck«, sagte sie. »Sie sehen ja ganz blass aus.«

Ich ließ alles mit mir geschehen, was sollte ich auch tun. Ich bekam ein Kind.

Auch in Bars passieren manchmal Wunder

Die Bar ›B sieben‹ war gleich um die Ecke. Es war Viertel nach acht. Kommissar Breitenfels hatte sich etwas verspätet. Er ging hinein und hörte gleich, wie jemand seinen Namen rief. Es war Arno, der schon an einem der hinteren Tische saß. Die Bar machte einen gemütlichen Eindruck. Dunkle Holztische, dazu verschiedene ins Rötliche gehende Holzstühle.

»Komm, setz dich«, sagte Arno und klopfte auf den Stuhl neben ihm. Bevor Harry seine Jacke an die Garderobe hängen konnte, nahm der Pathologe ihm die Arbeit ab und legte sie über den nächstbesten Stuhl.

»Ein Rostocker vom Fass?«, fragte Arno.

»Ein Rostocker wäre gut«, antwortete Breitenfels und grinste übers ganze Gesicht.

»Halber Liter?«

»Ja, halber Liter.«

»Zwei halbe Rostocker«, rief Arno einem freundlich aussehenden jungen Mann entgegen, bei dem es sich anscheinend um den Inhaber handelte. Arno und er kannten sich und wechselten ein paar verbindliche Worte miteinander.

»Na, altes Haus«, sagte der Pathologe und schlug Harry kurz auf den Rücken. »Schön, das wir es endlich geschafft haben.«

»Das finde ich auch«, stimmte Harry ihm zu und nach dem

ersten Schluck fügte er hinzu: »Das habe ich heute gebraucht! Der Fall schlaucht ganz schön. Manchmal denke ich, dass ich zu alt und zu müde geworden bin für diese Verbrecherjagd.«

»Harry, wir werden alle nicht jünger. Irgendwann überlegt sich jeder, ob es das für ihn war, hab ich recht?«

»Hm«, stimmte Harry ihm leise zu. »Wie geht's eigentlich Liesel?«, fragte Harry den Pathologen.

Arnos Gesichtsausdruck verfinsterte sich. »Wenn du mich so fragst, ich weiß es nicht.«

Harry schaute erstaunt. »Du weißt nicht, wie es deiner Frau geht?«

»Sie ist seit vier Jahren nicht mehr bei mir.«

»Oh mein Gott, ist sie tot?« Harry wirkte ernstlich betroffen und schob gleich entschuldigend hinterher, »tut mir leid, das wusste ich nicht.«

»Nein, nein, brauchst nicht so betroffen zu gucken, der Liesel geht es gut. Wie ich von unserem Jüngsten gehört habe, lebt sie jetzt auf Mallorca.«

Harry wusste nicht, was er dazu sagen sollte. Scheidung wäre für ihn unvorstellbar gewesen, aber zurzeit hörte man ja nur noch von Trennungen, besonders nach so vielen Ehejahren. »Das tut mir leid«, wiederholte er sichtlich mitgenommen.

»Was soll's? Das Leben geht weiter!«, antwortete Dr. Becker salopp.

»Ja, irgendwie schon. Aber ihr wart doch mindestens fünfundzwanzig Jahre verheiratet.« Erneut machte sich Unbehagen auf Breitenfels Gesicht breit.

»Siebenundzwanzig, um es genau zu sagen«, antwortete Arno. »Lange Zeit habe ich gar nicht bemerkt, wie Liesel sich veränderte. Wahrscheinlich war ich sehr mit meinen Toten beschäftigt, dass ich gar nicht mitbekam, wie sehr sie sich nach einem anderen Leben sehnte. Es fing ganz harmlos mit Yoga und Töpfern an. Dann kamen irgendwelche Selbsterfahrungsgruppen hinzu. Am Anfang dachte ich noch, das ist gar keine schlechte Idee, da hab ich endlich wieder Zeit, um an unserem Boot zu basteln, da gibt's doch immer was zu tun. Die letzten Jahre hatte sie beim Segeln auf ›Paulinchen‹ nicht mehr so viel Freude.«

Arno nahm einen großen Schluck von seinem Bier, dann fuhr er fort: »Zu dem Zeitpunkt machte ich mir noch keine Gedanken darüber. Irgendwann war sie dann jedes Wochenende unterwegs. Am Kochen hatte sie auch keinen Spaß mehr. Naja, das konnte sie ja noch nie so gut, aber mich hat das nicht gestört. Ich hab die Liesel geliebt, so wie sie war. Bis sie mir eines Abends sagte, dass ich nach Tod riechen würde. Sie hätte diesen Desinfektionsgeruch schon immer gehasst. Ein paar Tage später zog sie aus. Sie nahm fast nichts von den alten Möbeln mit, nur ihre persönlichen Sachen und einige Fotos. Natürlich nicht meine, sondern nur die von den Kindern. Anfangs wusste ich nicht, was ich tun sollte. Ich kannte mich nicht mehr aus in meinem Leben. Meine Arbeit, sagen wir, meine Toten, haben mir geholfen, auf die Fakten konnte ich mich wenigstens verlassen. Die Scheidung ging relativ schnell über die Bühne. Sie wollte nicht einmal Geld von mir. Etwas später erfuhr ich, warum. Sie hatte auf einem dieser Selbstfindungsseminare einen Jochen kennengelernt. Grundstücksmakler aus Hamburg, vermögend und auch gerade in der Selbstfindungskrise. Das schien gut zu passen. Zwei, die das Leben neu entdeckten. Er hatte das Geld und sie das richtige Gespür für die Zukunft. Jetzt wohnen beide in einer Villa mit Pool in Pollenca.

Tja, so kann's gehen. Mir bleibt ab und zu der Besuch im Puff und das war's.«

Harry wusste nicht, was er auf die ehrliche Beichte des Pathologen sagen sollte. Für einen winzigen Augenblick dachte er: ›Da war Uschis Abgang doch wirklich anständig‹, schämte sich aber noch im selben Moment dafür.

»Jetzt habe ich die ganze Zeit von mir erzählt. Wie ist es dir in den letzten Jahren ergangen?«

»Was soll ich sagen, die Uschi ist vor über einem Jahr gestorben, Herzversagen.«

»Herzversagen heißt es am Schluss immer«, sagte Arno skeptisch. Harry ging aber nicht näher darauf ein.

»Nach Uschis Tod war es so schlimm, dass sie mich in Pension schicken wollten. Mein Gedächtnis ließ mich einfach im Stich. Namen, Orte, Zeugen, ich brachte alles durcheinander. Zum Glück konnte ich meine Pensionierung gerade noch verhindern. Zu Hause wäre ich ohne Uschi kaputt gegangen.«

»Das kann ich nachvollziehen«, sagte Arno und trank den letzten Schluck Bier. »Nimmst du noch eins?«, fragte er Harry.

»Ja, ein kleines.«

»Ich nehme auch noch eins. Einmal klein, einmal groß«, rief Arno dem jungen Mann an der Bar zu.

»Kommt sofort«, antwortete der gastfreundlich.

»Wo waren wir stehengeblieben?«, fragte der Pathologe.

»Ach ja, du konntest deine Pensionierung gerade noch verhindern. Aber die Versetzung, in dieses, sagen wir, überschaubare Kriminalkommissariat, konntest du wohl nicht verhindern«, grinste Arno.

»Das war die Bedingung. Die Psychologin war der Meinung, dass Waren genau der richtige Ort sei, um auf meine Pensionierung zu warten. Es sind ja nur noch ein paar Jahre. Außerdem gibt es dort so gut wie keine Tötungsdelikte, meinte sie.«

»Meinte die Psychologin«, äffte Arno Harry nach. »Da hat sich die gute Frau wohl geirrt«, frotzelte er. »In Hinrichsberg scheinen sich die Leichen ja nur so zu stapeln.«

»Mensch Arno, und wir sind bis jetzt noch keinen Schritt weiter. Der Lehmann hat heute einen festgenommen. Sie haben die angebliche Tatwaffe bei ihm gefunden. Morgen hast du sie bestimmt auf deinem Tisch.«

»Bin ich mal gespannt«, sagte der Pathologe. »Hört sich doch gut an. Tatwaffe gleich Täter.«

»Eben nicht«, sagte Harry. »Irgendetwas stimmt nicht. Wir übersehen die ganze Zeit etwas Entscheidendes.«

»Kann es sein, dass du mit dem Lehmann Probleme hast, weil er dein Vorgesetzter ist?«

»Hab auch schon drüber nachgedacht«, erwiderte Harry. »Nach fast fünfundzwanzig Jahren als leitender Kommissar ist das kein Pappenstiel.«

»Das glaube ich gern und dann noch so ein arroganter Typ«, sagte Arno und verzog das Gesicht, als hätte er gerade in eine Zitrone gebissen.

»Vor ein paar Tagen hatten wir ein gutes Gespräch. Der hat auch nur Schiss, zu versagen, so wie wir alle. Und die Freundin ist ihm auch weggelaufen.«

»Selbst so einem Wikinger laufen die Frauen weg? Das beruhigt mich. Also, alles in allem ist der Lehmann auch nur so'n armes Schwein wie wir«, feixte Arno sich eins und fragte, ob er noch ein Bier bestellen solle.

»Nee, dann komm ich morgen nicht aus dem Bett. Ich bin froh, dass ich wieder durchschlafen kann. Das ging 'ne ganze Weile nicht.«

»Das kenn ich gut. Als Liesel die Fliege machte, habe ich nur von Schlaf- und Aufputschmitteln gelebt. Zum Glück haben die Leichen nichts gesagt, die waren da recht unempfindlich.«

»Weißt du, was schön ist?«, fragte Harry und lächelte. »Dass du trotz allem deinen Humor nicht verloren hast.«

»Das ist aber auch das Einzige, was mir noch geblieben ist. Stimmt nicht ganz, es hat auch was Gutes. Ich kann jetzt einfach in den Puff gehen, ohne mich dafür zu schämen. Dort habe ich erstmal mitgekriegt, dass ich eine Vorliebe für dunklhäutige Frauen habe. Harry, ich glaube nicht, dass die Liesel, das gut gefunden hätte.«

Beide Männer lachten aus vollem Halse.

»Nee, das glaube ich auch nicht, dass die Liesel das unterstützt hätte«, wiederholte Harry Arnos Worte und fühlte sich so entspannt, wie seit langem nicht mehr.

»Und wie läuft's so bei dir?«, fragte Arno. »Hast du 'ne Freundin?«

»Nee, ich will keine Frau«, sagte Harry.

»Ich meine rein sexuell«, Arno schaute skeptisch.

»Das mit der Uschi war in Ordnung, wenn du verstehst, was ich meine. Am Schluss nicht mehr so oft, aber anständig. Uschi war ein Vollweib. Wenn die mal so richtig wütend war wackelten die Wände bei uns. Das war sehr selten, meistens vor ihren Tagen.«

»Siehst du Harry, mit solchem Kram muss ich mich nicht mehr befassen. Im Puff sind sie alle ganz nett zu mir, ohne dass sie mir vorher stundenlange Selbstfindungsgeschichten erzählen. Also, mir gefällt das. Ich geh ja außerdem nicht immer in ein und denselben. Mal fahre ich nach Berlin, dann wieder nach Hannover oder nach Düsseldorf.«

»Da kommst du ganz schön rum, was?«

»Kann man so sagen.«

»Das kostet doch sicher ein Schweinegeld«, fragte Harry interressiert und schaute vorsichtig in die Runde.

»Naja, das ist das Einzige, was mich auch ein bisschen stört, dass es ins Geld geht.«

Während Arno philosophierte, kam eine Gruppe von fünf Frauen in die Bar. Sie waren ausgelassen und kicherten. Harry glaubte seinen Augen nicht zu trauen. Eine von Ihnen sah aus wie Uschi. Er erinnerte sich an ihre erste Begegnung, die eigentlich keine Begegnung war, weil er die Frau nur beobachtet hatte. Das war, als er Eis schleckend unter der Treppe im Rostocker Hof gestanden hatte. Er begann plötzlich so zu schwitzen, dass es selbst Arno auffiel.

»He Harry, stehst du etwa auf eine der älteren Damen dort am Tisch?«

»Was heißt denn ältere Damen«, empörte sich Harry vorwurfsvoll, »die sind bestimmt in unserem Alter.«

»Sag' ich doch, ältere Damen.«

»Mensch, Arno, du solltest nicht mehr so oft in den Puff gehen, sonst verwechselst du noch Phantasie und Realität.«

»Dann lieber eine junge, schwarze Phantasie, als eine alte, weiße Realität.«

Der Pathologe, der sich in der Zwischenzeit noch zwei Ramazotti und ein Rostocker genehmigte, wirkte plötzlich angeschlagen. Als Harry das letzte Mal auf die Uhr geschaut hatte, war es kurz vor halb zwölf. Er musste ins Bett. Bestimmt stand ihm morgen wieder ein schwieriger Tag bevor.

»Arno, ich mache mich auf den Weg, habe ja noch eine Stunde zu fahren.«

»Och, Harry, so früh schon?«

»Ich glaube, für dich wird's auch bald Zeit.«

»Nee, nee. Was soll ich alleine zu Hause, lass mich mal ruhig hier sitzen.«

»Okay, ich mache mich dann auf den Weg.«

»Mach's gut Harry, war ein schöner Abend mit dir.«

»Fand ich auch, sollten wir bald mal wiederholen.«

Bevor Harry hinausging, machte er kehrt. Er nahm all seinen Mut zusammen und ging zu dem Tisch mit den fünf Frauen. Er kramte in der Hosentasche, zog eine Visitenkarte hervor und schrieb seine private Nummer darauf. Dann sagte er mit zitternder Stimme, zu der Frau, die Uschi so ähnlich sah: »Entschuldigen Sie, aber ich kann nicht anders. Ihr Lachen hat mir so gefallen, ich möchte Sie zu einem Kaffee einladen. Natürlich nur, wenn Sie auch wollen.« Er gab der überraschten Frau die Karte und lächelte ungeschickt. Bevor sie überhaupt etwas antworten konnte, ging er hinaus. Draußen vor der Tür wurde ihm schlecht. Was hatte er nur getan. Das war ja wie aus einer dieser Nachmittagssoaps, nur dass er hier die Hauptfigur spielte. ›Nur schnell weg, sonst versinke ich vor Schamgefühl noch im Boden‹ dachte er und machte sich mit schnellen Schritten auf zu seinem Wagen.

Eine viertel Stunde später befand er sich auf der Autobahn 19 Richtung Berlin, als sich plötzlich Lehmann über die Freisprechanlage seines Handys meldete.

»Entschuldigen Sie, hier ist Lehmann, habe ich Sie beim Schlafen gestört?«

»Nein, ich bin auf der Autobahn, komme gerade aus Rostock.«

»Dann ist es ja gut. Ich wollte Ihnen nur kurz mitteilen, dass ich mit Herrn Wolf nicht weitergekommen bin. Er leugnet rigoros, etwas mit dem Mord an der alten Dame zu tun zu haben.«

»Das habe ich mir gedacht«, sagte Breitenfels. »Naja nicht ganz. Ich hatte eher befürchtet, er würde unter ihrem Verhör alles gestehen, auch das, was er nicht getan hat.«

»Da kann ich Sie beruhigen, das hat er nicht gemacht. Mh, noch etwas. Was ich Sie schon immer mal fragen wollte, ich weiß, ich bin der Jüngere, aber ich wollte mal fragen, ob wir das mit dem ›Sie‹ nicht lassen können. Ich heiße Bert«, sagte Oberkommissar Lehmann.

Stille auf Breitenfels Seite, dann ein kurzes, grimmiges: »Ich heiße Harry.«

»Okay, nachdem das geklärt ist, hab ich noch eine wichtige Info von den Kollegen. Die alte Dame, also Frau Zarnke, war eine reiche Frau«, sagte Lehmann.

»Wie bitte?«, fragte Breitenfels.

»Ja, du hast richtig gehört. Die alte Dame hat vor kurzer

Zeit von einem August, Nachname ist mir gerade entfallen, eine Million geerbt. Der Mann hat in Australien gelebt. Rate mal, was Sie mit dem Geld gemacht hat?«

»Keine Ahnung«, erwiderte Breitenfels und war sehr gespannt.

»Sie hat es weitervererbt«, sagte der Oberkommissar. »Und rate mal, wem?«

»Für ein Ratespiel bin ich eindeutig zu müde.«

»Stimmt. Eine Hälfte bekommt die Tochter, die andere Hälfte hat sie dieser Autorin vermacht.«

»Dieser Frau Farbe?« Mit einem Mal war Breitenfels wieder hellwach.

»Ja genau, dieser Schriftstellerin. Ich habe mir mal die finanzielle Situation dieser Frau angeschaut. Sieht nicht so rosig aus. Na, Harry, was sagst du? Wenn das kein erstklassiges Mordmotiv ist. Die Tochter können wir ausschließen, die war zum Zeitpunkt des Mordes in Afrika. Ist im Übrigen immer noch dort. Ich habe vor ein paar Stunden mit ihr telefoniert. Sie kommt die nächsten Tage, um die anstehenden Dinge zu regeln. Sie klang überrascht, als sie von dem Geld erfuhr.«

»Tja, das nenne ich ein handfestes Motiv«, antwortete Breitenfels. »Ich fahre gleich von der Autobahn runter.«

»Gut, das wollte ich Ihnen, äh, dir nur mitteilen.«

»Gar nicht so einfach, das mit dem du, hm?«, meinte Harry schmunzelnd.

»Ich gewöhne mich schon daran«, sagte Bert Lehmann. »Also, bis morgen im Büro.«

»Danke, Bert.« Die beiden Männer legten auf.

Zu Hause angekommen, ärgerte sich Harry erstmalig über

die herumstehenden Kartons. Er nahm sich ganz fest vor, sie wegzuräumen, wenn nur erst der Mordfall geklärt sei. Bevor er ins Bett ging, hörte er den Anrufbeantworter ab. Eine Nachricht von seiner Tochter Judith, die sich, wie meistens, Sorgen um ihren Vater machte, war darauf. Dann aber noch eine Nachricht von einer Frau Neumann. ›Frau Neumann?‹ Er überlegte, dann fiel es ihm ein: ›Das ist die nette Dame aus dem Rostocker Verlag‹. Sie bat um Rückruf. Er schaute auf die Uhr. Es war gegen halb zwei, da konnte er nicht mehr anrufen. Aber Morgen wollte er das gleich als Erstes erledigen. Er küsste Uschis Foto und legte sich ins Bett.

Am nächsten Morgen wachte er gegen acht auf und rief, wie er es sich vorgenommen hatte, als Erstes Frau Neumann an. Er hoffte, dass sie auf der Arbeit war.
»Natur und Simon Verlag, Sekretariat Neumann.«
»Kommissar Breitenfels, ich sollte Sie zurückrufen.«
»Ah, Herr Kommissar, ich bin gerade rein. Schön, dass es so schnell geht. Wissen Sie, mir geht die ganze Zeit der Mord an unserem Pawel nicht aus dem Kopf. Sie sagten doch, wenn mir etwas einfällt, solle ich Sie anrufen. Ich glaube, mich an einen Namen zu erinnern, den Namen von Pawels Freundin. Sie hieß Leonie Farbe und ist Autorin. Sie hatte eine Anfrage laufen, wegen der Veröffentlichung eines Buches. Pawel war von dem Manuskript schlichtweg begeistert. Auch einige Kollegen. Leider hat sich Herr Simon gegen eine Publikation entschieden. Ich weiß, dass Pawel sauer war. Kurz darauf hatte er diesen verliebten Blick. Wenn Sie mich fragen, die sogenannte ›Richtige‹ war diese Leonie Farbe. Ich hoffe, ich

mache nichts falsch. Ich möchte niemanden in Schwierigkeiten bringen.«

»Keine Angst, Frau Neumann. Ich behandle ihre Informationen vertraulich. Sie haben uns wirklich sehr geholfen«, sagte Breitenfels freundlich. »Danke für Ihren Mut!«

»In Ordnung. Einen schönen Tag, Herr Kommissar«, erwiderte die sympathische Frauenstimme.

»Eine angenehme Frau«, flüsterte Breitenfels, als er aufgelegt hatte.

Er ging ins Bad, duschte, zog frische Sachen an und machte sich auf den Weg ins Kriminalkommissariat. Er musste sich eingestehen, die neue Spur gefiel ihm nicht, aber es war zum ersten Mal eine heiße Spur. Habgier war eines der ältesten Motive. Im Büro saß schon Oberkommissar Lehmann und wälzte Akten.

»Morgen Bert.«

»Moin Harry«, begrüßten sich beide.

»Ich hab eine neue Spur«, sagte Breitenfels.

»Schieß los«, drängelte der Oberkommissar.

»Gestern sprach mir Frau Neumann, die Verlagssekretärin aus Rostock, auf den Anrufbeantworter. Ich rief sie gleich heute Morgen zurück. Sie erzählte, dass sie sich an den Namen einer Schriftstellerin erinnern kann, von der sie glaubt, dass sie die Freundin unseres Toten aus dem Teich war.«

»Der Pole und eine Schriftstellerin ... das ist die Verbindung, nach der wir die ganze Zeit gesucht haben«, sprach Bert laut vor sich hin.

»Aber jetzt erzähl schon«, wandte er sich an Breitenfels, »mach's nicht so spannend.«

»Leonie Farbe.«

»Nee, das glaube ich jetzt nicht.« Oberkommissar Lehmann war überrascht. »Die Leonie Farbe, die eine halbe Mille von der Frau Zarnke erben soll? Diese Frau Farbe kannte auch unser erstes Opfer, Pawel Socha? Da bin ich aber platt.«

»Das war ich heute Morgen auch«, sagte Harry.

»Dann hätten wir nicht nur einen Mord, sondern gleich beide aufgeklärt.« Der Oberkommissar klopfte sich auf die Schenkel. »Mensch, Harry, der Tag fängt gut an!«

»Wie heißt es so schön: Man soll den Tag nicht vor dem Abend loben«, entgegnete Breitenfels.

»Ja, aber es sind gute Neuigkeiten«, sagte Lehmann, »lass uns gleich zu ihr fahren und sie verhören. Sollen wir die Kollegen mitnehmen?«, fragte Lehmann in Breitenfels Richtung.

»Ich denke, das ist nicht notwendig«, antwortete Kommissar Breitenfels.

»Das dachten die beiden Mordopfer wohl auch.«

›Ich hätte nicht vermutet, dass so ein Angsthase in diesem Wikingerkörper steckt‹, frotzelte Harry in Gedanken.

Eine halbe Stunde später saßen sie im Auto und fuhren nach Hinrichsberg.

Ich, Leonie

Ich lag in meinem Bett und atmete tief in meinen Bauch. Es war noch früh am Morgen. Die ganze Nacht hatte ich wachgelegen und nach Erklärungen gesucht. Aber es gab keine plausible Erklärung. Es gab nur dieses Kind in meinem Bauch, das sich seinen Platz suchte. Oder gab es doch eine Erklärung fernab meines Bewusstseins? Ich zermarterte mein Gehirn und befürchtete, wahnsinnig zu werden. Die Ärztin befürchtete insgeheim wohl dasselbe. Welchen Grund sollte sie sonst haben, mich an die psychiatrische Abteilung der Uniklinik nach Rostock zu überweisen? In ein paar Tagen würde ich es wissen. Ich war starr vor Angst, der Albtraum wollte einfach nicht enden.

Es klingelte an der Tür.

»Frau Farbe, Leonie Farbe? Oberkommissar Lehmann und Kommissar Breitenfels, dürfen wir hereinkommen?«, fragte der Mann und zeigte mir seinen Dienstausweis.

»Sie sehen ja erbärmlich aus«, sagte der ältere von den beiden zu mir. »Ist Ihnen nicht gut, brauchen Sie einen Arzt?«

Der junge Kommissar schaute vorwurfsvoll. Er hatte wohl alles andere vor, als mich einem Arzt zuzuführen.

»Es geht schon«, antwortete ich müde und ließ die Beamten herein. »Setzen Sie sich doch. Möchten Sie einen Kaffee?«

»Nein danke«, sagten beide wie aus der Pistole geschossen. »Bitte setzen Sie sich. Wir müssen mit Ihnen reden.«

›Die Kommissare hören sich förmlich an‹ dachte ich bei mir und ließ mich in den Sessel fallen. Um mich herum war es unaufgeräumt, aber ich hatte keine Kraft, mich dafür zu schämen.

»Frau Farbe, es liegt ein dringender Tatverdacht gegen Sie vor. Alles was Sie sagen, kann und wird vor Gericht gegen Sie verwendet werden. Sie haben das Recht auf einen Anwalt.«

»Ein Tatverdacht?«, wiederholte ich die Worte. Ich merkte, wie das letzte bisschen Blut aus meinen Wangen wich.

»Kannten Sie Frau Zarnke näher?«, begann Oberkommissar Lehmann das Verhör.

»Ja, das sagte ich ihrem Kollegen doch bereits.« Ich schaute hilfesuchend zu Breitenfels.

»Wie nah standen sie sich?«, setzte Lehmann nach.

»Ich mochte sie sehr. Sie sah in mir so etwas wie eine zweite Tochter.«

»Wussten Sie, dass Frau Zarnke sehr reich war?«, fragte mich Oberkommissar Lehmann überdeutlich. Dabei fixierte er mich mit seinen stahlblauen Augen, wie ein Falke seine Beute.

»Nein, das wusste ich nicht«, antworte ich müde. »Oder doch, warten Sie.« Ich überlegte. »Vor kurzem hatte sie mir von einer Erbschaft berichtet. Ich hab das alles nicht so ernst genommen.«

»Warum nicht?«, fragte Lehmann erstaunt. »Wenn mir jemand etwas vererben wollen würde, dann würde ich das sehr ernst nehmen. Sie nicht auch?«

Er wandte sich fragend an Breitenfels.

»Ich denke schon«, erwiderte dieser.

»Wussten Sie, woher das Geld stammte, dass die alte Frau Ihnen vererben wollte?«

»Ja, von ihrer großen Liebe, dem August«, antwortete ich. »Er ist in den Fünfzigern nach Australien ausgewandert.«

»Sie erzählen uns so ganz beiläufig, dass Sie darüber Bescheid wussten, dass Frau Zarnke Ihnen fünfhunderttausend Euro vererben wollte? Ein hübsches Sümmchen, finden Sie nicht auch?«

Der Kommissar leckte sich über die Lippen.

»Wie bitte?«, ich sprang auf. ›Was hatte er gesagt? Fünfhunderttausend Euro?‹ hallten die Worte in meinen Ohren nach. »Wie kommen Sie auf so einen Unsinn?«, fragte ich entrüstet.

»Tun Sie doch nicht so scheinheilig, als wüssten Sie nichts davon«, gellte Lehmann.

Ich ließ mich in den Sessel fallen. »Ich ahnte wirklich nichts davon, das müssen Sie mir glauben. Oma Zarnke erzählte mir vor ein paar Tagen, dass Sie mir etwas vererben wolle und dass ich schon wüsste, was ich mit dem Geld machen solle. Ich dachte, sie meinte eine klitzekleine Summe. Ich hab mich einfach nicht damit befasst«, antwortete ich bockig und traurig zugleich. »Ich schreibe gerade an einem neuen Buch, dafür benötige ich meine ganze Energie.«

»Stimmt«, Lehmann klopfte sich auf den Oberschenkel, »Sie sind ja Schriftstellerin. Heute sagt man wohl besser Autorin. Aber wenn ich mir ihren Kontostand so anschaue, sieht das, verzeihen Sie, recht mau aus.«

»Sie haben sich über meinen Kontostand informiert?« Ich war geschockt. »Dürfen Sie das denn?«

»Bei Mord dürfen wir alles, das kennen Sie doch sicher aus

Ihren Büchern. Nur, dass hier gerade kein Film abläuft sondern die nackte Realität.«

»Entschuldigen Sie meinen Aufzug«, sagte ich und sah an mir herab.

»Um Ihr Aussehen machen Sie sich mal die wenigsten Sorgen«, antwortete mir nun Breitenfels und versuchte sich ein Lächeln abzuringen. »Möchten Sie vielleicht doch einen Anwalt dazu bitten?«, führte er das Verhör weiter.

»Ich brauche keinen Anwalt«, flüsterte ich tonlos, während meine Zunge am Gaumen festzukleben schien.

Breitenfels sah mich an und er wirkte, als täte ich ihm leid. Vor allem aber tat ich mir selbst leid.

Urplötzlich schoss Breitenfels aus der Hüfte: »Frau Farbe, ich frage Sie heute noch einmal: Kannten Sie einen polnischen Staatsbürger mit Namen Pawel Socha?«

Meine Augen schienen sich irgendwie zu weiten, so als hätte ich bewusstseinserweiternde Drogen genommen. »Ja, ich kannte ihn«, hörte ich mich sagen.

»Sie geben also zu, dass Sie den Ermordeten kannten«, bemerkte Oberkommissar Lehmann und wirkte als sei er erstaunt, diese Worte von mir zu hören.

»Warum haben Sie denn dann gelogen, bei unserem letzten Gespräch?«, bohrte Breitenfels nach.

»Ich weiß es nicht. Ich wollte wohl nicht wahrhaben, dass es sich bei dem Toten aus dem Teich um Pawel handelt.«

»In welchem Verhältnis standen Sie zueinander?«, fragte er in ruhigem Ton weiter. Mittlerweile hatte auch er sich gesetzt.

»Ich liebte diesen Mann«, flüsterte ich. »Ja ich liebte ihn über alles«, beschwor ich meine Worte etwas lauter.

»War Herr Socha nicht viele Jahre jünger als Sie?«, warf Lehmann ein.

»Ja, das war er. Haben Sie noch nie eine jüngere Frau geliebt?«, sagte ich. Diesmal war ich mir der Wirkung meiner Worte bewusst.

»Um mich geht es hier nicht«, näselte Lehmann.

»Sie sagen, Sie haben den Mann geliebt. Von einem auf den anderen Tag war er dann verschwunden. Warum haben Sie nicht nachgefragt, wo er abgeblieben ist? Ich an Ihrer Stelle hätte das getan«, ergriff Breitenfels wieder das Wort.

»Ich hatte Angst vor der Tatsache, dass er es sich anders überlegt hat.«

Die Männer sahen sich an.

»Ein bisschen viele Ungereimtheiten, finden Sie nicht auch?«, fragte Lehmann mit Nachdruck. »Ich denke, da bin ich mir mit meinem Kollegen einig, dass wir Sie mitnehmen müssen, bis sich die offenen Fragen geklärt haben. Packen Sie bitte ein paar persönliche Sachen, wir möchten, dass Sie uns aufs Präsidium begleiten.«

›Jetzt übertreibt er aber‹ dachte Breitenfels genervt.

›Präsidium.‹ Ich reagierte rein mechanisch. Wie eine Schaufensterpuppe erledigte ich das von mir Geforderte. Ich war in einem Ausnahmezustand, als ich den Polizeibeamten zum Auto folgte. Breitenfels beobachtete mich die ganze Zeit. Ob wohlwollend oder nicht, konnte ich nicht sagen. Oberkommissar Lehmann war in dieser Hinsicht pragmatischer. Für ihn schien der Fall gelöst.

Man brachte mich in einen nüchtern ausgestatteten Raum. Ein Tisch, vier Stühle, Aufnahmegerät. Die kommenden

Stunden verhörten mich beide Kommissare, bis ich irgendwann ohnmächtig wurde und sie einen Arzt riefen.

»Scheiß Spiel«, sprach Lehmann.

»Stimmt«, sagte Breitenfels. Dann gingen beide nach Hause.

Am nächsten Morgen um acht stand Professor Hansen vor Oberkommissar Lehmanns Bürotür.

»Oberkommissar Lehmann, Sie habe ich für intelligenter gehalten, aber anscheinend habe ich mich geirrt.«

»Wie soll ich das verstehen?«, schnaubte Lehmann genervt.

»Sie halten Leonie Farbe für die Mörderin von Frau Zarnke? Dass ich nicht lache«, echauffierte er sich. Neben ihm stand ein eindrucksvoll gekleideter Mann. Lehmann vermutete, dass es sich um einen Anwalt handelte. Förmlich übergab dieser dem Oberkommissar seine Karte. ›Dr. Bentheim und Partner‹ konnte Lehmann entziffern, und dass er aus Hamburg kam.

»Ich übernehme hiermit die anwaltliche Vertretung von Frau Farbe. Bevor Sie sie weiter befragen, bitte ich um ein kurzes Gespräch mit meiner Mandantin.«

Professor Hansen schob den Anwalt kurzzeitig beiseite. »Ich glaube, dass Sie sich hier auf sehr dünnem Eis bewegen«, gebärdete er sich großspurig. Sie verhören gerade eine schwangere Frau. Ich werde mich bei Ihrem Vorgesetzten über Sie beschweren.«

»Tun Sie das«, antwortete Lehmann betont lässig. »Bis jetzt wussten wir noch nicht einmal, dass Frau Farbe schwanger ist. Sie hat uns nichts davon erzählt.«

»Das soll ich Ihnen glauben? Hm …«, zischte Hansen.

»Lassen Sie mich das hier bitte machen«, sagte der Anwalt, der nun seinerseits den Professor beiseiteschob.

Breitenfels hatte unterdessen die Situation aufmerksam beobachtet. Hansens Erregung erstaunte ihn. Hatte er ihn doch eher als kühl und überlegt eingeschätzt. Nach zehn Minuten war der Spuk vorbei, die Männer waren gegangen, Lehmann und Breitenfels blieben allein im Raum zurück.

»Komischer Auftritt«, unterbrach Bert Lehmann die Stille. »Väterliche Fürsorge?« Fragend schaute er zu Breitenfels an.

»Ich hab da so eine Idee«, entgegnete der Kommissar.

»Apropos, was ist eigentlich aus der Tatwaffe geworden?«, fragte er während er in aller Ruhe einen Bleistift anspitzte.

»Dein Freund, Arno Becker, rief gestern früh an. Er hörte sich nicht gut an. Muss den Abend zuvor wohl ganz schön einen gehoben haben.«

Harry überhörte die Anspielung.

»Dr. Becker fand heraus«, hob Lehmann erneut an, »dass der Zimmermannshammer, den wir bei Wolf gefunden haben, nicht die Tatwaffe ist. Die Rückstände darauf stammen von Wolf selbst. Zum Glück habe ich ihn nach dem Verhör wieder nach Hause geschickt.«

»Wir hatten ja auch nichts gegen ihn in der Hand«, wendete Breitenfels nüchtern ein.

»Ich weiß, was du meinst. Ich bin da wohl wieder mal ein bisschen übers Ziel hinaus geschossen. Was war das nun eigentlich für eine Idee, die du hattest?«, fragte er kurz darauf.

»Wart's ab«, brummte Breitenfels.

»Frau Farbe, Sie können gehen«, sagte der Kommissar.

Stefan stand dicht hinter mir. Er berührte meinen Arm.

»Komm, Leonie«, rief er triumphierend und schob mich zur Tür hinaus. Wir stiegen in seinen schwarzen Mercedes. Er hielt mir die Tür auf. Ich fühlte mich zerbrechlich, wie eine dieser Meißener Porzellanpuppen.

»Ich fahr dich nach Hause«, sagte er väterlich.

»Ja, fahr mich nach Hause«, wiederholte ich müde. Ich schaute in den Spiegel, der sich in der Sonnenblende befand. Dunkelgraue Schatten unter den Augen durchzogen mein Gesicht. »Oh mein Gott, wie sehe ich nur aus.«

»Das wird schon wieder«, ermutigte mich Stefan. »Ich nehme dich erst einmal mit zu mir und päppel dich auf. In ein paar Tagen ist der Spuk vorbei.«

Ich antwortete nichts darauf, schloss meine Augen, so dass die Welt um mich herum zu einem unsichtbaren Ort verschwamm. Unsichtbar wie Pawel oder Anni, wie zwei Kieselsteine, die ihren Weg zurück ins Meer fanden.

»Da wären wir«, sagte Stefan und brachte mich ins Haus. Ich ließ alles willenlos geschehen. Er führte mich zur Couch wie eine Blinde. Danach nahm er zwei Kissen, legte sie unter meine Knie und zündete ein paar Kerzen an.

»Sie vertreiben die bösen Geister.« Seine Gesichtszüge wirkten gelöst, ja fast entspannt. »Ich mache uns schnell einen Tee.«

»Das ist gut«, antwortete ich und deckte mich mit einer Wolldecke zu. Wie viele Male hatten wir gemeinsam Tee getrunken, wie oft miteinander geredet, immer hatte es mir gutgetan.

»Nimm einen Schluck!« Er reichte mir ein kleines Glas mit Rum. »Der wird dich beruhigen und im Nu hast du das Erlebnis auf der Polizeiwache vergessen.«

»Du denkst, der Rum heilt alle Wunden«, sagte ich resigniert.

»Fast alle«, versuchte er zu scherzen.

»Über meinen Schmerz hat er mir nicht hinweggeholfen.«

»Welchen Schmerz?«, fragte Stefan sichtlich irritiert.

»Den Schmerz, den wir verspüren, wenn wir einen Verlust erleiden«, erwiderte ich leise. Ich hörte den Klang meiner Stimme, aber sie war mir fremd. »Ich spreche von Pawel«, sagte ich etwas lauter, während sich meine Augen in Stefan festbohrten, wie zwei Angelhaken in dem weichen Fleisch eines Fischmaules. »Du kennst ihn doch, oder?«

»Nur aus deinen Erzählungen.«

»Und ich dachte, du wärst mein Freund«, warf ich ihm meine Enttäuschung plötzlich vor die Füße.

»Leonie, ich bin dein Freund«, antwortete er hastig darauf, »mehr als du ahnst.«

»Dann sollten wir das Wort Freundschaft neu definieren«, sagte ich angriffslustig. Die Schärfe meiner Worte breitete sich im ganzen Raum aus.

»So kenne ich dich gar nicht, kleine Leonie.« Stefans Bewegungen wirkten immer unentschlossener.

»Wann kennt man sich schon«, winkte ich müde ab.

»Vielleicht ist es besser, wenn du erst einmal schläfst«, meinte er fürsorglich.

»Nein, ich hab viel zu lange geschlafen. Ich finde es ist an der Zeit aufzuwachen.«

»Leonie, deine Worte machen mir ein wenig Angst. So kenne ich dich gar nicht«, wiederholte er.

»Wovor solltest du dich fürchten?«, fragte ich ihn.

»Ich habe viele Ängste, über die ich nie mit dir gesprochen habe«, erwiderte er traurig.

»Du hättest es versuchen müssen. Ich hätte dir zugehört.«

Stefans Blick schweifte für einen Wimpernschlag in die Ferne. Ich aber ließ ihn nicht gehen. »Ich bekomme ein Kind!«, schrie ich in den Raum. Diese Tatsache breitete sich zwischen uns aus, wie ein wachsendes Krebsgeschwür. »Aber das weißt du ja schon«, sagte ich etwas ruhiger.

»Bist du sicher, dass du dir das nicht alles nur einbildest?«, fragte er.

»Diesmal bin ich ganz sicher und du bist es doch auch, nicht wahr?« Es wurde still zwischen uns, man hätte eine Stecknadel fallen hören können. Bis ich plötzlich in die Stille hinein flüsterte: »Stefan, ich werde mich umbringen. Mich und das Kind.«

»Nein, das darfst du nicht!«, entfuhr es Stefan lauthals. »Alles nur das nicht«, schrie er völlig außer sich. »Dann wäre alles um sonst gewesen. Alles wäre umsonst«, flüsterte er.

»Was, Stefan? Was wäre umsonst gewesen? Sag es mir!«

Mittlerweile war ich von der Couch aufgesprungen. Ich stand dicht vor ihm. Behutsam nahm ich sein Gesicht in meine Hände. »Erzähl es mir. Erzähl mir alles«, flüsterte ich diesmal eindringlicher.

Er schaute mir ins Gesicht. »Alles was ich für dich getan habe, für uns«, stammelte er. Er fing an zu weinen.

»Leonie, ich liebe dich. Vom ersten Augenblick, als ich dich sah, liebte ich dich. Du bist mein Schicksal. Ich dachte so etwas gibt es nicht. Ich wurde eines Besseren belehrt. Es ist unser Kind, das du unter deinem Herzen trägst.«

»Wie ist das möglich?« Tränen rannen nun auch über mein Gesicht. »Wir haben nie miteinander geschlafen!«, sagte ich, immer noch hoffend, es gäbe für die Wahrheit einen Ausweg.

»Doch, ich habe mit dir geschlafen. Immer und immer wieder in meinen Gedanken. Und zweimal ist es dann auch in Wirklichkeit geschehen. Du weißt nichts davon, weil ich dich betäubt hatte. Du warst zu keiner Zeit in Gefahr, schließlich habe ich Medizin studiert. Ich dachte, wenn du erst unser Kind bekommst, wirst du mich schon lieben lernen.«

Ich konnte nicht aufhören zu weinen. Schluchzend hielt ich noch immer sein Gesicht in meinen zittrigen Händen.

»Warum nur Pawel?«

»Na weil … er wollte dich mir wegnehmen. Er hatte vor, dich zu heiraten. Das konnte ich nicht zulassen. Ich habe ihn erwürgt. Es war ganz leicht. Er war völlig ahnungslos …«

Stefans Worte trafen mich wie Pfeilspitzen. Während er sprach, glänzten seine Augen silbern, wie funkelnde Sterne.

»Und Oma Zarnke?«, fragte ich mit letzter Kraft.

»Pawel hatte ihr von der Kette erzählt, als er auf dich wartete. Du warst an dem Tag in der Stadt unterwegs«, beichtete Stefan weiter. »Später, als man seine Leiche fand und Oma Zarnke wusste, wer er war, brauchte sie nur eins und eins zusammenzählen. Leonie, sie war eine alte Frau, es war eine Erlösung für sie.« ›Oh mein Gott, er ist wahnsinnig‹ schoss es mir in den Kopf. »Ich hab dir vertraut«, schleuderte ich ihm die Worte vor die Füße. »Du bist doch völlig verrückt!«

»Ja, ich bin wahnsinnig, nach dir. Ein Leben lang habe ich nach dieser Liebe gesucht, in dir hab ich sie gefunden. Eine vollkommene Verschmelzung von Körper und Geist.«

Er schien verrückt, wie aus einer anderen Welt.

»Oh, mein Gott, warum gerade du?«, rief ich laut. Ich hatte meine Worte noch nicht zu Ende gesprochen, da stürmten Oberkommissar Lehmann und Kommissar Breitenfels das Haus. Beide hatten ihre Dienstwaffe gezogen, als Oberkommissar Lehmann zu Stefan sagte: »Stefan Hansen, hiermit nehme ich Sie wegen des dringenden Tatverdachts des zweifachen Mordes an Pawel Socha und Anni Zarnke fest. Sie können von ihrem Zeugnisverweigerungsrecht Gebrauch machen. Sie haben das Recht auf einen Anwalt …«

Die letzten Worte hörte ich nicht mehr. Ich nahm alles wie in Trance war. Der Kommissar drehte Stefan mit einem geschickten Handgriff auf die Seite und legte ihm die Handschellen an.

»Kommen Sie bitte mit«, sagte Lehmann.

Stefan schien nicht überrascht. Er wirkte so, als hätte er dieses Ende erwartet. »Nur noch auf ein Wort«, bat er. »Leonie, es ist ein Kind der Liebe, vergiss das nie.«

Danach führten ihn zwei Streifenpolizisten hinaus. Bei Stefans letzten Worten sackte ich zusammen. Kommissar Breitenfels stand zufällig in meiner Nähe und fing mich auf.

»Kommen Sie, setzten Sie sich. Das war alles ein bisschen viel.« Er wies auf einen Stuhl neben sich.

»Es ist vorbei«, sagte er. »Ich entferne Ihnen jetzt den Klebestreifen.« Ich ließ es willenlos geschehen. Er nahm das Abhörgerät an sich und steckte es in die Tasche. »Ohne Sie hätten wir das nicht geschafft. Danke.« Er drückte meine kalte Hand. »Warten Sie bitte einen Augenblick, ich bin gleich wieder da.« Er ging zum Auto und kam mit Arne Müller zurück, der dort gewartet haben musste.

»Ich vermutete, dass es keine gute Idee ist, wenn Sie jetzt allein wären.«

Arne kam direkt auf mich zu und nahm mich vorsichtig in die Arme. »Ich bin für dich, ich wollte sagen, ich bin für euch da.« Er streichelte meine Wange und schaute auf meinen Bauch.

Dankbar lächelte ich ihn an.

Zwei Morde an einem Tag gelöst

»Ich finde, das ist für den Anfang nicht schlecht«, sagte Lehmann.

»Stimmt«, antwortete Breitenfels.

»Darauf können wir ruhig mal ein Bier trinken gehen.« Lehmann grinste.

»Gute Idee«, sagte Breitenfels. Sein Handy klingelte. »Kommissar Breitenfels.«

»Hier ist Uta Wallner.«

»Sollte ich Sie kennen?«, fragte Breitenfels sachlich.

»Sie haben mir Ihre Karte gegeben. Neulich im ›B sieben‹. Erinnern Sie sich?«

Harry bekam plötzlich weiche Knie. ›Uta‹ wirbelte es in seinem Kopf, ›U wie Uschi, wenn das kein gutes Omen ist‹. »Oh ja, natürlich erinnere ich mich. Schön, dass Sie anrufen.

»Ich gehe mal davon aus, dass das heute nichts mehr mit dem Bier wird«, flüsterte Bert Lehmann, zwinkerte Breitenfels vielsagend zu und ging davon.

»Aufgeschoben ist ja nicht aufgehoben«, gab dieser zurück.

»Hallo, sind Sie noch da?«, fragte die Frauenstimme am anderen Ende.

»Von nun an bin ich nur noch für Sie da«, antwortete Harry und lächelte übers ganze Gesicht.

Über die Autorin

Gabriele Riedel-Philipp wurde im Oktober 1966 in Malchow, einer idyllischen Kleinstadt in Mecklenburg-Vorpommern geboren. Ihre Kindheit und Jugend verbrachte sie dort. Nach der Fachschulausbildung in Neustrelitz arbeitete sie als Physiotherapeutin in verschiedenen Einrichtungen und Praxen.
2002 erschien ihr erster Roman »Der dritte Tag einer ostdeutschen Eintagsfliege«. Seit 2008 ist sie glücklich verheiratet und vermietet zusammen mit ihrem Mann, Thomas Philipp, Segelboote in Klink an der Müritz.

Micha H. Echt

DER
CARAWAHN
KOMMT SELTEN ALLEIN

Oberamtsrat Klaus Dipendenti beschließt in Zeiten der Krise sein ganz persönliches Sparprogramm. Mit dem Kauf eines Wohnwagens stürzt er sich und seine Frau Gertrude in das Abenteuer Camping. Marcus Bolso dagegen steuert erfolgreich sein kleines Campingunternehmen durch die harten Stürme der Nordseeküste. Dem Orkan der Krise begegnet er mit norddeutscher Coolness, bis Nachbarin Constance sein Fahrwasser kreuzt. Plötzlich ist Marcus gezwungen, weitere Klippen zu umschiffen und dem Sturm der Liebe standzuhalten. Ein Jahr voller Überraschungen und Abenteuer – der ganz normale Cara-Wahn beginnt ...

1. Auflage 2012 | Paperback | 11,80 € (D) | ISBN 978-3-943168-06-8

www.spica-verlag.de